Christiane Olivier:

Jokastes Kinder

Die Psyche der Frau im Schatten der Mutter

Aus dem Französischen von
Siegfried Reinke

Deutscher
Taschenbuch
Verlag

dtv

Ungekürzte Ausgabe
1. Auflage April 1989
Deutscher Taschenbuch Verlag GmbH & Co. KG, München

Titel der französischen Originalausgabe:
Les enfants de Jocaste

ISBN 3-546-47303-5
Umschlaggestaltung: Boris Sokolow
Gesamtherstellung: C.H. Beck'sche Buchdruckerei, Nördlingen
Printed in Germany · ISBN 3-423-15053-X
4 5 6 · 94 93 92 91 90 89

Inhalt

Vorwort

Es gibt den analytischen Diskurs: spitzfindig, gekünstelt kompliziert, um Sie, den Nicht-Analytiker, zu verblüffen und auf Distanz zu halten ...

Es gibt den feministischen Diskurs: farbig, bildhaft, sexualisiert, dazu da, um Sie einzubeziehen und verstehen zu lassen, selbst wenn Sie kein(e) Feminist(in) sind – oder gerade weil Sie es nicht sind ...

Und es gibt jene, die sich weder in dem einen noch dem anderen wiedererkennen, weil sie auf jeden Fall extreme Positionen ablehnen.

Für mich ist die Mitte entscheidend. Ich will mich nicht isolieren, wenn ich mich in den ersten Diskurs begebe, und Sie nicht überschwemmen, wenn ich den zweiten verwende. Ich möchte versuchen, die Sprache der Mitte zu sprechen, die sowohl das Gefühl als auch den Intellekt berücksichtigt: Frau und Analytikerin zu sein heißt, beide Extreme in sich zu tragen, sich nicht teilen zu lassen.

Allzulange habe ich nach »ihrer« Façon gelebt, mit »ihren« Worten, die ich nicht akzeptierte und die ich nicht verstand. Warum durften sie über mich reden, wenn ich doch über sie nichts sagte? Ich habe mir vorgenommen, von ihnen »auch« zu reden und sie meinerseits zu definieren, in einer mit Frauenworten und den Phantasmen einer Frau geschriebenen Theorie ...

»Im Namen des Vaters« zu sprechen, lasse ich ihnen, das ist ihre Angelegenheit; an mir ist es, vom »Schatten der Mutter« zu sprechen. Meine Aufgabe ist es, im Diskurs der Übertragung den Anteil des ›Mütterlichen‹ zu entdecken.

Wenn die Psychoanalyse am Anfang aus der Sicht des Mannes geschrieben wurde, ist es dann nicht an der Zeit, sie aus der Sicht der Frau zu lesen? Wenn Freud fand, der Frau ermangele es an »Männlichkeit«, dann finden die Feministinnen, daß der Mann bar jeder »Weiblichkeit« ist.

In einer Zeit, in der die Unterschiede zwischen Mann und Frau sich verringern, ist es notwendig, bis zum allerersten Diskurs zurückzugehen, denn vor der Übertragung gab es das ›Transmütterliche‹[1], das, was von der Mutter zu uns kommt. Es ist dieses Transmütterliche, das sich für die beiden Geschlechter als so grundlegend unterschiedlich erweist.

Mit anderen Worten: Auf der Couch spricht jeder von seiner Mama. Aber wie? Was sagen wir unbewußt?

Das sind die Fragen dieses Buches; sie ergeben sich aus der Geschichte, die mir als Psychoanalytikerin erzählt wird. Es ist eine Geschichte, die nicht immer mit dem übereinstimmt, was Freud uns berichtet hat ... Er war ein Mann, und ich bin eine Frau, er lebte vor hundert Jahren, und ich lebe jetzt.

[1] Wortschöpfung der Autorin: im Original »Transmaternel«, in Anlehnung an »transférentiel«, die später einsetzende Übertragung (Anm. d. Ü.).

Sigmund Freud:
»Sie vermuten, daß nach meinem Abtreten meine Irrtümer als Reliquien verehrt werden könnten ... es werden im Gegenteil die Jungen sich beeilen, alles, was nicht niet- und nagelfest aus meiner Verlassenschaft ist, schleunigst zu demolieren.«

François Roustang:
»Es gibt also nie von vornherein eine analytische Theorie, auf die man sich stützen könnte, sondern im nachhinein eine *mögliche Theorienbildung*[2], immer unumgänglich, aber nie gesichert.«

Robert Stoller:
»Irgendwas stimmt nicht mit der *Freudschen Theorie.*«

Luce Irigaray:
»Die Psychoanalyse hält über die weibliche Sexualität den Diskurs der Wahrheit. Einen Diskurs, der das Wahre über die Logik der Wahrheit sagt: nämlich, daß *das Weibliche* in ihr nur im Inneren von Modellen und Gesetzen vorkommt, die von *männlichen Subjekten* verordnet sind.«

Robert Pujol:
»Das heimliche *weibliche* Begehren ist, zu vertuschen, daß der Körper *des Mannes* die unerträgliche Konkurrenz des Unterschieds darstellt ...«

Hélène Cixous:
»Man zwang sie zu einem Antinarzißmus! Einem Narzißmus, dessen Eigenliebe nur über die Liebe zu etwas möglich ist, *was man nicht hat.*«

Robert Pujol:
»Die Frau verkörpert die allgemeine Kastration, die das Lebewesen durch die Sprache erfährt; *als penisloses Mangelgeschöpf* verkörpert sie vollkommenen Sprachverlust.«

[2] Hervorhebungen durch die Autorin.

Hélène Cixous:
»Wo ist sie, die Frau, in all den Räumen, die der Mann durchmißt, in all den Bildern und Szenen, die er in den literarischen Gehegen und Eingrenzungen konstruiert?«

Jacques Lacan:
»Die Frau, das kann man nur schreiben, indem man das ›Die‹ *streicht.*«

Hélène Cixous:
»Wunschtraum des Mannes: Ich liebe sie *abwesend,* also begehrenswert, nicht existent, abhängig, also anbetenswert. Weil sie nicht wirklich da ist, wo sie ist – und nur soweit sie nicht da ist, wo sie ist.«

Jacques Lacan:
»Es gibt eine Lust, die ihr zu eigen ist, dieser ihr, *die nicht existiert* und die nichts bedeutet.«

Hélène Cixous:
»Man hat ihr die Geschichte mit dem ›dark continent‹ angetan, man hat sie auf Abstand zu sich selbst gehalten, man hat es ihr gezeigt; ausgehend von dem, was der Mann von ihr sehen will, das heißt *beinahe nichts.*«

Luce Irigaray:
»Wie es sagen? Daß wir sofort Frau sind ... Und daß ihre Geschichte(n) den Ort unserer *Zwangsverschleppung* konstituiert(en).«

Anaïs Nin:
»Ich möchte eine andere Welt, eine Welt, die nicht aus dem Bedürfnis *des Mannes nach Macht* entsteht, die der Ursprung ist für den Krieg und die Ungerechtigkeit. Wir müssen eine *neue Frau* schaffen.«

Hélène Cixous:
»Es wird ein Anderswo geben, dort wird der andere nicht mehr *zum Tode verurteilt* sein.«

1. Die Verschwörung des Schweigens

> KÖNIGIN: Habt Ihr mich ganz vergessen?
> HAMLET: Nein, ...
> Ihr seid die Königin, Weib Eures Mannes Bruders,
> Und – wär' es doch nicht so! – seid meine Mutter.
> *Shakespeare*

Laios-Jokaste ... Jokaste-Ödipus ... Ödipus-Antigone und Ismene ...

So verläuft die griechische Tragödie, die Ursprung und Ende des unglücklichen Helden umschließt, den Freud als Modell für das menschliche Schicksal gewählt hat. Aus dieser an Haupt- und Nebenfiguren so reichen Tragödie hat Freud allein den Ödipus herausgehoben, den Sohn, der der Mörder seines Vaters und der Geliebte seiner Mutter ist: Seine Gefühle, Wünsche, Gewissensbisse schildert uns Freud in aller Ausführlichkeit. Er erzählt uns immer wieder von Ödipus, aber wer kümmert sich um Jokaste, die Nebenfigur? Um sie und ihr Begehren, das sie ins Bett ihres eigenen Sohnes treibt, der Fleisch ist von ihrem Fleisch und der das Geschlecht hat, das sie nicht hat, denn sie ist eine Frau.

Kann man Jokaste, Inbegriff des alten androgynen Traumes der Menschheit, so einfach vergessen? Kann man sie einfach im Dunkel lassen – sie, die zustande bringt, was aus dem »Sein« allein sich nicht fügt, sie, die den »Mangel« behebt, sie, die die »Kastration« aufhebt?

Und doch hat Sophokles (und nach ihm Freud) genau das getan. Immerhin nicht ganz, denn wenn ihr Auftritt in der antiken Tragödie auch kurz ist, so stürzen doch die wenigen von ihr gesprochenen Worte Ödipus wie die Zuschauer in tiefste Betroffenheit:

»Erfahre niemals, wer du bist!«[1]

Wußte Jokaste also etwas über die Herkunft des Ödipus, über den Tod seines Vaters und das Verbrechen, das sie mit ihrem

[1] Sophokles: König Ödipus. Stuttgart 1962, S. 50.

Sohn fortwährend beging? Jokaste noch schuldbeladener als Ödipus? Ödipus als Spielzeug Jokastes und ihres Begehrens?

Sind die Jokastes inzwischen ausgestorben? Freud sagt dazu nichts. Warum dieses Schweigen um Jokaste? Ein Schweigen, das uns an die Unschuld der Mütter glauben ließ; aber können die Mütter einem Schicksal entrinnen, dem ihre Kinder nicht entgehen können?

In den Geschichten, die uns Psychoanalytikern erzählt werden, sind die Mütter offensichtlich niemals abwesend und niemals unschuldig: Geschichten der Entfremdung des Vaters von seinen Kindern – einer Entfremdung, die von den Männern gepredigt und von den Frauen bewirkt wird, die die alleinige Erziehungsgewalt über das Kind ausüben.

Da Laios abwesend ist, nimmt Jokaste bei Ödipus den ganzen Platz allein ein. Ist das nicht das klassische Bild? Und gehört dieses Bild nicht gleichermaßen zum modernen Drama wie zur antiken Tragödie?

Hat Jokaste um den Inzest mit ihrem Sohn gewußt und ihn gewollt? Und die modernen Frauen: wissen und wollen sie, was sie tun, wenn sie den ersten Platz bei ihrem Kind einnehmen? Sind sie sich bewußt, was sie ihren Söhnen und ihren Töchtern damit antun?

Wenn diese Frauen ganz selbstverständlich sagen, ihr Sohn mache gerade »seinen Ödipus« durch, denken sie da auch nur für einen Moment: »Und ich meine Jokaste«? Wenn aus Ödipus ein universelles Modell des Mannes gemacht wird, sollte dann nicht Jokaste als der ewige Mythos der »Frau und Mutter« verstanden werden?

Mich als Frau und Psychoanalytikerin fesselt gerade diese Person der Handlung, die in der Freudschen Theorie fehlt. Wie könnte mir entgehen, daß diese Theorie, auf die ich mich als Analytikerin stütze, keinerlei weiblichen Bezugspunkt bietet?

Wie könnte ich übersehen, daß die Männer in meiner Umgebung die Söhne Jokastes sind und die Frauen ihre Töchter? Was bedeutet das für diese Frauen und für mich? Die Freudsche Theorie ist in dieser Hinsicht neu zu durchdenken. Mir ist es nicht mehr möglich, mich von meinen Patientinnen abzugrenzen oder mich wie üblich totzustellen. Ich dulde die Trennung zwischen dem, was ich *bin*, und dem, was ich *weiß*, nicht länger, und ich stehe dazu, daß das, was ich von anderen Frauen höre, mir Einblick gibt in den weiblichen Lebenszusammenhang, den ich als meinen eigenen erkenne.

Ich werde deshalb abwechselnd über die Frauen und über mich sprechen, um uns anders gerecht zu werden, als es die Psychoanalyse bis zum heutigen Tag getan hat: Es ist dringend notwendig, die Theorie des Unbewußten mit den Frauen und in ihren eigenen Worten zu überdenken. Die Zeit ist vorbei, da der Mann sich eine Frau nach seinen Maßstäben formte – oder genauer gesagt: nach dem Maßstab seines Herrschaftsbedürfnisses.

Es ist offensichtlich, daß die psychoanalytische Theorie eindrucksvoll verkündet, wie eine Frau nach den Erwartungen des Mannes *sein* soll, aber sie gibt dabei ganz sicher nicht wieder, wie die Frau *ist.* Luce Irigaray sagt dazu: »Bis jetzt haben die gültigen Konzepte der Psychoanalyse, ihre Theorie, dem Begehren der Frau nicht Rechnung getragen« ...[2]

Wenn also die Frau zum bloßen Wunschbild des Mannes reduziert werden konnte, so hätte der Mann sich auf das Wunschbild der Frau reduziert sehen können, wenn die Grundtheorie das Werk einer Frau gewesen wäre! Bleibt uns nur, mit Germaine Greer zu bedauern, daß die Psychoanalyse »einen Vater hat, aber keine Mutter«!

Wenn die Frauen, die mir von sich erzählen, in dieser sexistischen Gesellschaft keinen Platz finden, so finde auch ich in der Tat keine Spur meines Begehrens in einer Theorie, die einzig auf männlichen Prämissen beruht.

Freud war der erste, der es wagte, gegen allen wissenschaftlichen Brauch egozentrisch vorzugehen. Er benutzte *sich selbst als Forschungsobjekt,* statt sich ein Studienobjekt in der Außenwelt zu suchen, und konfrontierte das Schema mit den großen Mythen der Menschheit: Ödipus, Moses, Michelangelo. Das Studium klinischer Fälle verbindet er mit literarischen und künstlerischen Analysen. Man spürt, daß Freud nach einem gemeinsamen Gesetz sucht, das für den heutigen wie den früheren Menschen gilt. So wird die Studie über den ›Kleinen Hans‹ von der Untersuchung einer ›Kindheitserinnerung des Leonardo da Vinci‹ abgelöst, und die Fallstudie über ›Präsident Schreber‹ begleitet die Abhandlung über den ›Mann Moses und die monotheistische Religion‹.

In den meisten Fällen (ausgenommen Dora) behandelt er männliche Personen. Hat das damit zu tun, daß Freud ein Mann

[2] Luce Irigaray: Speculum – Spiegel des anderen Geschlechts. Frankfurt a. M. 1980, S. 67.

war und sich selbst vor allen anderen am leichtesten zugänglich? Wie hätte er bei sich Aufschluß über die Frau bekommen können, die er nun einmal nicht war?

Um SIE zu erfassen, beschränkte er sich auf die Beobachtung der Frau um 1880, auf die Kleinbürgerin, die in einer konventionellen Familie mit überkommenen, streng festgelegten Rollen lebte. Diese Frau nahm einen »gewissen Platz« ein, weniger einen »Platz der Gewißheit«, und so haben wir es mit einer Psychoanalyse zu tun, die uns Frauen aufgrund von Beweisen (die sich Freud aus seinem Milieu und seiner Familie holte) nur einen seltsam eingeengten Raum zuweist. Am 15. November 1883 schrieb er an seine teure Martha: »Ich glaube, alle reformatorische Tätigkeit der Gesetzgebung und Erziehung wird an der Tatsache scheitern, daß die Natur lange vor dem Alter, in dem man in unserer Gesellschaft Stellung erworben haben kann, (die Frau) durch Schönheit, Liebreiz und Güte zu etwas (anderem) bestimmt.«[3]

Hier vertritt er einen Antifeminismus, wie er schlimmer nicht sein kann. Freud offenbart, daß er die sexuelle Anziehungskraft der Frau mit ihrem Platz in der Gesellschaft gleichsetzt. Von der Verwirrung, die er damit angerichtet hat, machen wir uns erst jetzt allmählich frei.

Um die soziale und sexuelle Stellung miteinander zu vermischen, waren seltsame Verdrängungen nötig, mußten unglaubliche Wege eingeschlagen werden, die schließlich alle zu jenem berühmten »dark continent« (Freud) der weiblichen Sexualität führen.

Es war nicht Freud, der die Minderwertigkeit der Frau erfunden hat, auch wenn viele Feministinnen uns das glauben machen wollen, aber er hat alles unternommen, um sie zu begründen, sie logisch schlüssig und mithin als unumgänglich darzustellen. Was mit dem Erscheinen Freuds so folgenschwer wurde, ist, daß die im Sozialen festgestellte Minderwertigkeit der Frau eine wissenschaftliche Deutung bekam und die Freudschen Gleichsetzungen in Sachen Weiblichkeit zu geflügelten Worten wurden, die jeder kennt. Das belastet die Frauen bis heute.

Benoîte Groult hat recht, wenn sie sagt: »Die Frauen waren gerade dabei, die Startrampe zu erklimmen, als ein großes Unglück sie ereilte: Freud.«[4]

[3] Sigmund Freud: Briefe 1873–1939. Frankfurt a. M. 1960, S. 74.
[4] Benoîte Groult: Ainsi soit-elle. Paris 1975, S. 58.

Was kann eine Analytikerin zu dem Freudschen Versuch sagen, die Frau an den Mann anzupassen? Nichts anderes, als daß Gott Eva aus der Rippe Adams genommen und Freud die weibliche Sexualität aus der männlichen Libido abgeleitet hat: Ist der Mythos nicht immer derselbe? Handelt es sich dabei nicht um männliche Phantasmen in einer patriarchalischen Kultur, in der der Mann mehr gilt und die Frau im Laufe der Geschichte untergeordnet wurde?

Es ist bezeichnend, daß Freud immer Mythen aus dem griechischen oder lateinischen – also patriarchalischen – Kulturkreis benutzt hat und abweichende Kulturen außer acht ließ. Dort nämlich hätte er den »anderen weiblichen Mythos« entdeckt mit seinen Hexen, seinen Amazonen, seinen Urgöttinnen, seinen kriegerischen Walküren. Unser Bild wäre davon gewiß nicht unbeeinflußt geblieben, und vor allem wäre unsere Rolle ganz anders bewertet worden.

Bei den großen antiken Mythen stieß Freud immer und wie durch Zufall auf Kulturen, in denen der Mann im Vordergrund stand. Indem er den Mann auf der Straße mit dem Helden verglich, gab er diesem eine ewige Dimension. Unglückseligerweise war das zugrunde gelegte Unbewußte jedoch das eines Bourgeois des letzten Jahrhunderts, der sich, wie die anderen Männer seiner Zeit, nichts andres für die Frau vorstellen konnte als die soziale Minderwertigkeit, in der er sie erlebte.

Er sah, wie sie in Gegenwart des Mannes verstummte, und schloß daraus auf ihre Unfähigkeit zu intellektueller Sublimierung. Er sah, wie sie den Mann bediente, und hielt sie deshalb für masochistisch. Er sah, wie sie sich um das Kind kümmerte, und bestimmte sie kurzerhand zur Mutterschaft, die ihren Mangel ausgleichen sollte (gemäß der berühmten Gleichsetzung Penis = Kind).

In der Hinterlassenschaft Freuds nimmt sich der Mann wie eine unerschütterlich dasitzende Statue aus, den Blick gen ›Sublimierung‹ gerichtet; ihm gegenüber sitzt die Frau in ebenso statuenhafter, dumpf-fruchtbarer Mütterlichkeit, die den Frauen von heute – und dessen werden sie sich nach einer langen Periode des Schweigens bewußt – nicht entspricht: sie sind nur vorübergehend Mütter (und nicht mehr als unabwendbares Schicksal), Frauen aber sind sie ein Leben lang, und sie bringen diese beiden Aspekte ihrer Person in keinem Moment durcheinander.

Ebensowenig wie sich der Mann ausschließlich als Vater für sein Kind versteht, läßt sich die Frau nicht auf die Mutterrolle reduzieren, die sie für ein paar Jahre in der Familie zu übernehmen bereit ist. Die Frau gibt also der sexuellen Funktion ihre wahre Bedeutung zurück: den sexuellen ›Genuß‹, eben nicht beschränkt auf die ›Fortpflanzung‹, wie man uns das hat weismachen wollen. Seit kurzem haben sich die Frauen entgegen vielen Vorurteilen, von denen einige Freudschen Ursprungs sind, das Recht auf den sexuellen Genuß erobert: frei von der Mutterschaft.

Den Frauen ist zumute, als kämen sie aus einem wunderlichen Gefängnis, das die Männer für sie erfunden hatten; wobei der Psychoanalytiker unter ihnen vielleicht der gefährlichste ist: Hat nicht er, vor allen anderen, die Gitterstäbe verstärkt und aus der Jagdlust des Vogelfängers die Lust des Vogels am Gefangenwerden gemacht? Aus der überlieferten Herrschaft des Mannes wurde durch den Rückgriff auf den unterstellten weiblichen Masochismus ein Wunsch der Frau, der in ihrer Veranlagung begründet sein sollte.

Das System ist nun endlich überführt, die Wahrheit ist ans Tageslicht gekommen, und die Reduzierung der Frauen durch Freuds eingeschränkten Blickwinkel auf Familie und Gesellschaft kehrt sich nun um. Sie erklären, Freud habe aus seinem eigenen patriarchalischen Ödipuskomplex heraus gar keine andere Möglichkeit gehabt, als sie zum Schweigen zu bringen. Wann immer heute die Feministinnen das phallokratische System angreifen, beschuldigen sie meist einen einzigen: den Vater der Psychoanalyse. Wie Freud seinen eigenen Ödipuskomplex als Zugang zu dem der ganzen Menschheit benutzt hat, bedient man sich jetzt »seines« Ödipuskomplexes und »seiner« Frauenfeindlichkeit, um damit die allgemeine feindselige Haltung der Gesamtgesellschaft zu erklären. Gegenwärtig scheint Papa Freud an allen Verbrechen schuld zu sein, die seit Jahrhunderten an Frauen begangen wurden.

Um mit seiner Mutter abzurechnen, mußte Freud sich mit allen Frauen anlegen, und jetzt wollen alle diese Frauen ihn aus seinem Grab zerren und es ihm heimzahlen, Auge um Auge, Zahn um Zahn.

So jedenfalls nimmt es sich aus, wenn man irgendein feministisches Buch aufschlägt. Da ist Freud der Feind Nummer eins vor allen anderen – Schriftstellern, Soziologen, Ärzten. Die Psychoanalyse wird als eine Pest dargestellt, der aber nur die Frauen zum Opfer fallen. Sollten wir nicht besser sagen: Sie hat bislang nur die eine, *maskuline* Seite abgehandelt, auch wenn dieses Maskuline, um sich selbst überhaupt bestimmen zu können, einen Gegenpol braucht, *Frau* genannt oder *Weiblichkeit?* Das Bild von uns, das da herumgeistert, ist immer nur das, was der Mann braucht, damit seine männliche Überlegenheit gewahrt wird. Und was haben wir, die Frauen, mit diesen Vorstellungen zu schaffen? Täten wir nicht besser daran, unsererseits zu definieren, was wir beim Mann zu finden hoffen? Haben wir nicht einen hohen Preis dafür bezahlt, daß wir uns vom anderen Geschlecht definieren lassen? Es wird Zeit, daß wir selbst über uns sprechen.

Wenn das Ziel des Männlichen ist, das Weibliche einzukerkern und zu ersticken, dann müssen wir uns eben allein definieren. Genau darin liegt die Aufgabe der Psychoanalytikerinnen: Es gilt, die »andere Psychoanalyse« zu schreiben.

Wir werden also von Freud ausgehen. Indem wir seinen Antifeminismus verdeutlichen, werden wir diese andere Psychoanalyse schreiben. Wenn wir dagegen die Entdeckungen Freuds en bloc ablehnen, dann bringen wir uns, so meine ich, womöglich um einen bereits vorgezeichneten Weg, den wir in seinen Anfängen begehen können, um ihn gegen sein Ende hin dann um so entschiedener zu verlassen. Indem wir Freuds Ansatz bei der Entwicklung des kleinen Mädchens wiederaufnehmen, haben wir eine Chance, seine grundlegende Irrlehre über die Sexualität der Frau zu erkennen und zu entkräften.

Es ist nur allzu wahr, daß dieser Pionier der verborgenen Wahrheit, dieser unermüdliche Forscher, eine Katastrophe für die Frauen war. Alles, was den Mann betrifft, erscheint richtig und über jeden Zweifel erhaben, aber alles, was er über die Frau gesagt hat, muß neu aufgenommen, untersucht und unter einem anderen Blickwinkel überprüft werden – wie ein Diebesgut, das endlich seiner Eigentümerin zurückgegeben wird.

Ich als Frau will mich an genau dieser Stelle zu Wort melden, mitten in dieser Katastrophe männlicher Phantasmen und Wortschwälle über die Weiblichkeit, die in all ihrer Esoterik meist nur die Funktion haben, die Frau aus dem männlichen Bereich fernzuhalten. Wer macht sich denn schon klar, daß von den so häufig gebrauchten Begriffen in den analytischen Schriften – Über-Ich, Sublimierung, Sexualgenuß, Phallismus – die Frau teilweise oder ganz ausgenommen ist?

Wäre Freud weniger von der Idee beeinflußt gewesen, die Sexualität der Frau auf ihre im sozialen Bereich festgestellte Minderwertigkeit zurückzuführen, und hätte er seinen Patientinnen besser zugehört, statt sich von seinen Vorstellungen leiten zu lassen, so wäre er nicht auf jenem berühmten »dark continent« gelandet, mit all seinen Schrecken für beide Geschlechter. Hätte er stattdessen doch nur von einem »unberührten Strand« gesprochen – die Frauen hätten freudig ihren Fuß auf diesen jungfräulichen Strand gesetzt und ihre Spuren hinterlassen.

Seit Freuds Tod ist die männliche Sublimierung vorangeschritten, und heute lenkt die ungeheure Vielfalt der psychoanalytischen Schriften vom Wesentlichen ab: Man beißt sich fest am *Wort* und verliert dabei den *Sinn* aus den Augen.

Im Getümmel der psychoanalytischen Wortklaubereien hat man allzuoft den Krieg der Geschlechter verschleiert. Und gerade weil er unbeachtet blieb und in aller Stille stattfand, bricht dieser Krieg der Geschlechter nun mit äußerster Vehemenz aus. Ich sage nicht, daß die Analytiker daran schuld sind, wohl aber, daß sie etwas dafür können: man geht nicht täglich mit dem Unbewußten beider Geschlechter um, ohne daraus bestimmte Schlußfolgerungen über ihr Funktionieren und ihr Begehren zu ziehen.

Auch wenn feststeht, daß wir bei der Heilung nichts mitzureden haben (denn die liegt letztlich beim Patienten), so haben wir vielleicht doch gewisse Folgerungen aus dem männlichen und weiblichen Unbewußten im allgemeinen zu ziehen.

In Anlehnung an Freud, der in seiner Schrift ›Psychopathologie des Alltagslebens‹ die Verbindung zwischen Pathologie und Normalität aufzeigt, sollten wir wohl die ›Psychopathologie des alltäglichen Paares‹ schreiben, so, wie wir es in unserer Praxis erleben. An etwas Ähnliches hat Freud doch auch gedacht, als er schrieb: »Wir halten es nämlich gar nicht für wünschenswert, daß die Psychoanalyse von der Medizin verschluckt werde und dann ihre endgültige Ablagerung im Lehrbuch der Psychiatrie finde ... Als ›Tiefenpsychologie‹ ... kann sie all den Wissenschaften unentbehrlich werden, die sich mit der Entstehungsgeschichte der menschlichen Kultur ... beschäftigen.«[5]

In der Tat nimmt die Psychoanalyse in den Humanwissenschaften und der Pädagogik einen vorrangigen Platz ein. Wir finden ihre Auswirkungen heute überall: sei es versteckt in den Spalten einer so populären Zeitschrift wie ›Elle‹[6], sei es offen in den autobiographischen Veröffentlichungen der letzten Zeit. Das analytische Vorgehen ist, wenn schon nicht der »Königsweg zum

[5] Sigmund Freud: Die Frage der Laienanalyse. G. W. XIV, S. 283.
[6] Französische Frauenzeitschrift, wie etwa ›Brigitte‹ (Anm. d. Ü.).

Unbewußten«, so doch ein bescheidener Pfad für viele von uns geworden.

Man kann sich nur darüber wundern (und schon viele Frauen haben sich bei mir darüber gewundert), daß bei einer solchen psychoanalytischen Handhabung niemals eine Klärung des unbewußten Verhältnisses Mann/Frau unter dem von Freud gegen Ende seines Lebens selbst vorgeschlagenen Blickwinkel versucht wurde: er forderte, die Psychoanalyse möge über die Pathologie hinausgehen und sich dem Studium des allgemeinen menschlichen Verhaltens widmen.

Wäre zum Beispiel die Beziehung Herrscher-Beherrschte, die von den Frauen im familiären wie im sozialen Bereich angeprangert wird, nicht einmal dort zu untersuchen, wo sie sich im Leben der Frau erstmals zeigt? Das ist keineswegs der Mann, sondern die andere Frau: die »Mutter«. Man muß zuerst die Beziehung Mutter/Tochter überdenken, um zu verstehen, was sich später mit dem Mann wiederholt. Alles weitere Erleben ist ja doch Wiederholung – aber Wiederholung wovon genau?

Hier ist Freud stehengeblieben, an der Schwelle zu jenem jungfräulichen »Kontinent«, von dem er glaubte, daß seine Nachfolger ihn urbar machen müßten: »Aber am Ende der Entwicklung soll der Mann-Vater das neue Liebesobjekt geworden sein, das heißt, dem Geschlechtswechsel des Weibes muß ein Wechsel im Geschlecht des Objekts entsprechen. Als neue Aufgaben der Forschung entstehen hier die Fragen, auf welchen Wegen diese Wandlung vor sich geht, wie gründlich oder unvollkommen sie vollzogen wird, welche verschiedenen Möglichkeiten sich bei dieser Entwicklung ergeben.«[7]

Am Anfang hat Freud sich gern einer schlüssigen Redeweise bedient, die die Frauen jedoch beträchtlich »reduzierte«. Später hat er zum Teil all das, was er kunstvoll aufgebaut hatte, wieder umgeworfen und seine Unfähigkeit zugegeben, die Entwicklung des kleinen Mädchens zu erklären. Und hat er nicht sogar gehofft, daß die Frauen ihren Platz in dieser Forschung einnehmen, als er Marie Bonaparte – Zeitgenossin und Analytikerin – fragte: »Was will das Weib?«[8]

[7] Sigmund Freud: Über die weibliche Sexualität. G. W. XIV, S. 521.

[8] Ernest Jones: Sigmund Freud. Leben und Werk. Band 2, München 1984, S. 493.

Ich werde also das Schweigen durchbrechen, in dem sich Frauen und Psychoanalytiker gewöhnlich üben. Dabei weiß ich sehr wohl, daß man mir allenfalls eine thematische Abhandlung über die Kindererziehung zugesteht, weil Kindererziehung in den Bereich der Frau gehört. Dieses Mutter-und-Kind-Spiel werde ich nicht fortsetzen, denn ich zweifle daran (und man wird sehen, warum), daß die Erziehung ausschließlich Sache der Frauen sein soll, trotz der ausdrücklichen Wünsche mancher Frauen in dieser Richtung und im Gegensatz zu dem, was die Männer glauben ...

Der Ödipuskomplex hat uns auf beiden Seiten so viele Streiche gespielt, daß wir gut daran tun, vor der Erörterung unserer Rollen zunächst unseren Werdegang zu untersuchen ... und dieser Werdegang führt über den Ödipus. Es wird darum gehen, Logik nachzuweisen, die Fallen zu erkennen und die Sackgassen aufzuzeigen. Der Ödipuskomplex, den Freud erlebt und geschildert hat, war der eines kleinen Jungen in einer Gesellschaft, in der der Mann eine »soziale«, die Frau eine »familiäre« Rolle innehatte. Wenn die Rollen umgekehrt oder auch nur geteilt würden, wie die Feministinnen es anstreben, was ergäbe sich dann für die Kinder beiderlei Geschlechts?

Inwieweit kann eine Analytikerin überhaupt Feministin sein? Wenn die Feministinnen die sexistischen Auswirkungen des Ödipus im sozialen Bereich nachweisen, gehört es dann nicht zu den Aufgaben der Analytikerinnen, seine Ursprünge und seine Entwicklung im individuellen Unbewußten zu enthüllen? Wenn bei den Frauen so viel im argen liegt, ist es dann nicht die Pflicht jeder Analytikerin, den Grund dafür in der Geschichte des weiblichen Unbewußten zu suchen, wie es sich in der Analyse offenbart? Es ist Zeit, der Frau ihr eigenes Wort zurückzugeben und ihr zuzuhören, statt sich die Ohren zuzuhalten wie die meisten Männer, die sich durch diese von anderswoher kommende Stimme in ihrem gewohnten Lebenslauf gestört fühlen.

Hélène Cixous drückt es so aus: »Es ist Zeit, die andere Geschichte zu entdecken und sie zu gestalten. Es gibt das ›Schicksal‹ ebensowenig, wie es ›Natur‹ oder ein ›Sein an sich‹ gibt, sondern es gibt lebendige Strukturen, die befangen, zuweilen erstarrt sind in den historisch-kulturellen Grenzen, die ihrerseits wieder mit dem Schauplatz der ›Geschichte‹ verwechselt werden. Dies so sehr, daß es lange Zeit unmöglich war und noch immer schwierig ist, das Andere zu denken oder es sich auch nur vorzustellen.«[9]

[9] Hélène Cixous: La jeune née. Paris 1975, S. 152.

Angesichts des psychoanalytischen Schweigens der Frauen zur weiblichen Sexualität und der fortgesetzten Debatte der Männer zum selben Thema fragt man sich langsam, ob es denn keine Frau gibt, die es »wagt«, sich (wie Freud) an die eigene Kindheit zu erinnern, und warum die Frauen es eher mit der Erinnerung halten, die die Männer von ihnen haben ... Und nicht selten werden die Erinnerungen der kleinen Jungen dann zu schweren Belastungen in unserem Leben als Frau.

Wie lange wollen wir es noch hinnehmen, daß der Ödipuskomplex des Mannes unser Leben als Frau regiert? Wie lange noch wollen wir es hinnehmen, daß der Mann mit uns die Schulden verrechnet, die er mit seiner Mutter angehäuft hat?

2. Am Anfang war Freud

> Angesichts so grundlegender Unsicherheiten ist es bedauerlich, daß Freud in seiner Konstruktion der weiblichen Psychologie so weit gegangen ist.
>
> *Kate Millett*

Warum wird Freud in so heftiger Weise von den Frauen angegriffen? Warum gerade er vor allen anderen? Wir wissen ja schließlich, daß er nicht der einzige Sexist, der einzige Phallokrat, der einzige Feind der Weiblichkeit gewesen ist. Gewiß, aber er ist der einzige, der »seine« Wahrheit zur scheinbar objektiven Wissenschaft und »seine« Sexualität zur universellen Sexualität erhoben hat.

In der Psychoanalyse finden wir ein Konzept der Frau nach der Vorstellung des Mannes, einer Frau, wie viele andere Männer sie sich auch wünschen würden, aber ohne Bezug zu dem, was »die Frau« wirklich ist.

Seit Freud ist die weibliche Sexualität so verzerrt dargestellt worden, daß Frauen diese Verzerrung in Frage stellen müssen.

Wenn sich schon keine Frau gefunden hat, sich an ihre Geschichte als kleines Mädchen zu erinnern, so sollte man sich vergegenwärtigen, daß am Anfang der Psychoanalyse ein *einziger* Mann stand, der sich sein Leben als kleiner Junge mit seiner Mutter ins Gedächtnis rief... Vergessen wir nicht, daß Freud von seiner Mutter vergöttert wurde, einer jungen, hübschen, begehrenswerten Frau, verheiratet mit einem sehr viel älteren Mann, die in ihrem Sohn Befriedigungen fand, die dem jungen Sigmund sicherlich Probleme bereiteten. Aus diesem Leben mit seiner Mutter hat der zum Mann gewordene Junge später Schlußfolgerungen für die Entwicklung gezogen, die bis heute nicht in Frage gestellt wurden: Die Analyse war offenbar zutreffend. Aber nicht so bei der Frau.

Die Gradlinigkeit in der Entwicklung des Jungen scheint Freud in Verwirrung gebracht zu haben: In seiner ersten Zeit wollte er die Entwicklung des kleinen Mädchens *symmetrisch* zu der des Jungen festlegen, was zu merkwürdigen Schlußfolgerungen beim Mädchen führte. Er wollte eine Symmetrie herstellen auf der

Basis einer grundlegenden *Asymmetrie:* der der Geschlechter nämlich. Denn die Überlegenheit des männlichen Geschlechts stand für ihn außer Zweifel (worüber wir heute nur lächeln können). Aufgrund dieser Prämisse war er genötigt, für das Mädchen einen komplizierten inneren Entwicklungsweg zu entwerfen, der es dazu bringt, die »Überlegenheit« des männlichen Geschlechts einzusehen und anzuerkennen. Nicht ohne Schwierigkeiten hat er dann eine Theorie erarbeitet und sie ab 1905 in den ›Drei Abhandlungen zur Sexualtheorie‹ in allen Einzelheiten ausgeführt. Sie liest sich für uns heute wie eine Ansammlung von Unwahrscheinlichkeiten, von denen die beiden folgenden am meisten ins Auge springen:
– der Penisneid
– der Verzicht auf die Klitoris.

Der Penisneid – oder der Neid auf das, was man nicht hat

Eine der ersten Behauptungen zur kindlichen Sexualität in den ›Drei Abhandlungen‹ scheint völlig unannehmbar: »Es ist dem männlichen Kinde selbstverständlich, ein Genitale wie das seinige bei allen Personen, die es kennt, vorauszusetzen ...«[1] Hier schließt sich unmittelbar die Frage an: Und was glauben die Mädchen? Wenn auch sie nur ihre eigenen Genitalien kennen, können sie sich andere vorstellen? Hier antwortet Freud, ohne ersichtliche Logik – fest entschlossen, dem männlichen Geschlecht den Vorrang einzuräumen –: »Die Annahme des nämlichen (männlichen) Genitales bei allen Menschen ist die erste der merkwürdigen und folgenschweren infantilen Sexualtheorien.«[2]

Aus Sorge, wir könnten vielleicht doch nicht recht verstanden haben, ergänzt er etwas später:»... könnte man den Satz aufstellen, die Sexualität der kleinen Mädchen habe durchaus männlichen Charakter.«[3]

Oder noch besser:»... so ließe sich auch die Behauptung vertreten, die Libido sei regelmäßig und gesetzmäßig männlicher Natur, ob sie nun beim Manne oder beim Weibe vorkomme ...«[4]

[1] Sigmund Freud: Drei Abhandlungen zur Sexualtheorie. G. W. V, S. 95.
[2] Ebenda, S. 96.
[3] Ebenda, S. 120.
[4] Ebenda.

In diesem Primat des Männlichen stimmt die erste analytische Theorie mit der herrschenden Ideologie überein. Und was noch frappierender ist: Es ist eine Theorie, an der Freud sein Leben lang festhalten sollte. *Der Penisneid,* ausgelöst durch ein unterstelltes Leiden des Mädchens unter seinem Mangel an einem männlichen Geschlechtsteil, wird als Gegebenheit in allen Schriften Freuds zur Sexualität der kleinen Mädchen regelmäßig wiederholt. Ob in den ›Drei Abhandlungen‹ oder in den späten Vorlesungen über das ›Sexualleben‹ aus dem Jahre 1932 – die Formulierung ist immer die gleiche: »Das kleine Mädchen verfällt nicht in ähnliche Abweisungen, wenn es das anders gestaltete Genitale des Knaben erblickt. Es ist sofort bereit, es anzuerkennen, und es unterliegt dem *Penisneide* ...«[5]

»Es bemerkt den augenfällig sichtbaren, groß angelegten Penis eines Bruders oder Gespielen, erkennt ihn sofort als überlegenes Gegenstück seines eigenen kleinen und versteckten Organs und ist von da an dem Penisneid verfallen.«[6]

Und aus diesem Neid zieht Freud dann Folgerungen, die sich mit dem decken, was er allgemein über die Frauen denkt: »Die psychischen Folgen des Penisneides ... sind vielfältige und weittragende. Mit der Anerkennung seiner narzißtischen Wunde stellt sich ... ein Minderwertigkeitsgefühl beim Weibe her ... Auch wenn der Penisneid auf sein eigentliches Objekt verzichtet hat, hört er nicht auf zu existieren, er lebt in der Charaktereigenschaft der *Eifersucht* mit leichter Verschiebung fort.«[7]

Es ist merkwürdig, mit welcher Gewißheit Freud davon überzeugt ist, das einzig wertvolle Geschlechtsmerkmal zu besitzen, wenn er als ausschließliche Triebfeder für die psychische Entwicklung des kleinen Mädchens den Neid und die Eifersucht auf das Geschlechtsteil des kleinen Jungen unterstellt. Es ist keineswegs einsichtig, daß jedes kleine Mädchen den »großen Penis« eines Bruders oder Gespielen zu Gesicht bekommt: Denn wenn der Penis groß ist, ist der kleine Junge mindestens ein junger Mann, und man fragt sich, ob er in diesem Alter bereit sein wird, seinen Penis zur Schau zu stellen.

Zu all diesen Unwahrscheinlichkeiten kommt hinzu, daß das kleine Mädchen mit außergewöhnlicher Blindheit geschlagen

[5] Ebenda, S. 96; Hervorhebungen durch die Autorin.

[6] Sigmund Freud: Einige psychologische Folgen des anatomischen Geschlechtsunterschieds. G. W. XIV, S. 23.

[7] Ebenda, S. 25; Hervorhebung durch die Autorin.

oder aber mit einer sonderbaren Vorstellungskraft begabt sein müßte, um im Geschlechtsteil des Jungen etwas zu erkennen, was auch nur entfernt seinem eigenen ähnelt: eine Ähnlichkeit zwischen dem »Schlitz« des Mädchens und dem »Anhängsel« des Jungen ist kaum herstellbar.

All dies entsprang der Phantasie eines Mannes, der unbedingt eine Vergleichbarkeit der beiden Geschlechter herstellen wollte, anstatt ihre radikale Verschiedenheit festzustellen.

Eine andere Untersuchung, diesmal von einer Frau, sagte etwas ganz anderes:

Luce Irigaray entschließt sich 1974 endlich, mit diesem realitätsfernen Freudschen Dogma zu brechen, auch wenn ihr dies das Unverständnis ihrer Freudianer-Kollegen eintragen sollte.

Zweifellos erschütterte sie damit die klassische psychoanalytische Lehre und brachte die von Freud begründete und stillschweigend anerkannte Überlegenheit des männlichen Geschlechts ins Wanken.

Luce Irigaray bestreitet, daß die Weiblichkeit sich ausschließlich auf den Neid und die Mißgunst gegenüber dem männlichen Geschlecht gründet. Sie geht geduldig der Geschichte jenes berühmten »ersten« Blicks nach, mit dem die Geschlechter einander mustern, und sie wehrt sich gegen die Behauptung, daß die Feststellung des Unterschieds zu einer Abwertung des Weiblichen führt. »Warum ist es der Begriff ›Neid‹, der Freud einfällt? Welche Wahl trifft er damit? Neid, Eifersucht, Begierde in Korrelation zu Fehlen von, Mangel an, Abwesenheit von ... Alle diese Begriffe beschreiben die weibliche Sexualität als die *Kehrseite* oder *Rückseite* eines männlichen Sexualismus ... Aber der Begriff des ›Penisneids‹ ... bezeichnet nichts anderes als die Verachtung des kleinen Mädchens, der Frau für *ihre* Lust, eine Verachtung, die als ein ... Mittel gegen die Kastrationsangst des Mannes dienen soll.«[8]

Kurz gesagt, die Frau wird (nach L. Irigaray) als jemand *gesehen,* der etwas verliert oder verloren hat, um den Mann davor zu bewahren, sich selbst als vom Verlust bedroht, als eines Dinges beraubt *sehen* zu müssen ...

Wahr ist doch, daß der Mann um nichts »ganzer« ist als die Frau und daß er mit seinen verkümmerten Brüsten und seiner fehlenden Gebärmutter nur spärliche Reste von Weiblichkeit

[8] Luce Irigaray: Speculum – Spiegel des anderen Geschlechts. Frankfurt a. M. 1980, S. 62f.

aufweist. Und dann fährt Luce Irigaray, diesmal mit einer nicht von der Hand zu weisenden weiblichen Logik, fort: »Das Verlangen der Frau, ihn haben zu wollen, bestätigt dagegen den Mann in der Gewißheit, daß er ihn, noch immer, hat... Wäre es anders, warum wird dann nicht *auch* der ›Neid‹ auf die Vagina analysiert? Auf die Gebärmutter? Auf die Vulva? Etc. Das in jedem Pol der sexuellen Differenz verspürte ›Verlangen‹, ›auch so etwas zu haben‹? Das Gekränktsein darüber, fehlerhaft, mangelhaft im Vergleich zu einem Heterogenen, zu einem anderen zu sein? Die ›Benachteiligung‹, die euch die Natur (die Mutter) zugefügt hat, indem sie euch nur mit *einem* Geschlecht versah?«[9]

Der Neid wäre somit nicht etwas spezifisch Weibliches, sondern er gehört zu beiden Geschlechtern und richtet sich auf die sexuellen Attribute des jeweils anderen. Das belegen ausführlich die sexuellen Spiele von Kindern, wo jeder das sehen will, was der andere hat.

Jeder stellt mit nicht geringer Betrübnis fest, daß ihm etwas fehlt, was der andere hat. Daher auch die Spiele, bei denen – je nach dem Geschlecht des Kindes – Kissen oder Bälle zur Korrektur herhalten müssen.

Spricht Freud mit seinem mühselig zusammengebauten »Penisneid« nicht eher von »seinem« Neid auf den Busen, auf Weiblichkeit, auf Mutterschaft – auf alles, was die Frauen haben und von dem die Männer aller Zeiten geträumt, die Dichter uns gesungen haben?

Wie viele berühmte Elegien, wie viele herrliche Verse, wie viele Oden auch unserer Tage sind unserem Gedenken gewidmet, feiern diesen berühmten Busen, den Ort so vieler Wonnen für den Mann, der ihn nicht besitzt, so sehr er ihn an der »anderen« auch betrachtet und berührt!

Wie viele heimliche – und damit diebische – Blicke (das stammt nicht von mir!) verschlingen dieses teure Objekt, das der Mann ohne Unterlaß begehrt:

»Bedeckt diese Brust, die ich nicht schauen kann« (Molière);

»So leid' zumindest es, daß meine Hand an Deinem Busen spielt...« (Ronsard);

»Dies! Dies! Daß ich sie küßte, Eure schöne Brust...« (Ronsard);

»Und ihr Leib und ihre Brüste, Trauben seid ihr meiner Rebe« (Baudelaire);

[9] Ebenda, S. 63.

»Ihre schlafenden Brüste hab' ich berührt und ihres Busens Pracht tat sich mir auf ...« (García Lorca);

»Ganz nackt, ganz nackt, Deine Brüste sind zarter noch als jeder Duft betauten Grases, und tragen Deine Schultern doch« (Eluard).

So und ähnlich wurde in der Literatur unablässig das Preislied auf unseren Busen, unsere zarten Brüste und Taillen gesungen – auf all das, was der Mann nicht hat und an uns begehrt. Der Ort männlichen Neids ist allemal der Busen, Inbegriff aller Zärtlichkeit, aller Fülle und Süße, die sich mit der Mutter verbindet.

Aber kann man vom »Brüste-Neid« des Mannes auf den »Penisneid« bei der Frau schließen? Was bedeutet schon diese jüngst entstandene psychoanalytische Sicht gegenüber Jahrhunderten der Poesie und Literatur? Und wer wird das andere Lied singen, wer aus dem Lager der Frauen preist den Zauber des Mannes? Wann bekommen wir diese neue, weibliche Poesie und Literatur zu sehen, die sich mit dem männlichen Körper und dem Penis in seiner Verletzlichkeit wie in seiner Stärke beschäftigt?

Denn dieses männliche Organ, von Freud als so beneidenswert für die Frauen erklärt, wird in der Kunst wie in der Literatur, das muß man wohl zugeben, fast nur durch Männer vertreten: in der griechischen Plastik, der etruskischen Töpferkunst, in der Malerei eines Picasso, Chagall, Dalí, in den Romanen von D. H. Lawrence, H. Miller und anderen.

Auf der Seite der Frauen – nichts als Schweigen, kein Wort. Jenes teure, so sehr begehrte Objekt erscheint überhaupt nicht, keine weibliche Feder (außer kürzlich B. Groult – in wenig schmeichelhafter Weise) und kein weiblicher Pinsel nehmen sich seiner an.

Wenn irgend jemand etwas zu neiden hat, dann ist es der Mann. Er ist der Eifersüchtige, Mißgünstige, und in einer seltsamen Umkehrung der Situation sehen wir uns geschmückt mit dem, was ihm fehlt, wie es A. Leclerc ganz richtig sagt: »Wir hatten einst ein Geschlecht voll von Abenteuern, Ereignissen und Erfahrungen, daß der Mann vor Neid nur erblassen konnte, und jetzt sollen wir in all unserem Reichtum plötzlich als die Neiderinnen dastehen!«[10]

Diese Frau zögert nicht, den Neid einfach umzudrehen, wenn sie uns einlädt, die immer neuen Freuden des weiblichen Körpers zu genießen ... Es könnte ja tatsächlich so sein, daß dieser den

[10] Annie Leclerc: Parole de femme. Paris 1974, S. 51.

Frauen zugeschriebene Neid auf den Penis umgekehrt das Gegenstück ist zum Neid des Mannes auf Brüste.

Die Brüste waren beiden Geschlechtern von Anfang an vertraut, als wir in den Armen der Mutter lagen. Wir haben sie verloren, und wir träumen immer davon, sie wiederzufinden. Es ist dies ein Verlust, den ausschließlich die Frau wettmachen kann, einmal, weil sie selbst Brüste hat, zum anderen, weil sie beim Mann etwas findet, was ihr in ähnlicher Weise zuteil werden kann wie das früher von der Mutter Empfangene. Was der Mann als einen Akt männlicher Aggression versteht, empfängt die Frau als spendende Brust (Penis = Brust). »Wenn wir uns lieben, bin ich erfüllt von Dir, bezaubert von Dir und vom Gesang Deines Wanderns und vom Raunen Deines Strandens an fremden Orten, aber nicht gepackt, nicht fortgerissen, nur da bin ich, mehr als jemals da, und voll, voller als je zuvor.«[11]

So drücken Frauen sich aus, wenn sie sich endlich die Freiheit nehmen, ohne Rückgriff auf männliche Vorstellungen über ihre Sexualität zu sprechen: nicht hingerissen, nicht in Besitz genommen, nicht vergewaltigt, sondern bezaubert, erfüllt, wunderbar genährt – so fühlt sich die Frau bei der Liebe. Gewiß braucht sie dazu den Penis des Mannes, aber sie ist überhaupt nicht neidisch, will ihn nicht haben. Im Gegenteil: Was sie will, ist, daß der andere ihn ihr schenkt, daß sie ihn empfangen und aufnehmen und manchmal auch seine Frucht behalten darf.

Der »Habenichts« bei dieser Geschichte ist der Mann, der kein Mittel besitzt, den ursprünglichen Verlust wettzumachen, außer durch immer neues Betrachten und Berühren von Brüsten (vgl. auch die Männermagazine und ihre Fotos). Verhungert nach Brüsten, das ist der Mann, und sein unersättliches Verlangen hat er uns geschickt untergeschoben und sich selbst und uns damit betrogen.

Letzten Endes liegt dem offensichtlichen Kontrast zwischen der Zartheit von Männergedichten und der Aggressivität feministischer Schriftstellerinnen ein und dasselbe Phantasma, ein und dasselbe Verlangen zugrunde: das Verlangen nach der für immer verlorenen Mutterbrust, die vom Mann wie von der Frau immerwährend gesucht wird. Wenn wir aber dieses Axiom zugrunde legen, dann verwerfen wir damit die gesamte phallokratische Sexualtheorie. Dazu nochmals A. Leclerc: »Sie haben sich die ganze Sexualität einfallen lassen, und wir haben dazu geschwiegen.

[11] Ebenda, S. 79.

Wenn wir uns unsere eigene erfinden, dann müssen sie die ihre ganz neu überdenken. Die Männer lieben die Frauen nicht, noch nicht: sie suchen sie, sie begehren sie, sie besiegen sie – sie lieben sie nicht. Aber die Frauen, die hassen sich!«[12]

Hier also tut sich noch ein neues Feld für die Psychoanalyse auf: nicht nur die weibliche Sexualität muß neu durchdacht, sondern auch dieser Haß der Frau auf die »andere Frau« muß erklärt werden. Es geht nicht darum, den Neid und die Eifersucht auf den Penis, sondern die aggressiven Wünsche gegenüber der Mutter zu erklären, der ersten aller Frauen, der das kleine Mädchen auf seinem Weg begegnet.

Der Verzicht auf die Klitoris

Der andere Teil der Freudschen Theorie über die weibliche Sexualität, der die Funktion der Klitoris behandelt, wird sich als noch weit weniger haltbar erweisen. Nicht nur, weil er schon vom Ansatz her wacklig ist – ohne wirkliche anatomische Basis und ohne klinische Absicherung –, sondern weil alle seither unternommenen physiologischen und naturwissenschaftlichen Versuchsreihen diese Theorie widerlegen.

Der Fortschritt in der Forschung und der Einsatz der Statistik (zu Freuds Zeiten nicht vorhanden) werden dieses theoretische Gerüst leicht zu Fall bringen, dessen Hauptzweck es war, die Frau ein weiteres Mal den Wünschen des Mannes zu unterwerfen: Die wahre *weibliche Lust* sollte dadurch in noch weit höherem Grad abhängig werden von der *männlichen Penetration;* die äußeren, klitoralen Empfindungen wurden entwertet, als zweitrangig, zufällig oder neurotisch erklärt, was die Männer dann immer wieder als Argument benutzt haben, um sich mit ihren eigenen Wünschen durchzusetzen und um jeden möglichen Anspruch der Frauen auf eigene Lust auszuschließen.

Im Zeitalter der Informatik ist eine These, die nichts mit der Wirklichkeit zu tun hat, nicht lange zu halten. Genau das aber hatte Freud versucht. Was er unternommen hat, war der Versuch einer veritablen »mentalen Klitorisektomie« mit Hilfe einer Theorie: Nichts anderes sollte erreicht werden, als die Frau zum Verzicht auf einen Teil ihrer eigenen Anatomie zu bringen, der vom Mann als männlich betrachtet wird.

[12] Ebenda, S. 53.

Der Zugang zur weiblichen Sexualität geschah also über den Verzicht, ein Vorgeschmack auf alle Verzichte, die Freud uns später noch zumuten wird.

»Will man das Weibwerden des kleinen Mädchens verstehen, so muß man die weiteren Schicksale dieser Klitoriserregbarkeit verfolgen. Die Pubertät, welche dem Knaben jenen großen Vorstoß der Libido bringt, kennzeichnet sich für das Mädchen durch eine neuerliche Verdrängungswelle, von der gerade die *Klitorissexualität* betroffen wird. Es ist ein Stück männlichen Sexuallebens, was dabei der Verdrängung verfällt.«[13]

Wie weit wird man uns denn noch in die Irre führen, wenn wir nicht aufpassen? Da sagt man uns doch allen Ernstes, daß ein weibliches Wesen bei der Gattung Mensch im Naturzustand nicht vorkommt und es sich um eine Nachahmung[14] der männlichen Anatomie handelt. Und daß es in den Augen des Mannes nur in dem Maß existieren kann, wie es auf gewisse Partien seines Körpers, die als »zu maskulin« gelten, verzichtet ...

Freuds Behauptung: »Wir müssen nun anerkennen, das kleine Mädchen sei ein kleiner Mann«[15], bringt die beherzte und hellsichtige Fürsprecherin Luce Irigaray folgerichtig auf den Nenner: »... das kleine Mädchen (hat) seinen ersten Auftritt als kleiner Junge. Am Anfang war das kleine Mädchen (nichts als) ein kleiner Junge. Anders gesagt, es hat niemals ein kleines Mädchen gegeben (und es wird niemals eines geben).«[16]

Um sich mehr Glaubwürdigkeit zu verschaffen, denkt Freud sich einen Wechsel der erogenen Zone aus, durch den die klitoralen Empfindungen in die Vagina geleitet und übertragen werden, die als »eigentlich weiblich« erklärt wird, weil sie zweifellos dem Mann und seiner Lust dient. Es ist eindeutig, in all dem »existiert die Frau nicht«, was Lacan – noch weiter gehend – ja auch behauptet. Er versteht sich als »Freudianer«; ich würde das einfach »ödipal« nennen, das heißt durchdrungen von Todeswünschen gegenüber der Frau.

[13] Sigmund Freud: Drei Abhandlungen zur Sexualtheorie. G.W. V, S. 122.

[14] Im französischen Original »Ersatz«, als Lehnwort aus dem Deutschen (Anm. d. Ü.).

[15] Sigmund Freud: Neue Folge der Vorlesungen zur Einführung in die Psychoanalyse. G.W. XV, S. 125f.

[16] Luce Irigaray: Speculum – Spiegel des anderen Geschlechts. Frankfurt a.M. 1980, S. 59.

Und hier noch einmal Freud, wie er den notwendigen Verzicht auf die Klitoris und den Einsatz der Vagina zur Aufnahme des Mannes erklärt und rationalisiert: »Es nimmt oft eine gewisse Zeit in Anspruch, bis sich diese Übertragung vollzogen hat, während welcher dann das junge Weib anästhetisch ist ... Ist die Übertragung der erogenen Reizbarkeit von der Klitoris auf den Scheideneingang gelungen, so hat damit das Weib seine für die spätere Sexualbetätigung leitende Zone gewechselt, während der Mann die seinige von der Kindheit an beibehalten hat. In diesem Wechsel der leitenden erogenen Zone ... der gleichsam die infantile Männlichkeit beiseite schafft, liegen die Hauptbedingungen für die Bevorzugung des Weibes zur Neurose, insbesondere zur Hysterie.«[17]

Es ist die verhängnisvolle Gleichsetzung der Klitoris mit etwas Männlichem, die Freud in die Irre führt, denn von da an fanden sich die Frauen darauf reduziert, mit einem Geschlechts-Teil Lust zu empfinden: mit *dem,* was der Mann ihnen erlaubte. Wie aber sollten sie dann »selbst« Lust empfinden, wenn nicht durch Identifizierung mit dem Begehren des »anderen«? Genau das ist die Definition von »Hysterie«; die Frau hätte also überhaupt nur Zugang zu einer *hysterischen* Lust ...

»*Es bleibt ihr nur die Hysterie.* Die hysterische Psychose? Neurose? Durch oder auch in Suspension der Ökonomie ihrer ursprünglichen Triebregungen wird sie sich verhalten, ›wie‹ man es von ihr verlangt, ›als ob‹ sie das macht, was man von ihr verlangt ... Folglich wird das hysterische Mimen des kleinen Mädchens, der Frau, Arbeit sein, um ihre Sexualität vor der totalen Unterdrückung, vor dem völligen Verschwinden zu bewahren.«[18]

In der Tat scheint es, daß sich die Frau durch den Verzicht auf diesen eigenen, lustbesetzten Teil ihres Selbst oft in die *Schauspielerei* flüchtet, in die *Entfremdung,* hin zur Lust des anderen. Und der Mann ist der erste, den das verstört: Hat sie einen Orgasmus, oder täuscht sie ihn nur vor, wie man es ihr empfohlen hat?

Man hat der Frau bis in ihr Geschlecht hinein »Vorschriften machen«, nicht aber sie »vorbestimmen« können bis in ihre Lust hinein, und das ist es, was den Mann beunruhigt. Er ist sich nicht

[17] Sigmund Freud: Drei Abhandlungen zur Sexualtheorie. G. W. V, S. 122f.

[18] Luce Irigaray: Speculum – Spiegel des anderen Geschlechts. Frankfurt a. M. 1980, S. 89.

sicher, ob er sich ein richtiges Bild von der Frau gemacht hat, und solange sie nichts sagen will, *wird er weiter nichts von ihr wissen.*

Ist es eine auf die Lust »des anderen« reduzierte und an den Lust-Ort »des anderen« angepaßte Lust oder eine doppelte Lust, die der Kontrolle des Mannes entgleitet? Hat es der Mann geschafft, die Frau zur Gefangenen seines Penis zu machen, dieses obersten Symbols des phallokratischen Systems, oder entzieht sie sich auf mysteriösen Wegen in eine heimliche Lust? Etwa eine doppelte Lust durch ein Doppel-Organ oder durch ein doppeltes Phantasma (für ihn ein hysterisches, für sie ein autoerotisches)?

Dies sind Fragen, die der Mann sich und uns unaufhörlich stellt. Zwischen der Nachahmung der Lust des anderen und der Wahrheit der eigenen Lust liegt das ganze Feld des »Rätsels Weib«, durch das der Mann sich so genarrt fühlt. »Seit den Zeiten, da wir sie auf Knien angefleht haben (ich sprach letztes Mal von den Psychoanalytikerinnen), es uns doch endlich zu sagen – Stille. Es war nichts herauszubringen.«[19]

Das ist die Wut desjenigen, der nicht *anstelle der anderen* wissen kann und einsieht, daß »sie«, der er alles entrissen hat, trotzdem alleinige Bewahrerin ihres eigenen Wissens bleibt. Aber hatte er denn nicht sämtliche Vorkehrungen getroffen, um sie von allem fernzuhalten, was von Lust und dem Wissen darüber handelt? »Es gibt eine Lust, die ihr zu eigen ist, dieser *sie*, die nicht existiert und die nichts bedeutet. Es gibt eine ihr eigene Lust, von der sie vielleicht nicht einmal selbst etwas weiß.«[20]

Oder es ist die unendliche Geduld des wackeren Freud, der noch einmal auf diese ewige Klitoris zurückkommt (ewig für sie und problematisch für ihn), um dann genau das Gegenteil seiner bisherigen Theorie zu verkünden: »Die Klitoris behält dann die Rolle, wenn sie beim endlich zugelassenen Sexualakt selbst erregt wird (Wie denn? Hat die Frau also trotz all Ihrer weisen Ratschläge nicht darauf verzichtet? Anm. d. Autorin), diese Erregung an die benachbarten weiblichen Teile weiterzuleiten, etwa wie ein Span Kienholz dazu benutzt werden kann, das härtere Brennholz in Brand zu setzen.«[21]

Hier wird man plötzlich stutzig: Ist das wirklich Freud, der da spricht? Sollte hier etwa ein Widerspruch bestehen zwischen dem

[19] Jacques Lacan: Encore. In: Le Séminaire Nr. XX, Paris 1975, S. 69.
[20] Ebenda
[21] Sigmund Freud: Drei Abhandlungen zur Sexualtheorie. G. W. V, S. 122.

Wissenschaftler, der der weiblichen Sexualität um jeden Preis den Garaus machen will, und dem Mann im Bett, der erkennt, daß diese merkwürdige Klitoris beim Koitus doch eine Rolle spielt? (Vielleicht war die von Martha ja noch in Ordnung, obgleich sie die Frau Sigmund Freuds war.) Nachdem er an den Quellen der Wahrheit war, treffen wir Freud nicht überraschend wieder, und zwar Seite an Seite mit Wissenschaftlern von heute? Masters und Johnson sagen kaum etwas anderes, wenn sie von der Klitoris als dem »Auslöser des Orgasmus« sprechen – und das sind Sexologen!

Unter wissenschaftlicher Beobachtung (während des Koitus und nicht mehr in der Vorstellung einer phallokratischen Gesellschaft) entpuppt sich die Klitoris als ein reich mit Pacini-Nervenenden ausgestattetes Organ (sensible Zellen, die es an mehreren Körperstellen gibt, die sich aber gehäuft an der Klitoris und ihrer Umgebung – den kleinen und großen Schamlippen – finden). Es ist bewiesen, daß es keinen Orgasmus gibt ohne eine mehr oder weniger deutliche Beteiligung der Klitoris. Die Vagina wird dagegen für unempfindlich gehalten, bis auf ihr unterstes Drittel. So haben sich also die Frauen wacker gemüht, Lust mit einem Organ zu empfinden, das dafür gänzlich untauglich ist; es sei denn, sie hätten stillschweigend schon immer ihre klitoralen Empfindungen genutzt. Darüber können wir nur so weit etwas wissen, wie die Frauen ihre Scheu überwinden, über dieses von gewissen Leuten so sehr geschmähte Organ zu sprechen.

In Amerika verflog die Scheu am schnellsten. Dieses Land wurde nicht jahrhundertelang vom Patriarchat erdrückt, und das macht sich von Zeit zu Zeit bemerkbar. Von dort kam auch der Hite-Report, der die Frauen in Sachen eigener Sexualität zu Wort kommen läßt und endgültig die Bedeutung aufzeigt, die sie der Klitoris beimessen, die für sie das Organ ist, das ihnen jede weitere Lust eröffnet.

Die von der Psychoanalyse gestiftete Verwirrung hat sich zunächst unter dem Einfluß der Biologen und dann der Frauen aufgelöst. Die von der Psychoanalyse um ihr Geschlecht gebrachte Frau hat es endlich wiederbekommen.

»Wollen Sie mehr über die Weiblichkeit wissen, so befragen Sie Ihre eigenen Lebenserfahrungen, oder wenden Sie sich an die Dichter, oder Sie warten, bis die Wissenschaft Ihnen tiefere und besser zusammenhängende Auskünfte geben kann.«[22]

[22] Sigmund Freud: Neue Folge der Vorlesungen zur Einführung in die Psychoanalyse. G. W. XV, S. 145.

Das hat niemand anders als Freud gesagt, entmutigt von der Komplexität der weiblichen Problematik und auch ein wenig Prophet, denn wir haben in jüngster Zeit von der Wissenschaft entscheidende Auskünfte bekommen. Die Dichter haben uns seit Jahrhunderten schon ihre Antworten gegeben. Bleibt also, unsere eigene, heutige Erfahrung heranzuziehen.

Der Fall Freud hat nämlich bewiesen, daß wir uns nicht auf den Mann als Berichterstatter über unsere eigene Erfahrung verlassen können. Es ist unserer Weiblichkeit nur allzu schlecht bekommen, daß wir andere an unserer Stelle haben reden lassen und uns selbst in einer anderen Sprache als der unseren versucht haben. Wir sollten uns endlich als rechte Freudianerinnen zeigen und seinen allerletzten Rat befolgen. Ich sage »allerletzten«, denn zwischen den ›Drei Abhandlungen‹ von 1905 und der ›Neuen Folge der Vorlesungen‹ von 1932 hatte Freud viel über die angebliche Symmetrie zwischen den Geschlechtern nachgedacht, und er kam mehrmals auf seine eigenen Aussagen zurück. Dabei hat er zu wiederholten Malen neue Wege der Forschung eröffnet, die die Frauen seltsamerweise bis heute nicht haben erkunden wollen.

Seltsamerweise oder logischerweise? Wir wissen doch sehr gut, warum die Frauen so lange geschwiegen haben und sich noch heute, sobald sie das Wort ergreifen, bewußt sind, daß sie so etwas wie Ablehnung von seiten des Mannes riskieren.

Die Frauen beginnen gerade erst, sich so zu zeigen, *wie sie sind*, und nicht, wie die Männer *sie haben wollen.* Vielleicht werden sie von den Männern nun nicht mehr akzeptiert und auf sich selbst zurückgeworfen in die Einsamkeit oder die Homosexualität? Reden bedeutet ein Wagnis, und wir haben gelernt, dieses Wagnis eher vorsichtig abzuwägen, als es zu bestehen. Und sehr oft haben die Frauen noch immer Angst vor den auf sie gemünzten Vernichtungswünschen der Männer und wählen lieber das Schweigen als den Tod.

3. Schwarzer Kontinent oder weißer Strand?

> Der »Schwarze Kontinent« ist weder schwarz noch unerforschlich: Er ist nur deshalb noch nicht erforscht, weil man uns hat weismachen wollen, er sei zu schwarz, um erforscht werden zu können, und weil man uns noch immer weismachen will, daß unser Interesse dem Weißen Kontinent zu gelten habe, mit all seinen Denkmälern, die dem »Mangel« errichtet wurden.
>
> *Hélène Cixous*

Hatte Freud letztlich mit dem, was uns heute wie eine lange Klage gegen die Frau vorkommt, versucht, sich selbst den Prozeß zu machen? Und hat er nicht, ohne es zu wollen, ausschließlich vom Mann und niemals von der Frau gesprochen? Hatte diese Frau als Kehrseite oder Rückseite des Mannes irgend etwas zu tun mit all den Fragen, die Freud während vieler Jahre in seiner täglichen Praxis gesehen und angehört hat? Hat er von diesen Frauen auch nur irgend etwas verstanden? Daran scheint er selbst gezweifelt zu haben, als er zu Marie Bonaparte sagte:

»Die große Frage, die nie beantwortet worden ist und die ich trotz dreißig Jahre langen Forschens in der weiblichen Seele nicht habe beantworten können, ist die: ›Was will das Weib?‹«[1]

Trotz allem also, was er immer wieder dazu gesagt hat, fühlte er mit zunehmendem Alter, daß er darin kaum weitergekommen war. Und er zögerte nicht, dies 1925 öffentlich zu bekennen: »Vom Geschlechtsleben des kleinen Mädchens wissen wir weniger als von dem des Knaben. Wir brauchen uns dieser Differenz nicht zu schämen; ist doch auch das Geschlechtsleben des erwachsenen Weibes ein *dark continent* für die Psychologie.«[2]

Da steht es nun, dieses allen so bekannte, beunruhigende Wort, diese subjektive und dann so subversiv gewordene Aussa-

[1] Ernest Jones: Sigmund Freud. Leben und Werk. Band 2, München 1984, S. 493.

[2] Sigmund Freud: Die Frage der Laienanalyse. G. W. XIV, S. 241.

ge. Dieser Kontinent ist ja nur für Freud so ›schwarz‹ (die Dichter haben sehr viel farbiger darüber geschrieben), denn er macht ihm angst, wie alles Unbekannte ihm angst machen konnte. Erinnern wir uns doch an seine Phobie vor Auslandsreisen (die Episode seiner nicht zustande gekommenen Rom-Reise). Was aber ist das gegen die Reise zu jener »Fremden«, die die Frau für den Mann darstellt?

Die Farbe »Schwarz« verweist uns auf die »Nacht« mit all ihren mehr oder weniger erschreckenden Trugbildern, ihren bösen Geistern, ihren Todesvisionen, ihren entsetzlichen Alpträumen. In der Nacht kann uns alles zustoßen: Wehrlos sind wir den unsichtbaren Mächten ausgeliefert, die wir bei Tage so leicht abwehren können. Freud enthüllt hier seinen ureigenen Schrekken vor der Frau, den er bis dahin so gut in einer Theorie der Herrschaft verborgen hatte, deren Hauptzweck es war, »sie« beherrscht zu halten, was bedeutet, daß seine Vorstellungen von der Frau nicht auf *weiblichen Tatsachen*, sondern auf *männlichen Ängsten* beruhten.

Er ist nicht der einzige geblieben mit seinen verkürzenden Behauptungen in bezug auf die Frauen. Man erinnere sich nur an das so berühmte »Die Frau ist nicht ganz« von Lacan – was uns zeigt, daß auch er voller Furcht war, sie könnte etwa ›ganz‹ sein – diese Frau mit ihrem Bauch voller Verheißungen, während doch der Mann sich für immer als Einheit sieht.

Angesichts dieses furchterregenden »Schwarz« wendet sich Freud dem »Weiß« zu, dem unergründlichen Mysterium, dem unenthüllten Geheimnis.[3] Erinnert er sich nicht beim Thema Frau der minoisch-mykenischen Kultur? Durchläuft er nicht die Zeiten nach rückwärts, außer sich vor Furcht, was er entdecken könnte, wenn er sich die Frau, die er täglich vor Augen hatte, nur richtig anschauen wollte?

Sobald es um Frauen geht, ist es entweder reine Erfindung oder aber Panik, und Freud wechselt von Schwarz zu Weiß, vom Unausgesprochenen zum Unaussprechlichen: »Alles auf dem Gebiet dieser ersten Mutterbindung erschien mir so schwer analytisch zu erfassen, so verblichen im Laufe der Jahre, schattenhaft, kaum wiederbelebbar, als ob es einer besonders unerbittlichen Verdrängung erlegen wäre.«[4]

[3] Wortspiel im Original: Ensuite de ce NOIR ... Freud est passé au BLANC (= leere Stelle, unausgefülltes, unbeschriebenes Blatt ...) (Anm. d. Ü.).
[4] Sigmund Freud: Über die weibliche Sexualität. G. W. XIV, S. 519.

Aber warum äußert er sich so nur bei den Frauen? Erinnern sich die Männer etwa besser an den Mutterleib und an die Arme, die sie trugen? Die klinische Erfahrung weiß es anders.

Nein, Freud muß die Frau – auch wenn er sie in der ›Neuen Folge der Vorlesungen zur Einführung in die Psychoanalyse‹ nicht mehr wie üblich unterschlägt – schlicht auf Distanz halten; im Keller (dunkel) oder auf dem Dachboden (weiß, vom Staub der Jahre) ist sie für ihn immer noch besser aufgehoben als im direkten »Gegenüber«. Denn wie die Gegenüberstellung mit derjenigen bestehen, die er einst angebetet hat, um sie dann zugunsten einer anderen wegzuschieben?

Dieses spezifisch männliche Dilemma hat Freud während langer Jahre an einer Theorie festhalten lassen, die die Frau immer weiter vom Mann entfernt hat.

Ist es der reine Zufall, wenn Freud erst nach dem Tod seiner Mutter (Amalie, die Mutter Freuds, starb nach einem langen Leben erst 1930; er selbst war damals vierundsiebzig Jahre alt und sollte wenige Jahre später sterben) es erst im Jahre 1932, im Verlauf einer neuen Vorlesung über die weibliche Sexualität, endlich wagt, seine Haltung gegenüber der Frau zu ändern und sich neue Fragen über sie zu stellen? Indem er endlich auf den Kampf verzichtet, der sein Leben ausfüllte, das heißt den Kampf gegen die »Mutter« und gegen die »Frau«, und indem er aufhört, sich auf die uralten Argumente zu stützen (soziale Inferiorität und familiäre und mütterliche Rolle), löst er sich von seinem Entwurf der weiblichen Sexualität als Erklärung für die Minderwertigkeit der Frau im Patriarchat. Hier also stellen sich die von Freud noch nicht in Angriff genommenen wahren Probleme, denn wenn die Frau nicht mehr als die gesehen wird, die zurückweist, was sie hat, um sich das zu wünschen, was der Mann besitzt – was hat sie dann eigentlich? Und was erlebt sie? Freud gelangt allzu spät zur entscheidenden Frage: Was erlebt das kleine Mädchen im Umgang mit seiner Mutter?

Endlich schaut er sie sich an, die Frau, die er sich lieber nur vorgestellt hatte, statt sie zu sehen, wie sie war: *Für diese reale Frau gilt kein einziges der Axiome, die für den Knaben aufgestellt wurden.* Insbesondere der Ödipuskomplex, auf dem die ganze männliche Struktur beruht, existiert für sie nicht. Die zentrale Aussage: »... die erste Objektwahl des Kindes sei eine *inzestuöse* ...«[5] ist nicht anzuwenden auf das Mädchen, das von der

[5] Sigmund Freud: Die Frage der Laienanalyse. G. W. XIV, S. 242.

gleichgeschlechtlichen Mutter aufgezogen wird. »Unser Eindruck ist hier, daß unsere Aussagen über den Ödipuskomplex in voller Strenge nur für das männliche Kind passen und daß wir recht darin haben, den Namen Elektra-Komplex abzulehnen, der die Analogie im Verhalten beider Geschlechter betonen will.«[6]

So gesteht Freud sich am Ende seines Lebens ein, daß er nur einen Zipfel, eine Seite des Vorhangs über der Ödipustragödie gelüftet hat: Jokaste und ihre Töchter bleiben im Dunkel, vom Scheinwerfer nicht erfaßt, und Freud hat keine Zeit und auch keinen Mut mehr, das Licht wieder anzuwerfen. Auch nicht, den Sophokles noch einmal zu lesen, der die unterschiedliche Stellung der Mädchen und Knaben herausgearbeitet und das Unglück der als Objekte behandelten Mädchen dargestellt hat, die wegen des Verbrechens ihres Vaters nicht mehr »zu verheiraten« sind:

> Auch um die beiden Söhne sei nicht sehr
> Bekümmert, sie sind Männer...
> Doch für die armen Mädchen, denen nie
> Ein eigner Tisch gedeckt war ohne mich,
> Sei stets besorgt...[7]

Wenn Sophokles einen Unterschied aufgezeigt hat, erwies Freud sich außerstande, ihn richtig zu erklären, und so kommt er zu dem Schluß: »Im ganzen muß man aber zugestehen, daß unsere Einsichten in diese Entwicklungsvorgänge beim Mädchen unbefriedigend, lücken- und schattenhaft sind.«[8]

Unsere Überraschung ist groß: Spricht hier derselbe Mann, dem es so sehr darauf ankam, die Ausgangssymmetrie zwischen Mädchen und Knaben herzustellen? Er erkennt also einerseits an, daß es eine Symmetrie zwischen den Geschlechtern nicht gibt, um dann einzugestehen, daß er über die Entwicklung des kleinen Mädchens nichts weiß. Aufgrund dieser beiden Feststellungen fragt er sich: »Eine weitere Frage lautet: *Was verlangt das kleine*

[6] Sigmund Freud: Über die weibliche Sexualität. G. W. XIV, S. 521.
[7] Sophokles: König Ödipus. Stuttgart 1962, S. 66.
[8] Sigmund Freud: Der Untergang des Ödipuskomplexes. G. W. XIII, S. 401.

Mädchen von der Mutter? Welcher Art sind seine Sexualziele in jener Zeit der ausschließlichen Mutterbindung?«[9]

»*Die Phase der ausschließlichen Mutterbindung*, die *präödipal* genannt werden kann, beansprucht also beim Weib eine weitaus größere Bedeutung, als ihr beim Mann zukommen kann.«[10]

»Der Ödipuskomplex des kleinen Mädchens birgt *ein Problem mehr* als der des Knaben. Die Mutter war anfänglich beiden das erste Objekt, wir haben uns nicht zu verwundern, wenn der Knabe es für den Ödipuskomplex beibehält. Aber wie kommt das Mädchen dazu, es aufzugeben und dafür den Vater zum Objekt zu nehmen?«[11]

»Anders für das kleine Mädchen. Ihr erstes Objekt war doch die Mutter. *Wie findet sie den Weg zum Vater?* Wie, wann und warum macht sie sich von der Mutter los?«[12]

Da haben wir also plötzlich die Fragen und damit freie Bahn für die Nachfolgerin Freuds.

»Endlich bin ich nicht mehr allein, eine Schar von eifrigen Mitarbeitern ist bereit, sich auch das Unfertige, unsicher Erkannte zunutze zu machen ...«[13]

Wenn für Freud irgend etwas »unsicher Erkanntes« geblieben ist, dann die Entwicklung des Mädchens zur Frau; wenn er auf irgend etwas ruhelos und immer wieder sich selbst korrigierend zurückgekommen ist, dann war es die weibliche Sexualität. Aber zu glauben, daß seine Nachfolger sich »das Unfertige zunutze machen« und insbesondere der Frau den ihr gebührenden sexuellen Status wiedergeben würden, war reine Utopie in einer so stark von der Männer-Macht geprägten Gesellschaft. Was folgte, war noch schlimmer als der Anfang; statt die Befunde über das kleine Mädchen in Frage zu stellen, hat man noch intensiver darauf beharrt. Der *Penisneid* nahm seinen Lauf, bis die Frau schließlich nur noch auf dieses übergroße Neidgefühl reduziert war:

[9] Sigmund Freud: Über die weibliche Sexualität. G. W. XIV, S. 529; Hervorhebung durch die Autorin.

[10] Ebenda, S. 523; die erste Hervorhebung stammt von der Autorin, die zweite (»präödipal«) von Freud.

[11] Sigmund Freud: Einige psychologische Folgen des anatomischen Geschlechtsunterschieds. G. W. XIV, S. 22; Hervorhebung durch die Autorin.

[12] Sigmund Freud: Über die weibliche Sexualität. G. W. XIV, S. 517; Hervorhebung durch die Autorin.

[13] Sigmund Freud: Einige psychologische Folgen des anatomischen Geschlechtsunterschieds. G. W. XIV, S. 20.

»All ihr Träumen kreist um diesen plötzlich aufgetauchten ›kleinen anderen‹, den Bruder, und das Wesentliche dieses kleinen anderen ist der Phallus.«[14]

»Eine Frau wird Mutter, um diesen Penisneid umzusetzen, und der einzige Wunsch der Mutter ist es, Mutter zu bleiben ... Für eine Frau verblaßt jeder andere Ersatz vor der Gleichsetzung Penis = Kind.«[15]

Wieder also diese Gleichsetzung, die nicht neu ist, denn sie war schon von Freud aufgestellt worden: Penis = Kind. Das paßt offenbar noch immer am besten ins männliche Konzept, auch wenn die Frauen zu solchen Reden seit kurzem das Gesicht verziehen. Die Männer halten klar an ihren eigenen Wünschen fest: Wir sollen auf die ›Mutterschaft‹ festgelegt und damit formell von jedem anderen Bereich wie ›Kultur‹ oder ›Sublimierung‹ ausgeschlossen werden. Da tut sich der Mann keinerlei Zwang an und sagt ohne Umschweife: »Die Frage nach dem Sinn und nach der Bedeutung des Lebens ist eine männliche Frage. Die Frau wird von dieser Frage nicht umgetrieben.«[16]

»Es gibt nun Frauen, vom Wesen der Dinge ausgeschlossen, welches auch das Wesen der Worte ist ... Sie wissen einfach nicht, was sie sagen, das ist der ganze Unterschied zwischen ihnen und mir.«[17]

»Die Frau verkörpert die allgemeine Kastration, die das Lebewesen durch die Sprache erfährt; als penisloses Mangelgeschöpf verkörpert sie vollkommenen Sprachverlust.«[18]

Sofern das Lesen uns als einer der Wege zur Sublimierung nicht verboten ist, können wir lesen:

»Wenn die Frauen etwas wissen, hat die Psychoanalyse dann irgend etwas mit dem zu schaffen, was sie etwa wissen?«[19]

Die Eifersucht auf die ›Mutterschaft‹ hat den männlichen Psychoanalytiker auf seinen Irrweg geführt. Der *Uterusneid* hat ihn blind und taub gemacht für jede Logik. Aber unter Freuds Nachfolgern hat es ja auch Frauen gegeben, und er hatte sie zur Stel-

[14] Mustapha Saphouan: La Sexualité féminine. Paris 1976, S. 101.

[15] Robert Pujol: La Mère au féminin. In: Nouvelle Revue française de psychanalyse Nr. 16, 1977.

[16] Ebenda.

[17] Jacques Lacan: Encore. In: Le Séminaire Nr. XX, Paris 1975, S. 68.

[18] Robert Pujol: La Mère au féminin. In: Nouvelle Revue française de psychanalyse Nr. 16, 1977.

[19] Wladimir Granoff: La pensée et le féminin. Paris 1976, S. 304.

lungnahme aufgefordert. Hatte er nicht Marie Bonaparte gefragt: »Was will das Weib?« Und hatte er nicht bei der Erörterung der Mutter-Tochter-Beziehung und ihrer Wiederholung in der Übertragung geschrieben: »Es scheint wirklich, daß weibliche Analytiker, wie Jeanne *Lampl-de Groot* und Helene *Deutsch*, diese Tatbestände leichter und deutlicher wahrnehmen konnten«?[20]

Was ist aus diesen weiblichen Analytikern geworden, wie haben sie sich zu den männlichen Aussagen gestellt? Sie haben sich fast nahtlos den Ideen des Mannes angeschlossen; sie haben so getan, als ob sie an dieses Penisüberbleibsel glaubten und an diesen »Penisneid«. Sie haben das gemimt, was der Mann von ihnen erwartete. So sollte eine Helene Deutsch uns belehren: »Der Verzicht ist typisch weiblich.« Eine Marie Bonaparte nahm sich ganz besonders jenes angeblich so »temporären« Organs, der Klitoris, an, auf das die Frau trotz aller möglicherweise auftauchenden Schwierigkeiten verzichten »sollte«. Eine Jeanne Lampl-de Groot war zur Stelle mit der Aussage: »Die weibliche Liebe ist passiv«, und Ruth Mack Brunswick sollte wenig später die Idee Freuds wiederaufnehmen: »Zu Beginn seines sexuellen Lebens ist das kleine Mädchen in all seinem Sinnen und Trachten ein kleiner Junge.«[21]

Warum nur haben alle diese weiblichen Analytiker in der Nachfolge Freuds den Irrtum über die weibliche Sexualität nicht korrigiert, wo doch Freud gerade auf sie gehofft hatte für den Entwurf einer anderen Theorie, die der Frau besser gerecht würde? Das mag uns gewiß befremden, doch wir können uns auch sagen, daß es zweifellos schwer war, Tochter eines in Sachen »Frau« so wechselhaften Vaters wie Freud zu sein ...

Denn all dies kam ja erst sehr spät, nach Behauptungen, die keinen Widerspruch duldeten, nach so erstaunlichen Beweisführungen, daß die Frauen (selbst Analytikerinnen) in ihrer Verblüffung und ihrem Schrecken über ein solches Schicksal einfach verstummten. Verlangt man denn von einem, den man gerade geköpft hat, er möge noch seinen Namen rufen? Das ungefähr hat Freud von seinen Zeitgenossinnen verlangt.

Daß Freud an seinem Lebensende dem Vogel die Freiheit gewähren wollte, ist evident. Die Feministinnen werfen ihm jedoch vor, dem Vogel zuvor sorgfältig alles gestutzt zu haben, womit

20 Sigmund Freud: Über die weibliche Sexualität. G. W. XIV, S. 519.
21 Ruth Mack Brunswick: La Sexualité féminine. Paris 1972, S. 39.

man fliegen kann. Und will uns Lacan nicht auch dann noch das Wort rauben, wenn er sagt, wir wüßten nicht, was wir sagen?

Die männlichen Psychoanalytiker haben es nie als Raub betrachtet, wenn sie uns das Wort nahmen und es für das ihre ausgaben. Da sie das taten, haben sie *an unserer Stelle* gesprochen und uns mit unserem Wort auch unsere Sexualität geraubt, die sie in den Rahmen ihrer Männerphantasien zwängten.

Auch wenn Freud diese von ihm selbst gestellte Falle erkannt hat, hat dies nicht verhindern können, daß die einmal von ihm eingeschlagene Richtung fortgesetzt wurde, denn nach Freuds Tod wurde nur das aufgegriffen, was er selbst in aller Breite ausgeführt und manchmal ohne rechte Grundlage für gültig gehalten hatte.

Die Psychoanalyse hat nicht aufgehört, sich *männlich* zu verstehen und auszudrücken, und das in einer Sprache, die sich immer mehr von ihrem Schöpfer entfernt. Man könnte glauben, ihr Gegenstand sei so explosiv, daß alles darangesetzt werden muß, ihn hinter den unüberwindlichen Barrieren einer hermetischen Sprache zu verbergen; dabei kommt es manchmal sogar vor, daß die Existenz »weiblicher« Wesen buchstäblich mit einem Federstrich getilgt wird!

Wissen Sie, daß einer dieser Psychoanalytiker geschrieben hat: »Die Frau existiert nicht« – und daß er »Die Frau« nur deshalb so gern schreibt, weil es ihm Lust bereitet, jenes *Die* durchzustreichen, durch das wir dem weiblichen Geschlecht zugehören? Und dies unter dem Vorwand, dieses Geschlecht habe kein Recht auf das Wort ...[22]

Demgegenüber könnte eine Frau sich heute an Freud wenden und ihm sagen:

Lieber Sigmund Freud,
ich schreibe Ihnen, um Ihnen mitzuteilen, daß seit Ihrem Verschwinden die meisten Ihrer Nachfolger es versäumt haben, Ihre letzten Eingebungen aufzunehmen, und daß Ihre allerletzten Überlegungen auf den Dachboden der Psychoanalyse verbannt wurden, wo ich jetzt inmitten Ihrer ausgebreiteten Schriften sitze. In diesem Augenblick lese ich gerade Ihre letzte Vorlesung über die weibliche Sexualität von 1932, und ich bin hingerissen von der Neuheit Ihrer Fragestellungen im Vergleich zu dem wiederkäuenden psychoanalytischen Geschwätz, das wir gewohnt sind.

[22] Jacques Lacan: Encore. In: Le Séminaire Nr. XX, Paris 1975.

Ich merke jetzt, daß Sie uns kleine weiße Steine auf den Weg gelegt haben, die uns ins Haus des Vaters hätten führen können, statt dessen lassen wir uns verschlingen von dem sexistisch-männlichen Menschenfresser, der es nie für nötig gehalten hat, Ihre letzte Warnung zu berücksichtigen, und der es in seinem Interesse vorgezogen hat, den ersten Teil Ihrer Forschung gegen uns zu verwenden, der von unserer angeblichen sexuellen Minderwertigkeit handelt.

Droht uns der Mann nicht regelmäßig, wenn er in Wut gerät, er werde uns »zu unserer Mutter« zurückschicken, niemals aber »zu unserem Vater«? Wir haben ja tatsächlich niemals mit diesem Vater gelebt, auch wenn er die Wohnung mit uns teilte ... Und unsere erste Bleibe ist immer die bei unserer Mutter: hatten Sie uns doch erklärt, warum gerade dies unsere Tiefenpersönlichkeit prägt und vielleicht unseren künftigen Gefährten befremden kann. »Er sollte die Vaterbeziehung erben, und in Wirklichkeit erbt er die Mutterbeziehung.«[23]

Dieser ersten Bleibe haben Sie sogar einen Namen gegeben: das »Präödipale«. Aber gerade das haben Ihre Nachfolger nur dazu benutzt, uns noch viel heftiger vorzuwerfen, daß wir im maskulin-ödipalen Haus eben keine Heimat hätten – wodurch wir dann tatsächlich von vielem ausgeschlossen wurden. Kann man sich nicht vorstellen, daß Sie unser Präödipales, falls Sie heute zurückkämen, mit der gleichen Energie verteidigen würden, die Ihre Nachfolger aufwenden, um uns unseren Ödipusmangel vorzuwerfen?

Vielleicht ist Ihnen nicht bekannt, daß eben jetzt bei den Frauen die Idee Gestalt annimmt, der Mann könne vom *Uterusneid* besessen sein, der die Wurzel all seiner Eifersucht, seines hartnäckigen Krieges gegen das weibliche Geschlecht und seiner Kampagne für das Kind sein könnte. Außerdem ist zu sagen, daß der *Penisneid* in Frage gestellt ist, denn die Frau unserer Zeit verzichtet häufig auf das Kind, um sich anderen Betätigungen zuzuwenden. Sind diese Tätigkeiten auch *Penisneid?* Eine Menge neuer Probleme ist hier zu untersuchen, und es sieht so aus, als ob das »Unbehagen in der Kultur« heute der Frage gilt, wie Raum für das Kind geschaffen werden kann, denn der Geburtenrückgang beginnt unsere Regierungen stark zu beunruhigen ...

[23] Sigmund Freud: Über die weibliche Sexualität. G. W. XIV, S. 523.

So ungefähr könnte eine Frau heute an Freud schreiben, vorausgesetzt, sie hat sich vom Haß der Feministinnen auf diesen Mann nicht beirren lassen. Denn nicht so sehr ihm sollten wir zürnen, sondern seinen Nachfolgern. Sie haben ihn verraten, indem sie – Männer wie Frauen – das alte sexistische Lied vom Schrumpfpenis und von der weiblichen Minderwertigkeit weiter gesungen haben.

In psychoanalytischen Kreisen wird um den *Penisneid* weiter gestritten, wobei sich die Männer stets unvergleichlich besser amüsieren als die Frauen, die gute Miene zum bösen Spiel machen, aus lauter Angst, bei Verletzung der Regeln (die nicht die ihren sind) ausgeschlossen zu werden. Offenbar ist seit einiger Zeit der Masochismus bei den Frauen nicht mehr gefragt. Sie verlangen andere Spiele mit anderen Regeln, die nicht mehr automatisch den männlichen Penis als Einsatz fordern. Hat nicht schließlich Freud selbst die unterschwelligen Regeln einer Vielzahl von Spielen aufgedeckt, die wir bis dahin in aller Unschuld gespielt haben? Ist nicht eins der bekanntesten das Diabolo-Spiel[24] (das Kind symbolisiert die Abwesenheit der Mutter durch ein Objekt, das es von sich entfernt, um es im nächsten Moment zurückzuholen)? Oder der Versprecher (unser Mund überlistet uns und sagt das, was wir eigentlich denken und was nicht gesagt werden sollte); ganz zu schweigen vom Spiel der Träume (die Nacht ist voller Schabernack, voller Gaukeleien, voller Vertauschungen und Toter, die wiederauferstehen).

Könnte man nicht bei gründlichem Wiederlesen der letzten Schriften Freuds die Einsatzregeln finden, die das Spiel (das Ich) der Frau bestimmen?[25]

Gibt es nicht in der Abhandlung über ›Die Weiblichkeit‹ (1932) den Hinweis auf eine Art Mutter-Tochter-Spiel: das präödipale weibliche Versteckspiel? Auf welchen Wegen und nach welchen Regeln kommt das kleine Mädchen aus seinem Schlupfwinkel bei der Mutter hervor? Was hat es von dort aus gesehen? Wechselt es danach hinüber in den Bereich des männlichen Ödipuskomplexes? Spielt es den Ödipus durch mit dem Vater, dem Bruder, dem Freund? Welche Folgen hat dieses lange Verweilen im »schwar-

[24] Ital. von diavolo = Teufel: Kinderspielzeug, Doppelkreisel, der auf einer an zwei Stäben befestigten Schnur rotiert, in die Höhe geworfen, wieder auf der Schnur aufgefangen wird (Anm. d. Ü.).

[25] Wortspiel im Original: ... qui régissent le »jeu« (»je«) de la femme? (Anm. d. Ü.).

zen« Versteck, wie Freud es nannte – oder war das »Schwarz« etwa »weiß«?

Kann denn die Frau nach dem Nachweis der fehlenden Symmetrie zwischen den Geschlechtern noch einbezogen werden in den Ödipuskomplex, wie er für den Mann definiert wurde? Wenn ihr inzestuöses Objekt, der Vater, für sie nicht verfügbar ist, wie fixiert sich dann die weibliche Libido in der ersten Zeit? Wenn sie in der Realität keine Möglichkeit zur Fixierung findet, kommt dadurch ihre ›Sublimierung‹ (Umleitung der Libido auf andere Objekte) in Gang? So viele Fragen, die sich uns Psychoanalytikerinnen stellen!

Endlich ist dank der Psychoanalytikerinnen unserer Zeit das auf dem Dachboden verwahrte Dossier wieder geöffnet. Jeannine Chasseguet-Smirgel schreibt dazu: »Man hält jemanden nicht dadurch am Leben, daß man ihn einbalsamiert. Die einzige Weise, Freud unter uns lebendig zu erhalten, besteht darin, seine Entdeckung weiterzuentwickeln, ihre mehr zufälligen Aspekte zu diskutieren und gewisse Punkte mit der Methode zu vertiefen, die er uns hinterlassen hat. Wer frei ist vom Haß und von der Furcht gegenüber einem Toten, muß seine Zeit nicht darauf verwenden, ihm ein Grabmal zu errichten, um seine Manen[26] zu beschwichtigen (und ihn nebenbei unter dem Gewicht des Granits zu ersticken).«[27]

Diese Analytikerin nennt das wahre Problem der Nachfolger Freuds beim Namen: Der Vatermord war, ganz zufällig, Freuds eigenes Problem, und es ist das Problem jedes männlichen Wesens angesichts seines ödipalen Rivalen. (Hierzu sehr aufschlußreich das Buch von François Roustang: Er spricht dort von der »wilden Horde«, die die Analytiker um Freud zu seinen Lebzeiten bildeten.[28])

Auch die Psychoanalytiker entgehen dem Ödipusgesetz nicht, trotz allem, was sie darüber wissen. Und wie steht es mit den Frauen? Wer hat sie schweigen geheißen? Welche Furcht hat sie gehindert, weiterzugehen – wenn nicht die tausendjährige Angst, das Mißfallen des Mannes zu erregen?

Wenn die psychoanalytische Wissenschaft so wenig vorangekommen ist und sich in Wiederholungen erschöpft hat, dann

[26] In der Unterwelt waltende Geister (Anm. d. Ü.).

[27] Jeannine Chasseguet-Smirgel, in: Revue française de psychanalyse Nr. 1–2, 1975.

[28] François Roustang: Un destin si funeste. Paris 1976.

deshalb, weil das Feld der Psychoanalyse in der patriarchalisch-ödipal geprägten Struktur so erlebt wird, daß der Mann sagt: »Ich darf den Vater nicht töten« und die Frau: »Ich darf dem Mann nicht mißfallen ...«

Der Mann fürchtet alles von seinesgleichen; die Frau fürchtet alles vom Mann – dort liegt der Unterschied, dort ist das Schweigen beider in ihrem Verhältnis zu Freud vorprogrammiert.

Seit sechzig Jahren stand die Entwicklung der Psychoanalyse unter dem Leitstern: Wie kann man es sagen, ohne den Vater zu übergehen? Im Umfeld von Lacan stoßen wir auf diese Struktur, die die Adepten dieser neuen »Religion« steril macht. Eine Religion, gestiftet von einem neuen »Papst«, der ebenso unangreifbar ist wie Freud zu seiner Zeit. Es scheint, der »Vatermythos«, Ursprung des »Gesetzes«, hat ein zähes Leben!

Vielleicht aber gibt es irgendwo, ganz versteckt in einem Schlupfwinkel, eine neue, diesmal präödipale Sprache, die den ödipalen Schiffbruch und die Todeswünsche des Mannes überlebt und die keine Rechnung mit dem Vater (das heißt mit dem Tod) zu begleichen hat, sondern auf das Leben abzielt. Vielleicht ist das die neue Sprache der Frauen? Denn wenn wir auch beim mythischen »Vater« nicht viel zu sagen haben, so bleibt uns doch noch alles zu entdecken bei der wirklichen »Mutter«.

Was treiben wir denn auf diesem »Schwarzen Kontinent«, wohin man uns so lange verbannt hat? Was sehen wir dort? Sind unsere Erinnerungen so »verblichen« durch die Zeit, wie man uns glauben ließ? Und werden wir uns noch lange damit abfinden, Frauen ohne Gedächtnis zu sein, die sich auf einem Kontinent entwickeln, den man nicht beschreiben kann?

Gibt es zwischen dem Weiß des Engels und dem Schwarz der Hexe keine anderen, weiblicheren Tönungen? Das Rot des Blutes, des Gebärens, das Rot des Begehrens und der Liebe?

4. Der ödipale Unterschied – Ursprung aller Mißverständnisse

> Der Ödipus-Komplex ist etwas so Bedeutsames, daß es auch nicht folgenlos bleiben kann, auf welche Weise man in ihn hineingeraten und von ihm losgekommen ist.
>
> *Sigmund Freud*

Das Problem der Symmetrie/Asymmetrie der Entwicklung von Mädchen und Jungen hat uns Freud zur Erforschung aufgetragen, wenn er schließlich feststellt: »Alle Erwartungen eines glatten Parallelismus zwischen männlicher und weiblicher Sexualentwicklung haben wir ja längst aufgegeben.«[1] Wenn wir uns die Mühe machen und seine letzten Schriften über die weibliche Sexualität noch einmal lesen, fällt es uns *a posteriori* nicht schwer, das Grundmuster, die erste Skizze dieses berühmten Unterschieds der Geschlechter auszumachen, den Freud immer wieder auf einen angenommenen Körpervergleich zwischen Kindern zurückführen wollte, während er doch merkwürdigerweise alles für eine andere Erklärung in Händen hatte: Man muß nur, was er an Feststellungen dazu in loser Folge ausgestreut hat, ordnen, um etwa die folgende Argumentationskette zu erhalten:

»Hören Sie, das Merkwürdigste am Geschlechtsleben des Kindes scheint mir, daß es seine ganze, sehr weitgehende Entwicklung in den ersten fünf Lebensjahren durchläuft ...«[2]

»... in den ersten Kinderjahren stellt sich die Relation des *Ödipus*–Komplexes her, in welcher der Knabe seine sexuellen Wünsche auf die Person der Mutter konzentriert ...«[3]

»Die erste Objektwahl des Kindes ist also eine inzestuöse.«[4]

»Es macht uns keine Schwierigkeiten, dieses Ergebnis für den Knaben abzuleiten. Die Mutter war sein erstes Liebesobjekt; sie bleibt es ...«[5]

»Anders für das kleine Mädchen. Ihr erstes Liebesobjekt war

[1] Sigmund Freud: Über die weibliche Sexualität. G. W. XIV, S. 519.

[2] Sigmund Freud: Die Frage der Laienanalyse. G. W. XIV, S. 239.

[3] Sigmund Freud: Selbstdarstellung. G. W. XIV, S. 61.

[4] Ebenda, S. 62.

[5] Sigmund Freud: Über die weibliche Sexualität. G. W. XIV, S. 517.

doch auch die Mutter; wie findet sie den Weg zum Vater? Wie, wann und warum macht sie sich von der Mutter los?«[6]

»Der Ödipus-Komplex des kleinen Mädchens birgt ein Problem mehr als der des Knaben.«[7]

»Die schicksalhafte Beziehung von gleichzeitiger Liebe zu dem einen und Rivalitätshaß gegen den anderen Elternteil stellt sich nur für das männliche Kind her.«[8]

Der »Ödipus« ist also die Geschichte des unbewußten sexuellen Begehrens: sehr schön oder sehr traurig, je nachdem, ob man sie als Vorläufer jeder späteren Liebesgeschichte nimmt oder sie für alle Schwierigkeiten in der Liebe verantwortlich macht.

Allerdings existiert dieser kreuzweise »inzestuöse« Ödipus der Geschlechter – das auf die Mutter gerichtete Begehren des kleinen Jungen und das der Mutter hin zum Sohn – nur einseitig: Der von Freud selbst als »in der Kindheit des Individuums präsent und wirkmächtig« bezeichnete Inzestwunsch prägt in unserer Gesellschaft ausschließlich die Atmosphäre im Umgang zwischen dem männlichen Kleinkind und seiner Mutter oder einer anderen Frau, die es betreut.

Was aber geschieht im gleichen Lebensabschnitt mit dem Mädchen, das von der Mutter betreut wird und von seinem »inzestuösen Objekt«, also dem Vater, weitgehend ferngehalten wird und somit die kreuzweise Geschlechterbeziehung nicht kennenlernt? Lebt es in einem luftleeren Raum, der sich später dann so oft in Ängsten vor der Leere, in erschreckenden Anfällen von Eßsucht (Bulimie) und dann wieder in aufsehenerregender Anorexie (Magersucht) ausdrückt? Es gibt allzu viele Probleme bei den Frauen in diesem Bereich (die Leere und die Überfülle), als daß sich nicht die Frage aufdrängen müßte: Womit füllt sich das kleine Mädchen psychisch, wenn es das Fläschchen von einer Frau gereicht bekommt, die ihm gegenüber kein Begehren empfindet, da ja beide das gleiche Geschlecht haben? Kann das Mädchen sich mit seiner Mutter »zufriedenstellen«? Offenbar nicht, denn nach dieser ersten Beziehung zu einer anderen Frau finden wir die Mehrzahl der Frauen später wieder in der Abhängigkeit vom Begehren des Mannes.

Wie sind sie dahin gekommen? Ihr Verhältnis zum Begehren

[6] Ebenda, S. 517

[7] Sigmund Freud: Einige psychologische Folgen des anatomischen Geschlechtsunterschieds. G. W. XIV, S. 22.

[8] Sigmund Freud: Über die weibliche Sexualität. G. W. XIV, S. 521.

muß sich in besonderer Weise entwickelt haben, wenn sie später jeden Preis dafür zahlen, um nur ja nicht oder nicht wieder aus dem Bannkreis männlichen Begehrens herauszugeraten. Dieses einzigartige Festhalten an der Position des »begehrten Objekts« birgt für die Frauen viele Tücken; vor allem macht es sie ausbeutbar für alle Ideologien, die dem Mann nützen.

Heute morgen hat mir eine Frau gesagt: »Wenn *man* mich begehrt, dann bin ich nicht *nichts.*« An welches »Nichts« erinnert sie sich dabei? Und was ist dieses »man«, das sie begehren kann, wenn nicht der Mann? Es ist der Mann, den man im Leben des kleinen Mädchens vergebens sucht, denn der Mann fehlt an der Wiege und hat jedenfalls nicht die Aufgabe, sich um dieses Kind zu kümmern.

Wie kann jemand übersehen, daß die »fatale« ödipale Beziehung für das Mädchen über lange Jahre nicht existiert? Wo begegnet sie dem Mann, der sie und ihr Geschlecht begehrt? Bestimmt nicht auf der Wickelkommode. Und auch nicht in der Kinderkrippe, dem Reich der Frauen.

Wo in der neuen Literatur, in welchen noch so ausgefallenen Comics (außer in denen von Claire Brétecher) sehen wir den Vater beim »Bevatern« seines Kindes? Beim Fläschchengeben oder beim Säubern? Das gibt es bisher nur selten oder als fast anstößige Ausnahme. Denn alles in allem wünscht der Mann es nicht. Und wenn er es wollte, würde die Frau es ihm zugestehen? Mann und Frau sind sich einig über eine Art Rollenteilung, bei der der Mann die Frau von gesellschaftlichen Funktionen fernhält und ihr nur den familiären Bereich zuweist. Der Sexismus zeigt sich innerhalb der Familie als ebenso unnachgiebig wie außerhalb.

Die Frau widmet sich dem Kind, der Mann dem Gelderwerb. Wer wird das leugnen in einem Land, wo seit mehreren Jahren ein Lohn für Mütter gefordert und wo jeder Vorschlag für einen längeren Vaterschaftsurlaub zurückgewiesen wird?

Der Vater ist in unseren romanischen Ländern[9] nicht dazu bestimmt, sich um das »Kleine« zu kümmern, sei es das eigene oder das der anderen. Er ist abwesend bei der Erziehung des kleinen Kindes, und er muß ungewöhnlich eigensinnig sein, will er sich daran beteiligen! Und zwar sowohl bei seinen männlichen Kollegen als auch bei seiner Frau, die ihm nur teilweise die Aufgaben überträgt, die sie für ihre natürliche und angeborene Berufung hält, wie man es ihr immer wieder sagt.

[9] Das dürfte auch auf andere Länder zutreffen (Anm. d. Ü.).

Die Hauptaufgabe des Mannes scheint es zu sein, das Geld zu verdienen, um die verschiedenen Hauptdarsteller des Dramas, das sich unter seinem Dach abspielt und an dem er im allgemeinen nicht teilnimmt, zu ernähren. Das Kind und seine Neurose ist immer eine Geschichte, die von der Mutter erzählt wird, selten vom Vater, der das seiner Frau überläßt (meist das einzige, was er ihr läßt ...). Alles andere nimmt er auf sich, und wenn er abends nach Hause kommt, dann hat er nur noch den Wunsch, daß man ihn entlaste; was er sich sehnlichst wünscht, ist Frieden, als ob er den Krieg nicht ertragen könnte und dieser sein täglich Brot wäre – ganz so, als stünde er außerhalb wie innerhalb der Familie nur auf dem Schlachtfeld.

Was hat es auf sich mit der Beziehung des Mannes zum Krieg, dem Krieg, den er früher mit seiner Mutter geführt hat, bis zu dem, den er heute zwischen seiner Frau und seinem Sohn wieder erlebt? Ist ihm die Beziehung Mutter-Kind in so schlechter Erinnerung, daß er da um keinen Preis wieder hineingezogen werden will? Ist er von seiner eigenen »inzestuösen Wahl« von einst derart gezeichnet, daß er sich um keinen Preis zwischen seine Frau und seinen Sohn stellen will?

Ist da etwa immer noch ein Stück Furcht vor der allmächtigen Mutter, wenn er es nicht wagt, sich seiner Frau entgegenzustellen in ihrer Macht, die sie über ihrer beider Sohn ausübt? Ist es die Erinnerung an den Krieg, die ihn heute nichts sehnlicher wünschen läßt als den Frieden? So wird er also wegen seines eigenen Ödipus den seines Sohnes vernachlässigen und den seiner Tochter unmöglich machen.

Meist zieht er dem Familienleben die Lektüre oder die Berichte von Kriegen und Konflikten draußen vor: Er vertieft sich in die Zeitung, er fordert Ruhe beim Fernsehen und zwingt damit jeden, seine persönlichen Konflikte zugunsten der nationalen und internationalen Verwicklungen zu verdrängen. Was für einen seltsamen Vater haben wir da, der Kinder haben wollte, um sich dann nicht mit ihnen zu beschäftigen! Was für eine seltsame Mutter erleben wir hier, die mit innerer Genugtuung die ganze Last der Kinderaufzucht auf sich nimmt! Und doch muß es wohl nicht allzu gut bestellt sein mit diesem System, denn Kinder will man, so scheint es, immer weniger.

Diese starren familiären Rollen, diese monosexistisch geprägte Erziehung erlebt besonders der Psychoanalytiker, in dessen Sprechzimmer fast immer die Frauen allein mit dem Kind auftauchen (es aber auch so haben wollen). Die Neurose des Kindes ist nicht Sache des Vaters, außer wenn der Analytiker wirklich nicht lockerläßt.

Das von beiden Eltern begehrte Kind wird durch seine Geburt in den Schoß einer patriarchalischen Familie ausschließliches »Objekt der Mutter«. Es gibt nur sehr wenige Frauen, die sich nicht für unersetzliche Erzieherinnen des Kindes halten, und der Mann scheint für diese Dinge ganz und gar unnötig zu sein!

Von wem aber haben sie diese Ideen, wenn nicht vom Mann selbst, der – in seinem Bestreben, die Frau zu meiden – die Lasten so verteilt hat? Er hat sich den äußeren Bereich reserviert und damit den inneren seiner Frau überlassen, so daß sie sich beide, so glaubt er, nie auf demselben Terrain begegnen können.

Gewiß – aber ist dieser den Frauen überlassene Bereich nicht enorm, riesig, an dem des Mannes überhaupt nicht zu messen? Wenn alle Bemühungen des Mannes sich um Wohlstand und Konsum drehen ... sind dann die Frauen aufgefordert, Appetit und Gelüste des künftigen Konsumenten zu wecken?

Hat sich Freud darüber auch nur einen Moment lang getäuscht? Ob sie es will oder nicht, ob sie es weiß oder nicht, die Mutter ist der Quell für alle Empfindungen des Säuglings, für all seine Lusterlebnisse. Von ihr wird er sie lernen, bis hin zur Masturbation, die lediglich eine Fortsetzung der von der Mutter erhaltenen Liebkosungen ist: »Der Verkehr des Kindes mit seiner Pflegeperson ist für dasselbe eine unaufhörlich fließende Quelle sexueller Erregung und Befriedigung von erogenen Zonen aus, zumal letztere – in der Regel doch die Mutter – das Kind selbst mit Gefühlen bedenkt, die aus ihrem Sexualleben stammen ... Die Mutter würde wahrscheinlich erschrecken, wenn man sie darüber aufklärte, daß sie mit all ihren Zärtlichkeiten den Sexualtrieb ihres Kindes weckt und dessen spätere Intensität vorbereitet ... Verstünde die Mutter mehr von der hohen Bedeutung der Triebe für das gesamte Sexualleben, für alle ethischen und psychischen Leistungen, so würde sie sich übrigens auch nach der Aufklärung alle Selbstvorwürfe ersparen. Sie erfüllt nur ihre Aufgabe, wenn sie das Kind lieben lehrt; es soll ja ein tüchtiger Mensch mit energischem Sexualbedürfnis werden ...«[10]

Klarer kann nicht gesagt werden, daß die Mutter die Wegbereiterin der Erotik ist – und daß das Kind mit seiner Lust auf die Lust der Mutter antwortet. Ihr eigenes genitales Begehren wird

[10] Sigmund Freud: Drei Abhandlungen zur Sexualtheorie. G. W. V, S. 124f.

sich entscheidend auf die sexuelle Erweckung des Säuglings auswirken. Nachdem er es angesprochen hat, scheint Freud sich aber nicht mehr groß um das Sexualleben der Mutter und ihr gewöhnlich auf das männliche Geschlecht bezogene Begehren gekümmert zu haben. Aufgrund ähnlicher Bedürfnisse von verschiedengeschlechtlichen Kindern nahm er auch eine Ähnlichkeit in der Erwiderung von seiten des Erwachsenen an. Das brachte den Jungen wie das Mädchen auf sexueller Ebene in eine gleiche Stellung, sie waren nicht mehr zu unterscheiden, und der Unterschied mußte von Freud dann durch einen mehr oder weniger verspäteten und hypothetischen anatomischen Vergleich unter Kindern eingeführt werden.

Wenn man indessen im Blick behält, daß das Kind (in der Mehrzahl der Fälle) von einer Frau erzogen wird, die nur im Geschlecht des Mannes ihre Ergänzung finden kann, dann leuchtet sofort ein, daß ihr Sohn, nicht ihre Tochter, für sie ein »Sexualobjekt« ist. Umgekehrt hat der Junge in seiner Mutter ein »befriedigendes Sexualobjekt«, während das Mädchen das nur in seinem Vater hätte.

Béla Grunberger schreibt in seinen Studien zum Aufbau der weiblichen Sexualität: »Wie Freud betont hat, ist die einzige wirklich befriedigende Beziehung die zwischen der Mutter und ihrem männlichen Kind, und wir haben allen Grund zu der Annahme, daß sich auch die liebevollste Mutter gegenüber ihrer Tochter ambivalent verhält. Ein wirkliches Sexualobjekt kann nur gegengeschlechtlich sein, und so kann – außer im Fall angeborener Homosexualität – die Mutter für die Tochter nicht in gleicher Weise befriedigendes Objekt sein wie für den Sohn ... Freud sagt ja auch, daß das kleine Mädchen sich der Schwierigkeit gegenüber sieht, das Sexualobjekt zu ändern und von der Mutter zum Vater überzuwechseln. Wir können aber auch sagen, daß das kleine Mädchen das Objekt gar nicht wechseln kann, denn *es hat zunächst gar keines.*«

Ich vertrete nicht allein die Auffassung, daß das Geschlecht des Säuglings für das Begehren im Blick des erwachsenen Erziehers in keinem Moment gleichgültig ist. Diese Konfrontation zwischen einer kindlichen, auf autoerotische Befriedigung gerichteten Libido des Säuglings und der stark genitalen elterlichen Libido prägt das männliche oder weibliche Individuum.

Die Tatsache, daß die gleiche Mutter sich um den Jungen und um das Mädchen kümmert, erzeugt eine grundlegende Asymmetrie der Geschlechter: das männliche Geschlecht verfügt von

Geburt an über ein adäquates Sexualobjekt, das andere nicht. Es muß auf die Begegnung mit dem Mann warten, um Befriedigung kennenzulernen, und es besteht kein Zweifel daran, daß die fehlende Befriedigung zutiefst den Charakter der Frauen prägt.

Wegen der Mutter gibt es von Anfang an keine Symmetrie der Geschlechter, und dieser aus der Wiege herrührende Unterschied wird im Erwachsenenalter zu einer Divergenz, mit der fertig zu werden Männer und Frauen sich schwertun.

Übrigens, wenn Freud seinen Gedankengang oder auch nur die Gegenüberstellung seiner verschiedenen Behauptungen weiterverfolgt hätte (die Aussage über die Erweckung der kindlichen Sexualität durch die Mutter und die Aussage, daß das erste »Objekt« des Kindes ein »inzestuöses« sei), dann hätte er selbst herausgefunden, daß schon in jenem ersten Moment des Lebens für das Mädchen ein Problem entsteht und daß es sich dem Vater zuwendet (eine von Freud nicht gelöste Frage), weil es im Umgang mit der Mutter sexuell nicht erweckt werden konnte.

Im Rahmen der Freudschen Theorie, nach der Ödipus die Person strukturiert, kann sich das Mädchen nicht strukturieren. Es kann es nur auf andere Weise und ohne Fixierung auf das andere Geschlecht. In der ersten Zeit wird der Körper, das Geschlecht des Mädchens, von niemandem begehrt.

Hatte Freud Angst vor seiner eigenen Entdeckung? Es ist ja die Besinnung auf seine eigene Argumentation, auf seine eigene Logik, die uns zu der Einsicht bringt, daß das Mädchen kein erstes Liebesobjekt hat, denn die Väter, die zu Hause bleiben und ihre kleine Tochter wiegen, sind rar. Ödipale Frauen, die als erstes Liebesobjekt den Vater gehabt hätten, gibt es nicht – oder noch nicht. Uns sind nur Mädchen bekannt, die mit der Mutter eine von Begehren freie Beziehung durchlebt haben und die sich nur mit mehr oder weniger großer Verspätung dem Vater zuwenden.

Wenn die Zeit kommt, in der der von den Feministinnen geforderte »Neue Mann« das Umsorgen seines Kindes nicht mehr ablehnt, wird nicht nur ein »Neuer Sohn«, sondern vielmehr eine »Neue Tochter« sich entwickeln, die von ihrer Geburt an ein angemessenes »Sexualobjekt« vorfindet. Diese Tochter wird nicht mehr von den dämonischen Gefühlen des »Unbefriedigtseins« verfolgt werden und ihre Selbstbestätigung nicht mehr im Perfektionismus suchen müssen.

Entwicklung des Jungen

Wir werden mit ihm beginnen, da für Freud seine Entwicklung »logischer« ist und leichter deutbar als die des Mädchens.

Was sehen wir? In der Tat eine äußerst einfache Kindheitssituation: Der Junge ist von Geburt mit dem anderen Geschlecht konfrontiert, er hat die Mutter als Liebesobjekt, ist also in einer elementaren ödipalen Situation. Das berühmte »inzestuöse« Objekt ist da, über die Wiege gebeugt. Durch seine Geburt in die Hände einer Frau braucht das männliche Kind den Ödipus nicht erst herzustellen oder in ihn einzutreten, es ist in dieser Situation, von Anfang an. Es fällt kopfüber in den Ödipus, und für dieses Kind wird es besonders schwer sein, wiederaufzutauchen, herauszukommen aus dieser »fatalen« Verbindung der Geschlechter und dabei seine Integrität zu bewahren.

In ihrem Sohn hat die Mutter nämlich die einzigartige Gelegenheit, *sich in männlicher Gestalt zu sehen:* dieses aus ihr hervorgegangene Kind ist vom anderen Geschlecht, und die Frau kann hier an den alten Menschheitstraum glauben, an die Bisexualität, an die so oft in griechischen Statuen dargestellte Zweigeschlechtlichkeit.

Seht doch, wie sie ihn stolz herumträgt, diesen Sohn, der kommt, um sie zu vervollständigen, wie kein anderer es kann, seht den Zustand der Erfüllung, der in das Gesicht all dieser Madonnen gemalt ist. Lobpreisen nicht all die italienischen »Madonnen mit Sohn« dies Mutterweib, das Glück und Vollständigkeit finden kann ohne den Umweg über den Vater, der in einen Mythos verwandelt wird. Gott der »Vater« ... Eine Männer-Religion, verordnet von Männern, die an der Frau nur den Bauch anerkennen, der sie getragen hat. Es muß eine ödipale Religion gewesen sein, da man den Vater verschwinden ließ zugunsten der Mutter, wie in unseren Tagen.

Mutterschaft: sie ist das verlorene Paradies des Mannes, sie verfolgt ihn so sehr, daß er Meister sein und über sie bestimmen will. Wenn er es schon nicht austragen kann, dieses Kind, dann kann er doch wenigstens die »andere« verpflichten, es herumzutragen. Die Frau »gerät in Umstände«, Sie kennen den Ausdruck.[11] Als ob sie ganz plötzlich einen Unfall hätte, etwas, das

[11] Im französischen Original: »La femme ›tombe‹ enceinte, ...«; dadurch schließt sich der folgende Gedanke eines Unfalls (»accident«) im Original logischer an.

sie nicht hätte voraussehen können, etwas, das sie »stolpern ließ«. Wir haben Männer gesehen, die sich wegen des Problems Mutterschaft und Abtreibung in Wutanfälle von seltener Heftigkeit hineinsteigerten, Männer, die die Mutter fördern, um die Frau besser verschwinden zu lassen, und die ihr nicht einmal das Recht auf den »Wunsch« nach einem Kind zuerkennen. Darüber wird für sie entschieden. Sie ist nicht die Meisterin. Wie haben wir unter den Neidgefühlen und den Mythen gelitten, die der Mann wegen unserer Gebärfähigkeit mit sich herumschleppt!

Die Frau, die einen Sohn hat, hält also das Glück in Händen. Nicht umsonst betont Lacan, daß »die Frau nicht ganz sei«[12], auf daß sie sich ja nicht an diesem Platz wähne, um den der Mann sie beneidet, der sich zur eingeschlechtlichen Einsamkeit verdammt sieht.

Aber nein, seien Sie versichert, diese Mutter ist nicht »ganz«, selbst wenn sie das sehr gern glauben möchte, denn dieser kleine Junge ist nicht *sie* und *gehört ihr* auch nicht, und falls die Mutter einen Moment lang hat glauben können, im Besitz des anderen Geschlechts zu sein, so wird ihr Sohn nicht aufhören, sie eines Besseren zu belehren, während er heranwächst. Sein Widerwille wird um so heftiger und ausdauernder sein, je länger der Glaube der Mutter an die Einmaligkeit der Beziehung zu ihrem Sohn angedauert hat.

Wenn die ersten Monate der Abhängigkeit und der Mutter-Kind-Symbiose für den Jungen weniger Probleme als für das Mädchen in sich zu bergen scheinen, so wird das für die folgende Periode der analen Auseinandersetzung und der Selbstbehauptung nicht so sein. Dann werden nämlich die Schwierigkeiten auf der Seite des Jungen sein, der sich gegen das mütterliche Ganzheits-Phantasma wird wehren müssen, um seine Unabhängigkeit zu erlangen, die die Mutter selbst nur halbherzig wünscht.

Die Frau hat unbewußt Schwierigkeiten, auf das einzige männliche Wesen zu verzichten, das sie je bei sich gehabt hat; denn der Vater war nicht für sie da, und ihr Mann ist meistens abwesend.

Der kleine Junge muß da eine (von Freud nicht beschriebene) zusätzliche Schwierigkeit überwinden, denn er muß sich aus dem Ödipus herausretten, *gegen* seine Mutter, die weder möch-

[12] Jacques Lacan: Encore. In: Le Séminaire Nr. XX, Paris 1975, S. 58.

te, daß er sich entfernt, noch, daß er sie verläßt. Hier beginnt der längste und subtilste aller Kämpfe gegen das weibliche Begehren; hier beginnt der Junge den ödipalen Krieg der Geschlechter. Mit seiner Mutter.

Drückt nicht seine Mutter ihr Verlangen aus, wenn sie zu ihm sagt »Du wirst schon schnell genug groß werden«? Ist das nicht eine Verhaltensweise, die ihn zurückhalten soll? Habe ich doch Mütter gekannt, die ihren Söhnen empfahlen, ihre ersten Barthaare, Zeichen des beginnenden Mannesalters, auszureißen!

Bleibt nicht der Junge wegen des von der Mutter kommenden Begehrens viel länger »klein«, im Vergleich zum gleichaltrigen Mädchen, und sehen wir nicht anhand der Tests einen beträchtlichen Reifungsabstand zwischen den Geschlechtern bis hin zur Pubertät, und selbst darüber hinaus?

Hier kann man ohne Zweifel die Spuren der Schwierigkeit erkennen, die der Junge beim Heranwachsen hatte, »festgehalten« in der Falle der mütterlichen Liebe. Ist er nicht der Bettnässer, der Einkoter, mit einem Wort der, der sich weigert, groß zu werden? Das männliche Kind durchlebt da einen schwierigen Zeitabschnitt, dessen Spuren es immer tragen wird, in Form der Furcht vor der weiblichen Herrschaft.

Die vom Mann so oft erwähnte berühmte »Falle« scheint die *Symbiose* mit der Mutter zu sein, die als »einsperrend« gesehen wird. Symbiose, Psychose? Auf jeden Fall »Gefängnis«, das beim Mann Panik vor jeder Symbiose mit jeder anderen Frau auslösen wird. Sich nie mehr am gleichen Ort verschmolzen wiederfinden, im gleichen Begehren wie dem der Frau: das wird die hauptsächliche treibende Kraft hinter der Frauenfeindlichkeit des Mannes sein.

Das vorrangige Ziel des männlichen Kampfes wird es sein, die Frau weit von sich wegzuhalten, sie festzuhalten an den einzig und allein für sie vorgesehenen Orten (Familie, Erziehung, Haus).

Zwischen sich und ihr immer eine physische oder soziale Schranke errichten, sich ihrem Verlangen auf jedwede Weise widersetzen, den Abstand mit allen Mitteln halten, wird seine hauptsächliche Zwangsvorstellung sein. Selbst das sexuelle Verhalten des Mannes wird davon beeinflußt: Er wird Gesten und Worte verkürzen, die ihn an Momente der symbiotischen Zärtlichkeit mit der ›Mutter‹ erinnern.

Aus dem Ödipus herauszukommen ist gefährlich und unsicher; der Mann bleibt auf ewig gezeichnet vom Mißtrauen gegenüber der Frau. Ein manchmal unmögliches Herauskommen, das den kleinen Jungen und seine Mutter zum Psychoanalytiker führen wird: wir sehen in diesem Lebensabschnitt dreimal so viele Jungen wie Mädchen (die werden wir später sehen). Dies allein ist schon ein Beweis für die Schwierigkeit, die der Kampf mit der Mutter für das männliche Kind darstellt. Im Fall einer Neurose hat dieser Kampf aus dem Jungen machen können:

– Entweder ein Kind, das der Mutter so sehr hat widerstehen wollen, daß es vergessen hat, für sich selbst zu leben; ein Kind, in dem jedes Begehren *abgestorben* ist. Man nennt es amorph, es äußert sich weder in der Klasse noch zu Hause, das Sichverschließen ist global: Um zu lernen, sich von ihr und ihrem ständigen Begehren zu befreien, hat der Junge sich von allem Begehren befreien müssen;

oder

– ein *aggressiv* gewordenes Wesen, zunächst gegen seine Mutter und dann erweiternd gegenüber allen Menschen, weiblich und männlich. Er widersetzt sich dem Lehrer, streitet mit den Kameraden und macht die Mädchen herunter. Er schleppt den Krieg mit sich herum, und überall, wo er hinkommt, sät er Panik, denn er will sich unbedingt als der Stärkste erweisen. Stärker als sie und dann stärker als alle. Was er nämlich will, ist, seine Mutter zu überwinden, sie und ihre Kontrolle. Bisweilen flatterhaft und unstet, sucht er ihr durch seine dauernde Unruhe ständig zu entkommen.

Und was tut der Vater während dieser Zeit? Wo ist er? Sieht er nichts, weiß er nichts, obgleich er es doch selbst erlebt hat, was vorgeht? Gewiß weiß er es, erinnert er sich. Aber er wagt nicht, seinen Sohn der weiblichen Macht zu entreißen, der einzigen, über die seine Frau ganz unangefochten verfügt, denn alle andere Macht liegt bei ihm. Der Sohn kann kaum auf seinen Vater zählen, um aus dieser schwierigen Situation mit der Mutter herauszukommen, denn der Vater hält sich absichtlich aus dem Konflikt heraus.

Der Junge wird die Gleichgeschlechtlichkeit (Homosexualität) meistens erst als Heranwachsender mit den anderen Jungen seines Alters kennenlernen, die wie er aus dem gefährlichen Irrgarten kommen. Und die männliche Gleichgeschlechtlichkeit dient dort der Verteidigung gegen die Mutter, die Frau, das Mädchen. Die Gleichgeschlechtlichkeit bei Jungen ist vor allem Abwehr gegen das andere Geschlecht. Wir werden sehen, daß diejenige des Mädchens nichts mit dieser Art von Abwehr zu tun hat.

Das Problem des männlichen Ödipus, hier also zusammengefaßt in seinen Grundzügen und in seinen Wandlungen: Frucht des fatalen Aufeinandertreffens der Geschlechter durch die Geburt des Mannes in die Hände einer Frau, denn hier entsteht für den Mann die zärtlichste aller Lieben, gefolgt vom längsten aller Kriege. Der Mann entrinnt ihm, gezeichnet von Mißtrauen, Schweigen, Frauenfeindlichkeit, kurz gesagt: mit all dem, was die Frau ihm vorwirft.

Es ist keine leichte Arbeit für den Mann, sich von der Person, die er am meisten geliebt hat und von der er am meisten geliebt wurde, abzulösen (keine Mutter wird mir widersprechen, wenn ich sage, daß der Junge sehr viel liebevoller ist als das Mädchen).

All dies ist wohl das Ergebnis der Begegnung der Geschlechter innerhalb der Familie, in der die Frau allein die Rolle der Erzieherin ausfüllt und in der sie in größter Nähe mit ihrem Sohn leben muß.

Früher gab es den Großvater, den Onkel, den Cousin, Mengen von Männerbildern, geeignet, dieses gefährliche Tête-à-tête zu unterbrechen. Heute lebt die allmächtige »Mutter« allein mit ihrem Sohn, der sie für all ihre Entbehrungen von früher entschädigen muß, für die durch den abwesenden Vater entstandene Leere wie für das Weggehen des Mannes. Das Kind, es ist da, es wird also für jene bezahlen. Was wollen Sie, man muß den Mann nehmen, wo man ihn findet, und wenn es in der Wiege ist!

Wie soll der Mann nach dem schmerzlichen Kampf mit dieser allmächtigen Mutter sich nicht wie in einem Meer von Mißtrauen bewegen, wenn er es mit der Frau und ihrer einengenden Macht zu tun hat? Was anderes bleibt ihm übrig, als unseren Platz einzugrenzen, uns mit unseren Pflichten einzuschließen? Wie könnte die Liebe eines Mannes zu einer Frau anders sein als widersprüchlich?

Welcher Mann, welcher Sohn kann von sich sagen, er hätte sich von seiner Mutter abgelöst? Sicher, er hat sie verlassen, aber wie weit? In welchem Alter? Zu wessen Vorteil? Welche Mutter könnte selbst mit achtzig Jahren sagen, sie habe ihren Sohn aufgegeben? Er bleibt der »Einmalige«, selbst wenn dies nicht gesagt wird, selbst wenn es der Respekt anderen gegenüber verlangt, daß man darüber schweigt, selbst wenn die Männer mutig und die Mütter verehrenswert sind.

Das im Dunkel der Kindheit geknüpfte Band wird den Sohn und die Mutter immer unauflöslich miteinander verbinden, und die Frauen heiraten immer nur die Söhne einer anderen Frau.

Daher kommen die Schwiegermutter-Schwiegertochter-Konflikte um denselben Mann, so lange, bis die Jüngere selbst einen Sohn hat. Sie gibt dann den Kampf mit der Vergangenheit auf für die Zukunft mit ihrem Sohn: Sie konnte sich nicht auf Dauer mit dem erwachsenen Mann verbinden, der nicht frei war, da er auf geheimnisvolle Weise immer mit seiner Mutter verbunden blieb, immer hin- und hergerissen zwischen seiner Vergangenheit und seiner Zukunft.

Eine Geschichte, die sich von Generation zu Generation wiederholt: der heimlich seiner Mutter verbundene Sohn nimmt eine Frau, um funktionieren und sich fortpflanzen zu können, zu der er aber eine gewisse Distanz behält und der er keine anderen Rechte zuerkennen wird als das der ersten Nacht und das der Mutterschaft. Ohne Mann, ohne Entsprechung für ihr eigenes Dasein, zahlt die Frau den Preis für den Krieg, in den sie sich hineingezogen findet, nur weil sie die Nachfolge der ›Mutter‹ antritt; die Frau, die in ihrem Sohn den einzigen Mann finden wird, der ihr im Leben nahesteht. Der Kreis ist geschlossen, der Ring hat sich vollendet: eine Frau, von ihrem Mann auf Distanz gehalten, wird sich an ihren Sohn binden und in ihm die »Distanz« vorbereiten für die andere, kommende Frau. Eine Frau legt die Saat der Frauenfeindlichkeit für eine andere.

Entwicklung des Mädchens

Betrachten wir jetzt von der anderen Seite aus, was vorgeht: Während der kleine Junge verzweifelt versucht, sich von der Bindung seiner Mutter an ihn zu befreien, was geschieht mit dem kleinen Mädchen angesichts derselben Mutter, die es sexuell nicht begehrt und darum auch nicht an sich fesselt?

Man kann sofort die Frage stellen: Ist das Mädchen ungestörter, da es dem »fatalen« Aufeinandertreffen der Geschlechter entgeht? Überhaupt nicht, aber die Gefahren sind nicht die gleichen, und die Ergebnisse sind es auch nicht. Wenn es das Problem des Jungen ist, sich von einem »allzu entsprechenden«, komplementären Objekt abzulösen, dann ist es das Drama des Mädchens, auf seinem Weg das ihm entsprechende Objekt nicht zu finden und so bis in ein fortgeschrittenes Lebensalter außerhalb des Ödipus bleiben zu müssen. Während der Junge mit einer wechselseitigen Entsprechung, einer Verschmelzung beginnt, beginnt das Mädchen sein Leben mit einer Körper-Geist-Spaltung: Es wird als Kind geliebt, wird aber als Mädchenkörper nicht begehrt. Es ist sexuell kein »genügendes« Objekt für seine Mutter, es könnte es nur für seinen Vater sein, und nur für ihn.

Nur der Vater könnte seiner Tochter die ihr angemessene Stellung als geschlechtliches Wesen geben, denn er sieht das weibliche Geschlecht als komplementär zu seinem eigenen und als unentbehrlich für sein Lustempfinden. (Etwas, was die Mutter ihrer Tochter nur selten entgegenbringt, weil sie, von Ausnahmen abgesehen, ihr eigenes Geschlecht nicht lustvoll begehrt, sondern das ihrem eigenen komplementäre, das des Mannes nämlich.)

Als nicht ödipales Objekt für die Mutter – denn es wird ja von ihr nicht begehrt – wird sich das Mädchen als *ungenügend* empfinden: das Mädchen, später die Frau, ist nie zufrieden mit dem, was sie *hat*, mit dem, was sie *ist;* sie wünscht sich immer einen anderen Körper als den ihren; sie möchte ein anderes Gesicht, einen anderen Busen, andere Beine ... Wenn man sie reden hört, findet jede Frau, daß etwas an ihrem Körper nicht richtig ist oder anderen nicht gefällt.

Die erste Sache, die nicht gefiel, bezog sich in der Tat auf den Körper, der bei der Mutter kein sexuelles Begehren auslöste. In den Augen der Mutter ist das kleine Mädchen niedlich, reizend, anmutig, artig und vieles mehr, nur nicht sexuell anziehend oder begehrenswert. Dem von Frauenhänden umsorgten kleinen Mädchen fehlt »die Farbe« des Begehrens.

Sein Geschlecht existiert indessen sehr wohl in jener Zeit, und der vulva-klitorale Bereich ist sehr sensibel für die Liebkosungen der Mutter, wenn sie ihr Kind wäscht. Die Klitoris ist aber nicht Objekt des Begehrens für die Mutter, die, kulturell bedingt, diesen Teil bei sich selbst sowieso nicht als typisch weiblich anerkennt und es vorzieht, ihre Vagina einzusetzen als den vom Mann für »lustfähig« erklärten Ort. Die Mutter ist also die erste, die ihrer Tochter das klitorale Lustempfinden versperrt und das Schweigen einführt, das diese Lust umgibt.

Das »Du bist ein kleines Klitorismädchen« ist im mütterlichen Unbewußten ersetzt durch »Du wirst eine Vaginafrau sein, die mit einem Mann Lust erleben wird, später«. Diese im Namen einer erwarteten Zukunft verbotene Gegenwart wird allzuoft das Verhalten von Frauen bestimmen, die immer weiter auf den Orgasmus der erwachsenen Frau warten. Wie das kleine Mädchen meinen sie, daß es eine noch kommende Lust geben muß, die ihnen aber im Augenblick nicht zuteil wird.

Dem kleinen Mädchen wird so die eigene Kindheitssexualität

verweigert. Es wird auf die zukünftige Frauensexualität verwiesen; es hat zu verschweigen, was es *ist:* ein kleines Klitorismädchen. Und es soll an etwas glauben, was es *nicht ist:* eine Vaginafrau.

Diese ihm aufgezwungene Dialektik versteht es wohl, und es errät, daß nur die Frau als Geschlechtswesen anerkannt wird. Also spielt es Frau. Es ahmt die Kunstgriffe nach: den Lippenstift, die Absätze, die Handtasche. Das kleine Mädchen verkleidet sich als Frau, so, wie die Frau sich später verkleiden wird in eine andere Frau als die, die sie wirklich ist.

Dies ist der Ursprung der permanenten »Entfremdung« der Frau von ihrem eigenen Körper. Sie hält es immer für nützlich, hier und da zu mogeln, um als Frau akzeptiert zu werden; ihr tatsächliches Geschlecht reicht nicht aus, es muß immer noch etwas hinzukommen. Wovon sprechen denn die sogenannten Frauenzeitschriften? Von einer »Frau, natürlicher als Natur«, von einer »total weiblichen Frau«, von einer »Super-Frau« usw. Als ob dem eigenen Geschlecht der Frau immer noch irgend etwas hinzugefügt werden müßte, als ob die Frau nicht Frau von Natur aus wäre, als würde ihr Geschlecht ihre Weiblichkeit nicht ausdrücken.

Ist es nicht immer noch und immer wieder die Geschichte des kleinen Mädchens, das, anstatt so zu sein, wie es ist, sich *in anderer Weise geschlechtlich* beweisen muß?

Hat die Frau nicht in ihrer Kindheit, seit ihrer Kindheit, begonnen, zu *schwindeln* in bezug auf das Geschlecht, das das ihre war? Es gibt kein wahres kleines Mädchen, es gibt nur eine falsche kleine Frau.

Jeder weiß, daß es nicht genügt, ein Mädchen zu sein, um als solches anerkannt zu werden. Ohne Unterlaß müssen Beweise der Weiblichkeit hinzukommen, die häufig nichts mit dem Geschlecht zu tun haben: »Der Junge wird ... um seiner selbst willen geliebt ... Das Mädchen ist überhaupt nur dann erwünscht – und das nicht immer –, wenn es die Eigenschaften erfüllt, die man von Mädchen erwartet ...:

– Mädchen sind zärtlicher ...
– sie sind dankbarer ...
– sie sind hübsch und süß ...
– sie helfen bei der Hausarbeit ...«[13]

[13] Elena Gianini Belotti: Was geschieht mit kleinen Mädchen? München 1975, S. 16f.

Kurz und gut, das kleine Mädchen wird als »Mädchen« akzeptiert, aus tausend Gründen, die nichts mit seinem Geschlecht zu tun haben; es wird nur bedingt als »Mädchen« anerkannt, während der Junge einzig und allein aufgrund seines Geschlechts als Junge anerkannt wird. Das Mädchen muß immer Beweise seiner Weiblichkeit erbringen. Wie sollte die Frau nach alldem nicht von der Idee besessen sein, die Zeichen ihrer Weiblichkeit zur Schau stellen zu müssen? Was für ein hartes Los, lebenslang beweisen zu müssen, daß sie wirklich eine »Frau« ist! Eine Frau, die selbst nie wirklich sicher ist, es zu sein, denn ihre soziale Identität schien nie in ihrem physischen Geschlecht begründet zu sein.

Ein schmerzhaftes Dilemma, in dem die Identifikation (Sein-wie) die Identität (Selbst-Sein) in den Hintergrund drängt und in dem das »Tun-als-ob« den Platz des Authentischen einnimmt. Eine Identität, die durch das Fehlen des vom anderen Geschlecht kommenden Begehrens verunsichert ist, eine Identifikation, die durch die Schwierigkeit gefährdet ist, seinen Körper als *gleichartig* mit dem der »Mutter« wahrzunehmen. Das sind die beiden Klippen auf dem Weg des kleinen Mädchens.

Das Drama des kleinen Mädchens ist, daß sein Körper wie *niemandes Körper* ist. Es hat weder das Geschlecht des Vaters noch die Formen der Mutter (keine Brüste, keine schlanke Taille, keine Hüften und Schamhaare). Nackt sieht sich das kleine Mädchen flach und geschlitzt, den asexuellen Puppen gleichend, die in den Geschäften verkauft werden.

Etwas, das »wie« ist, existiert gleichwohl beim kleinen Mädchen, aber es ist ganz tief in seinem Schlitz vor seinem Blick verborgen. Und nie spricht irgend jemand mit ihm darüber, über das einzige sexuelle Organ, das mit dem der Mutter vergleichbar ist.

Die Klitoris, von den Feministinnen geltend gemacht, von den Machos verunglimpft, könnte sehr wohl eines der ersten Glieder einer bruchfesten Kette sein, wenn man die weibliche Sexualität aus der Dunkelheit hervorholen will. In der Tat spricht man zum kleinen Mädchen nie von diesem Teil seiner Sexualität, man lehnt es ab, ihm zu sagen, was es hat, und spricht lieber ganz allgemein über den restlichen Genitalapparat, der noch gar nicht in Funktion ist: Man erzählt ihm also von dem, was es *nicht* hat (Fortpflanzung, Regel), was die »Mutter« aber besitzt.

Die »Mutter« kann aus diesem Grunde kein Identifikationsobjekt für ihre Tochter sein, und ein Gefühl gleichgeschlechtlicher

Liebe zwischen ihnen erweist sich als *unmöglich*. Das Mädchen wird einen ihr ähnlichen Körper erst als Heranwachsende entdecken, und deshalb ist die Freundschaft zwischen Mädchen in dieser Zeit so wichtig, denn hier bildet sich die Weiblichkeit, die sich mit der »Mutter« nicht bilden konnte.

Gegenüber dieser ungleichen und besser ausgestatteten »Mutter« entwickelt das Mädchen Neid und Eifersucht, die, im Gegensatz zu dem, was Freud glaubte, sich nicht auf den Körper des Mannes richten, sondern durch den niederschmetternden Vergleich mit dem der Mutter-Frau entstehen.

Nicht selten sieht man ein kleines Mädchen immer wieder die Brüste seiner Mutter berühren, dann seine eigene Brust, um mit trauriger Miene zu verkünden: »Karin keinen Busen ...« Weit eher als das männliche Geschlechtsteil werden doch die sexuellen Trümpfe der Frau/Mutter – zumal sie am meisten mit dem Kind zusammen ist – vom Jungen wie vom Mädchen als fehlend empfunden, wenn sie ihre eigenen Körper betrachten.

Beim Jungen erzeugen sie das Bewußtsein unabänderlichen Mangels und das ewige Phantasma von der Süße der weiblichen Brust.

Beim Mädchen bewirken sie, daß es sich ständig mit der Mutter vergleicht und eifersüchtig ist auf jeden anderen Busen (und jeden anderen Körper), der besser geformt ist als der eigene.

Wenn es mit den Frauen soweit gekommen ist und die Eifersucht die gleichgeschlechtliche Solidarität verdrängt hat, dann auf jeden Fall deshalb, weil es die »Mutter« als die Frau, die ihr zuerst begegnet, nicht gewagt hat, am Körper ihrer Tochter anzuerkennen oder zu benennen, was diese mit ihr gemeinsam hat. Hat sie sich geschämt? Hat sie Angst gehabt? Keine Frau spricht je von der Klitoris zu ihrem kleinen Mädchen ...

Und das kleine Mädchen, verzweifelt, weder ein Geschlecht (Klitoris nicht anerkannt) noch ein sexuelles Objekt zu haben (Vater abwesend), wird seine Sexualität nicht, wie Freud es glaubt, verdrängen, sondern es wird diese nicht mögliche Sexualität verlagern.

Sexuelles, *wenn schon nicht im Geschlecht selbst*, wird es aber überall sonst geben. Das Mädchen sexualisiert alles: seinen Körper, den es weiblich will, seine Handlungen, die denen seines Geschlechts entsprechen sollen, seine Sprache, die verführerisch wird.

Die Frau wird alles sexualisieren, was an ihr vom anderen gesehen werden kann. Da sie in ihrem Geschlecht als kleines Mädchen nicht anerkannt wurde, wird die Frau es verstehen, den ganzen nicht sexualspezifischen Rest ihres Körpers anerkennen zu lassen. So weit, daß sie gelegentlich ihren ganzen Körper als Sexualsignal verstehen und sich schämen wird, ihn überhaupt zur Schau zu stellen; wie jene Frau, die mir eines Tages sagte: »Wenn ich aufstehen und sprechen soll und alle mich sehen, weiß ich nicht mehr, was ich zu sagen habe, ich habe nichts mehr im Kopf, ich bin stumm vor Scham, ich fühle nur meinen Körper, und ich weiß nicht, wohin ich mich verkriechen soll.«

Die Frau lernt im Laufe ihrer Kindheit, sich ihres Äußeren zu bedienen, um ihr inneres Geschlecht zu kennzeichnen: das kleine Mädchen verbringt seine Zeit damit, äußere Beweise seiner Weiblichkeit zu liefern, die von den Erwachsenen, die es umgeben, verheimlicht wird, und von da an wird es nicht mehr richtig unterscheiden können zwischen dem, was sexuell ist, und dem, was nicht sexuell ist.

Man sagt, sie werde *hysterisch,* weil sie fortwährend den Blick des anderen suche, um sich ihre sexuelle Identität zu bestätigen. Welch ein Unterschied zum Mann, der diesen von der Mutter kommenden, begehrenden Blick von Anfang an erhält. Beim Mädchen scheint das Fehlen des väterlichen Blickes im frühen Lebensalter ein sexuelles Minderwertigkeitsgefühl zu erzeugen, einen ständigen Zweifel an der Identität, den es im Erwachsenenalter immer auszuräumen, immer wieder durch den Blick eines anderen zu beheben gilt.

Welche Frau will behaupten, ihr seien die Blicke gleichgültig, die auf sie gerichtet sind? Ob sie nun als aufbauend oder als vernichtend empfunden werden, es fällt der Frau schwer, den Bannkreis der Blicke zu verlassen und insbesondere die Aufmerksamkeit des Mannes zu verlieren. Dies erklärt die Schwierigkeit und die Ambivalenz bei den Frauen, wenn es gilt, die phallokratische Welt des Mannes zu verlassen, um in die Welt der feministischen Frau einzutreten, die dem Urteil des Mannes überhaupt keinen Wert zumißt und aus der Beachtung durch ihn keinerlei Prestige herleitet.

Frauen fürchten, hier etwas zu verlieren, was mit dem »Dem-Mann-Gefallen« zu tun hat. Frauen vertrauen anderen Frauen nicht, wenn es um ihre *Anerkennung* geht; sie fürchten, unter Frauen die Rivalität wieder anzutreffen, die sie schon mit der ersten aller Frauen erfahren haben, mit ihrer Mutter. Der Krieg mit der »Mutter«, der Krieg mit Jokaste, hat eher das Mißtrauen inthronisiert als die gleichgeschlechtliche Solidarität. Den Frauen fällt es sehr schwer, ihr gegenseitiges Mißtrauen zu überwinden. »Schwesterlichkeit« ist keine Selbstverständlichkeit und bedeutet, auf die von außen empfangene Existenz zu verzichten, um sich jene zu eigen zu machen, die von innen kommt. Ein für eine Frau sehr unüblicher Schritt.

In bezug auf die Frau muß Descartes' Überlegung »Ich denke, also bin ich« umgeformt werden in »Ich gefalle, also bin ich«. Dies schafft zwischen der Körperlichkeit und der geistigen Verfassung eine Unvereinbarkeit, die nur den Frauen eigen ist, Beispiel: die Magersucht des jungen Mädchens, die sich in der Adoleszenz einstellt, wenn die weiblichen Geschlechtsmerkmale offensichtlich werden und wenn es unmöglich wird, dem Gefallen zu entfliehen. Manche jungen Mädchen empfinden diesen Übergang als Verlust ihrer eigenen Identität zugunsten einer Identität von außen, die ihnen durch den Blick des »anderen« zuteil werden wird. Deshalb tun sie alles, um diesen Blick zu vermeiden, um diese neuen Reize zu verbergen, die sie als ihren eigenen Untergang ansehen.

Die Magersüchtige ist Frau »für sich«, und sie weigert sich, Frau »für die anderen« zu sein. Sie lehnt also alle allgemein üblichen Regeln der Schönheit und der Weiblichkeit ab und lebt nach ihren eigenen Normen, die es ihr erlauben, dem »Begehren« zu entgehen. Die magersüchtigen jungen Mädchen lassen durch ihre häufig selbstmörderische Haltung erkennen, daß die Heranwachsende sich vor eine fundamentale Wahl zwischen *Körper* und *Geist* gestellt sieht; denn während sie ganz offensichtlich den Körper als ein für den Blick der anderen preiszugebendes Objekt ablehnen, zeigen sie ein viel höheres intellektuelles Niveau als die meisten ihrer Gefährtinnen, die sich in den Clan der begehrenswerten Frauen eingereiht haben.

Es kann auf dem Weg zur »Weiblichkeit« viele tückische Fallen geben, und wenn die Psychoanalytiker auch wenig kleine Mädchen sehen – weil sie dem Körper-Geist-Dilemma noch nicht unterliegen und in Träumen und Sublimierungen leben, die ihre Körper noch nicht auf ein Geschlecht festlegen –, so sehen sie um so mehr Heranwachsende und Frauen, die sich weigern zu gefallen. Diese Frauen geben im allgemeinen der Beziehung zu ihrer Mutter die Schuld, die sie schließlich als Ursprung ihrer Leiden erkannt haben, weil sie ihnen nur eine asexuelle Rolle gegeben hat. Sie lehnen die Rolle der Frau ab, die man ihnen geben will, zu spät und mit Bedingungen verknüpft. Die ödipale Opposition des Mädchens (Opposition gegen das vom anderen Geschlecht kommende Begehren) kann sich erst bei der Begegnung mit dem männlichen Begehren einstellen, also in der Adoleszenz, und sie kann das ganze Leben lang andauern. Der Status »begehrte Frau«, da zu spät angenommen, wird für die Frau immer widersprüchlich bleiben oder wird offene Empörung hervorrufen wie zum Beispiel heutzutage im Feminismus in der konsequenten Weigerung, sich dem Verlangen des »begehrenden« Mannes zu unterwerfen. Und dieser ist ganz überrascht: Die Heftigkeit seiner Gefährtin erstaunt ihn; schockt ihn, denn er hat bis heute nicht wirklich begriffen, daß die Beschäftigung damit, Frau zu sein, bedeutet, auf viele andere Erfolge an anderer Stelle zu verzichten, und daß die »Superfrauen« ein Leben als »intellektuell Unterentwickelte« führen.

Es scheint, daß Frauen erst in dem Moment beginnen zu sprechen, zu schreiben, zu zeichnen, zu singen ..., in dem sie bewußt darauf verzichten zu »gefallen«. Trotzdem ist das eigenartig! Gibt es also doch einen Zusammenhang zwischen dem »Gefallen« und dem »Wissen«, zwischen der »Objekt-Frau« und der »Intellekt-Frau«? Das gesellschaftliche Ideal liegt darin, das gefährdete Gleichgewicht zwischen diesen beiden Frauen in der Balance zu halten.

Die ödipale Spur

Von den Spuren der »Mutter« gezeichnet und vom »Vater« träumend, verlassen wir alle zutiefst verwundet diesen Ödipus, in dem der Vater so sehr fehlte, während die Mutter um so mehr vorhanden war.

Beim Mann bildet sich ein Ressentiment gegen die Frau, von dem sich kein Mann je vollständig oder endgültig lösen kann. Die Identität des Mannes ist von der Weigerung gekennzeichnet, die Frau als gleichwertig anzuerkennen.

Bei der Frau findet ein hemmungsloser Wettlauf hin zum männlichen Begehren statt, eine Haltung, die sie zur Sklavin unter dem Gesetz des Mannes machen wird, mißtrauisch gegenüber anderen Frauen. Die Identität der Frau ist vom Verlangen gekennzeichnet, dem in ihrem Leben so lange abwesenden Mann zu begegnen.

Hier schließt sich also der Teufelskreis, indem die in ihrer Kindheit nicht begehrte Frau im Erwachsenenalter dem Begehren und der Anerkennung des Mannes nachjagt. Der Mann, in die Stellung des Herrn versetzt, nutzt seine Macht, um mit der Frau abzurechnen (in Erinnerung an die nicht geglückte Abrechnung mit seiner Mutter). Die Frau, die die wiedergutmachende Liebe des Mannes sucht, wird auf die kastrierende Liebe desjenigen stoßen, der endgültig entschieden hat, daß sie nie wieder herrschen wird. Die mit Jokaste erlebte Geschichte ruft sowohl die Eifersucht unter Frauen bei der Eroberung des Mannes als auch die Frauenfeindlichkeit des Mannes hervor, so daß der Frau schließlich von beiden Geschlechtern mißtraut wird, und es wird für sie schwierig sein, diesem Krieg zu entkommen.

Es fällt schwer, sagen zu müssen, daß die Frauen selbst erzeugt haben, worunter sie leiden, indem sie die Erziehung des kleinen Kindes für sich allein beanspruchen, sagen zu müssen, daß es die Mütter sind, die die zukünftigen Frauenfeinde zurichten, unter denen ihre Töchter leiden werden ...

Erfahren wir, eine wie die andere, von alldem etwas? Wohl eher nicht, scheint es, denn bei den Frauen bleibt der Anspruch auf das kleine Kind lebendig, gleichzeitig mit dem Bedürfnis, vom reifen Mann »anerkannt« zu werden. Die Frauen kommen von dem Platz nicht weg, auf den sie sich vom Mann verwiesen finden. Darüber beschweren sie sich gegenwärtig, ohne daran zu denken, daß dies für den Mann das einzige Mittel ist, um über seine Mutter zu siegen: über die erste Frau seines Lebens.

Welche Gestalt auch immer die Paarbeziehung annehmen mag, es ist immer der Bereich, in dem die Frau sich von dem »anerkennen« lassen will, der ihr die »Anerkennung« nicht geben kann, ohne selbst in Gefahr zu geraten. Daher die männliche Taubheit gegenüber den doch häufig begründeten feministischen Vorwürfen.

Die Frauen werden die Ungerechtigkeiten nicht dadurch beseitigen können, daß sie Schlußfolgerungen für Voraussetzungen ausgeben. Wenn sie die Voraussetzungen ändern, werden sie andere Männer hervorbringen, die, wenn sie in ihrer Kindheit weniger ihrer Macht ausgesetzt sind, dann auch weniger stark das Bedürfnis empfinden werden, sich im Erwachsenenalter wehren zu müssen.

Die Beschuldigungen kommen von den Frauen, denn sie sind es, die im gegenwärtigen System am meisten unterdrückt sind, aber sie müssen einsehen, daß sie das phallokratische System, das sie eingesperrt hält, immer weiter fortsetzen, je mehr sie die Aufsicht über das Kind verlangen (wie es ihnen täglich vom Staat vorgeschlagen wird). Das eine Geschlecht muß sich zurückziehen, damit das andere seinen Platz im Ödipus des kleinen Kindes einnehmen kann. Sind die Frauen bereit zu diesem Verzicht? Sind die Männer bereit, ihren Teil der ödipalen Macht zu übernehmen?

5. Anatomie oder Schicksal?

> Meine Werke sind weit eher ja gelitten als getan,
> Des Vaters und der Mutter Schicksal,
> Das euch so entsetzt, ich weiß es ganz genau ...
> Selbst wenn ich dies mit Wissen tat,
> Bin ich doch nicht gemein ...
> Nur die mich straften, straften mit Bedacht
>
> *Sophokles (Ödipus auf Kolonos)*

Wenn die Ödipusreise der beiden Geschlechter so unterschiedlich verläuft, muß man die jedem Geschlecht eigenen besonderen Prägungen wiederfinden können, wenn man den Weg eines Kindes bis zum Erwachsenenalter verfolgt.

Es ist also wichtig, die Frühstadien der Kindheit beider Geschlechter zu untersuchen.

Was sehen wir? Was wissen wir? Was bleibt von dieser ersten Zeit mit der Mutter als Spur im Erwachsenenleben? Was sagen Mann und Frau, wenn sie beim Psychoanalytiker darüber sprechen? Für ihn ist es nicht schwer, in den Worten und Gedanken der Erwachsenen die Prägung aus dieser ersten Beziehung zur Mutter wiederzuerkennen, und er ist einer der wenigen, die feststellen können, wie sehr Ödipus' Spur allgegenwärtig ist, obgleich sie Mann und Frau unterschiedlich zeichnet. Wenn Freud, ein Wort Napoleons aufgreifend, gesagt hat: »Die Anatomie ist das Schicksal«, so hat ein anderer Psychoanalytiker kürzlich geschrieben: »Die Anatomie ist nicht wirklich das Schicksal. Das Schicksal ergibt sich aus dem, was die Menschen aus der Anatomie machen.«[1]

Falls Freuds hauptsächliche Entdeckung darin besteht, nachzuweisen, daß die Sexualität des Erwachsenen von der des Kindes abhängt, so besteht sein entscheidendes Versäumnis darin, nicht ausreichend untersucht zu haben, wie das Geschlecht des erwachsenen Erziehers auf das des Kindes einwirkt.

Wir haben gesehen, daß die Anatomie dieser beiden eine wesentliche Rolle in der Gestaltung der ersten Beziehung spielt, und

[1] Robert Stoller, in: Nouvelle Revue de psychanalyse Nr. 17, Paris 1973.

wir wissen, daß diese Beziehung im Leben eines Individuums das eigentliche Modell für jede folgende ist. Die Zukunft eines jeden geht also doch über die Anatomie, insbesondere aber über das, was der erwachsene Erzieher (im allgemeinen die Mutter) aus dieser Anatomie macht.

Was macht denn diese Erzieherin so Unterschiedliches mit den beiden Geschlechtern? Wie reagiert das Kind ihr gegenüber von seinem frühesten Lebensalter an? Fragen, die sich stellen, Fragen, die nur zu lösen sind, indem wir das Verhalten von Jungen und Mädchen im allerfrühesten Kindheitsstadium, dem sogenannten prägenitalen Stadium, untersuchen.

Orale Phase und Objektbeziehung

Am Anfang seines Lebens scheint das Baby ein vegetatives Leben zu führen, dem uterinen Leben so nahe wie möglich: Es strebt vor allem danach, sich zu füllen und zu schlafen. Es scheint nur einschlafen zu können, wenn es gefüllt ist; als ob es sein langes uterines Leben fortsetzt, während dessen es meistens schlafend gelebt hat, gefüllt und umgeben von der amniotischen Flüssigkeit, in der es damals schwamm. Sein halbgeöffneter Mund kannte noch nicht die »Leere«, auch noch nicht sein Verdauungstrakt, von dem wir wissen, daß er bereits *in utero* arbeitet. Das Kind schluckt und verdaut, und es scheidet bei der Geburt den Inhalt seiner Verdauungsorgane, das Kindspech, aus.

Das zur Welt kommende Kind kennt also »die Leere« überhaupt nicht, und es wird versuchen, diesen Mangel mit allen Mitteln zu beheben, indem es an seiner Faust lutscht, am Laken nuckelt, ganz gleich, was es ist, wenn nur etwas in diesem Mund ist, der die »Fülle« gewohnt ist.

Die Nahrungsaufnahme ist ganz offensichtlich der geeignete Moment, um den ursprünglichen Zusammenhang zwischen außen und innen wiederherzustellen; sie ist der intensivste Augenblick im Leben des Säuglings. Während er aber saugt, kann er es nicht vermeiden, diesen Vorgang zu verinnerlichen, sich mit dem gesamten mütterlichen Kontext, der das Stillen umgibt, zu füllen. Die ganze mütterliche *Gestalt*[2] durchdringt ihn: Geruch, Wärme, Klangfarbe der Stimme; das Kind vereinnahmt alles, was von

[2] Im französischen Original deutsch »Gestalt« (wobei wohl Anlehnung an die »Gestaltpsychologie« unterstellt werden kann) (Anm. d. Ü.).

seiner Mutter kommt (oder derjenigen, die sich um es kümmert), denn in diesem frühen Lebensabschnitt unterscheidet es seine »Person« noch nicht von der »des anderen«. *Das Baby introjiziert*[3] *also sehr viel mehr als nur die Nahrung;* den Beweis dafür liefert das Phänomen des Hospitalismus, der durch die plötzliche Abwesenheit der vom Kind gewohnten Bezugsperson hervorgerufen wird, während doch an den ihm bekannten Pflegeleistungen nicht gespart wird. Das Kind erkennt »sich« nicht mehr, weil es den mütterlichen Kontext verloren hat, der der seine war. Es scheint einen Teil von sich selbst verloren zu haben und an diesem Verlust zu leiden, der nur scheinbar äußerlich ist.

Angesichts der Ernährungsschwierigkeiten bei Kindern im Krankenhaus hat Françoise Dolto mit Erfolg vorgeschlagen, das Fläschchen mit einem der Mutter gehörenden und mit ihrem Körpergeruch behafteten Kleidungsstück zu umwickeln oder ein solches im Bett des Kindes anzubringen, was dem Kind ermöglicht, die »mütterliche Gesamtheit« wiederzufinden und wieder zu saugen.

Wir sind vom eigentlichen Thema nur abgewichen, um zu zeigen, wie sehr das Kind in seinen ersten Monaten von der Atmosphäre abhängig ist, die von der Mutter ausgeht. Die Mutter wird, je nachdem, ob sie mehr oder weniger liebevoll, mehr oder weniger begehrend ist, das Kind als mehr oder weniger geliebt, mehr oder weniger begehrt ins Leben treten lassen.

Die Qualität der elterlichen Liebe in diesem Lebensabschnitt wird die Qualität der Liebe zu sich selbst, den Narzißmus, einüben, der die Grundlage für das Selbstvertrauen und für die libidinöse Lebensenergie des späteren Erwachsenen ist.

Das sich aus ihren eigenen, unbewußten Gefühlen ergebende Verhalten der Mutter gegenüber dem Baby wird das bestimmende Element für das Verhalten dieses Babys sein. Was beobachten wir in dieser ersten oralen Phase im Verhalten der Mütter gegenüber ihren Kindern unterschiedlichen Geschlechts? Ändert sich das mütterliche Verhalten je nach Geschlecht des Kindes?

»Mädchen werden im allgemeinen schneller entwöhnt als Jungen.«[4]

»Die Mädchen hören durchschnittlich mit zwölf Monaten auf,

[3] Die »Hereinnahme« von Gegebenheiten der Außenwelt in das eigene Seelenleben als Grundfunktion der Identifikation (Anm. d. Ü.).

[4] Elena Gianini Belotti: Was geschieht mit kleinen Mädchen? München 1975, S. 23.

am Schnuller zu saugen, die Jungen ca. mit fünfzehn Monaten. Die Dauer der Mahlzeiten ist bei Jungen länger als bei Mädchen: an der Brust mit zwei Monaten fünfundvierzig Minuten, bei Mädchen dagegen nur fünfundzwanzig Minuten.«[5]

Die wissenschaftlichen Untersuchungen der Situation des ganz kleinen Kindes ergeben, daß die Mutter den Jungen gegenüber dem Mädchen begünstigt. Wird das Kind dies fühlen? Wie werden Mädchen und Jungen auf das unterschiedliche mütterliche Verhalten reagieren?

»Schwierigkeiten beim Füttern bei vierundneunzig Prozent aller Mädchen, die an der Umfrage beteiligt waren (extrem langsames Essen, Erbrechen, Launenhaftigkeit), dagegen nur bei vierzig Prozent der Jungen. Die Schwierigkeiten tauchen bei den Mädchen schon ab dem ersten Lebensmonat auf. Ihr Appetit bleibt bis zum sechsten Lebensjahr spärlich, während bei kleinen Jungen Schwierigkeiten dieser Art erst viel später auftauchen und sich in Launen und verschiedenen Bedürfnissen und Forderungen an die Mutter bis zum sechsten Lebensjahr ausdrücken.«[6]

Wir sehen also, daß das kleine Mädchen schon sehr früh mit seiner Mutter im Streit liegt, jedenfalls mehr als der kleine Junge. Wenn wir darauf achten, können wir dieses im Anfang schlecht überstandene Oralstadium als Spur im Leben der Frauen erkennen: Magersucht, Bulimie, Erbrechen – sind dies nicht eher weibliche als männliche Symptome?

Bezeichnend für die mit der Mutter durchlebten oralen Schwierigkeiten sind auch die Worte von Frauen auf der Couch des Psychoanalytikers, die sich auf die »Leere« und die »Fülle« beziehen. Hier ein paar Beispiele:

»*Ich schlucke,* ich verschlinge, ich habe den Eindruck, alles herunterzuschlucken, was meine Mutter mir sagt, ich kann mich nicht gegen sie wehren und auch nicht gegen das, was sie mir an Boshaftem sagt, es ist schrecklich, wie weh mir das tut ...«

»*Ich übergebe* mich jeden Tag, ich habe mich immer übergeben, seit ich Kind war, ich esse, und sofort danach muß ich mich übergeben, und dann fühle ich mich besser, gereinigt, endlich leer.«

»Ich backe enorme, riesige Kuchen, das wichtigste ist, daß sie

[5] Odette Brunet und Irene Lézine: I primi anni del bambino. Rom 1966. Zit. nach: Elena Gianini Belotti: Was geschieht mit kleinen Mädchen? München 1975, S. 23.

[6] Ebenda, S. 30.

tüchtig aufgehen, um riesig groß zu werden, so daß ich sicher bin, da wird so viel sein, wie ich haben will, bis zum Überdruß, damit ich nichts *entbehre* ...«

»Plötzlich packt es mich, ich muß essen, irgendwas, egal, wie, ich muß *mich füllen,* bis ich nicht mehr kann, nachher schäme ich mich, aber während ich fresse, fühle ich mich nicht mehr angsterfüllt, ich komme aus der Fresserei nicht raus.«

»Hier weiß ich nicht, was ich sage, aber was ich weiß, ist, daß ich mich *nähre,* das ist es, bei Ihnen habe ich den Eindruck, mich zu ernähren, von was? Von der Luft des Zimmers? Von Ihnen?«

»Ich werde Sie nie ausreichend bezahlen, für all das, was ich bei Ihnen *nehme.*«

»Wenn Sie zu mir sprechen, bin ich so sehr zufrieden, *ich trinke* Ihre Worte, ich nehme etwas in mich auf, manchmal bemerke ich, daß ich nicht einmal weiß, was Sie gesagt haben, ich habe nur Ihre Laute gehört.«

Dies sind die Worte von sieben Patientinnen mit völlig verschiedenen Symptomen, von unterschiedlichem Alter und aus ganz unterschiedlichen sozialen Schichten. Nichts verbindet sie, außer diesem dramatischen, in alle möglichen Formen gekleideten »oralen« Hunger bis hin zum Wiederhergeben, aus Furcht, etwas Schlechtes zu sich genommen zu haben. Derartiges habe ich bei Männern nicht festgestellt, denn sie haben mir so etwas nie gesagt. Die »orale« Verzweiflung ist nicht ihre Sache, scheint es, denn sie haben ein vollkommenes Fläschchen bekommen, in dem das Begehren die nährende Milch würzte. Der Mann wird sich anderswo mit der »analen« Wut einbringen, um seine Person zu verteidigen. Warten wir auf ihn da, wo er sich befindet: in der kämpferischen Auseinandersetzung.

Das Zuviel an »Leere« und das Verlangen nach der »Fülle« wird also die Frau in die Küche führen, wo sie sich zwischen Kühlschrank und Herd einrichten wird, wobei sie auch am Ausguß vorbeikommt... Hier werden, glauben Sie mir, alle »Bravo!« rufen und die Frau wegen ihrer Oralität loben. Niemand wird versuchen, sie da wegzubringen, ganz im Gegenteil, man wird ihr versichern, daß dies für alle Ewigkeit ihr Platz sei, ihr wirkliches Reich, ihre gesicherte Herrschaft über die Ihren. Welch ein Schwindel, welch höllischer Kreis, in dem die Mütter ganze Familien ernähren, um endlich auf Umwegen das kleine ausgehungerte Mädchen zu nähren, das in ihnen wohnt!

In einer Art Projektion stellt sich jede Frau die anderen wie sich selbst vor, also ausgehungert, und sie, die unersättlich ist, glaubt sich verpflichtet, die anderen bis zur Übersättigung zu nähren. Das Leben der Frauen ist die seltsame Verbindung eines verarmten, entleerten Innern mit einem großzügigen Äußern.

Es scheint, daß Frauen »Lieben« und »Nähren« durcheinanderbringen. Woher mögen sie diese sonderbare Gleichstellung haben? Doch wohl aus der Tatsache, daß sie sich schlecht genährt glauben, weil von einer Mutter schlecht geliebt, die sie nicht begehrte. Das Fläschchen war leer, denn es hatte nicht das Aroma des »Begehrens«, und damit sind wir wieder bei diesem Fläschchen, gefüllt mit Milch, aber leer von Begehren, da es von einer Frau gegeben wird, die das gleiche Geschlecht hat wie das kleine Mädchen.

Nach dem, was die Frau uns freimütig über ihr Leben im Bett berichtet, ist es vom Schlecht-genährt-Sein bis zur schlechten Liebe, wie wir sehen werden, nur ein kleiner Schritt:

»Sein Geschlecht *macht mir angst,* ich habe Angst, daß es zu dick ist, ich finde es bedrohlich, ich habe Angst, daß er zu weit in mich dringt und mir weh tut.«

»Ich mag gerne das Vorspiel, ich möchte am liebsten, daß sich alles auf der Oberfläche abspielt, denn sobald er eindringt, verkrampfe ich mich, und *es tut mir weh.*«

»Ich verstehe es nicht, die Selbstbefriedigung, wenn ich es mache, das geht sehr gut, wenn er es macht, tut es mir weh, ich komme zu nichts, ich fühle, daß *ich ihm deshalb böse bin,* und dann geht gar nichts.«

»Er beklagt sich, daß ich keine Lust auf ihn habe, daß ich nie etwas von ihm verlange, aber ich, *ich habe niemals irgendwas verlangt,* weder von meiner Mutter noch von jemand anderem, ich bin gewöhnt, selbst klarzukommen, und ich brauche ihn nicht.«

»Ich kann nicht Liebe machen, wie er es will: ohne etwas zu sagen, ohne Zärtlichkeit. Ich brauche Worte, Streicheln, muß mich geliebt fühlen, *der Rest ist mir scheißegal,* das ist für ihn.«

Das ist der Weg in die Frigidität: die Ablehnung dessen, was vom »anderen« kommt, vergleichbar dem, was von einer schlechten Mutter kam und was schädlich und gefährlich erschien. Werden hier nicht das Geschlecht und derjenige, der es verkörpert, als »wesensmäßig schlecht« angesehen?

Diese Frigidität, die man »orale Frigidität« nennen könnte, finden wir häufig bei den Frauen, die ihren Mann nicht als gute Mutter annehmen konnten, die alle zerstörerischen Phantasmen auf ihn übertragen. Für sie gibt es keine andere Möglichkeit, ihre katastrophale Vergangenheit auszulöschen, als sich in der Gegenwart einer Analyse zu unterziehen. Das eine Geschehnis kann das andere verblassen lassen, aber ein so tief verankertes, so altes Bild läßt sich nicht ohne Mühe austauschen. Der Kampf wird lange dauern, denn wenn diese Frau als Säugling zunächst *gegen* ihre Mutter schlecht gesaugt hat, dann *gegen* ihren Mann schlecht geliebt hat, dann wird sie sich lange weigern, da herauszukommen, *gegen* ihren Analytiker.

Bevor jedoch die erste Beziehung mit der Mutter nicht in Ordnung gebracht ist, kann eine zweite Beziehung – mit wem auch immer – nicht gelingen, und die dem Leben des kleinen Mädchens fremde Heterosexualität bleibt häufig auch dem Leben der Frau fremd.

Zwischen der Wiege und der Hochzeitsnacht sind die Magersucht des jungen Mädchens (die Weigerung, sich zu ernähren, sich zu füllen) und die Bulimie (exzessives Eßbedürfnis, um sich nicht leer zu fühlen) oft vorprogrammiert. Alle diese besonders bei Frauen anzutreffenden Symptome weisen auf eine konflikthafte Beziehung zur Nahrungsaufnahme hin, die in mancherlei Formen wiederkehren kann und die beim Mann mit einer solchen Häufigkeit nicht vorkommt, weder beim Kind noch beim Heranwachsenden noch beim erwachsenen Mann.

Erscheinen der Sprache

Zwischen dem zehnten und dem zwölften Monat beginnt das Kind zu kommunizieren. Dieses Stadium folgt unmittelbar auf die Spiegelstufe (siebenter bis achter Monat), in deren Verlauf das Kind sich schließlich von seiner Mutter unterscheiden lernt und in der es endgültig die Symbiose mit ihr verläßt: Dadurch, daß es die Mutter gleichzeitig mit sich in einem Spiegel oder einer Glasscheibe sieht, entdeckt es, daß sie zu zweit sind, daß es nicht sie ist, daß es allein und unabhängig von ihr ist. Es wendet sich zu ihr, die es in den Armen hält, es befühlt ihr Gesicht, berührt ihre Nase und begreift, daß dies nicht es selbst ist. Das Kind wird nie wieder zur Einheit mit der ›Mutter‹ zurückkehren (ausgenommen im Fall einer Psychose).

Wenn das Kind sich darüber klar wird, daß es allein ist, wird es auf die Abwesenheit seiner Mutter oder derjenigen, die sich um es kümmert, sehr viel stärker reagieren: Es weint, wenn man es in die Wiege zurücklegt, und es weint noch mehr, damit man es wieder in die Arme nimmt; das Kind wird eigensinnig und lernt, durch Schreien seinen Willen kundzutun, nämlich die andere Person herbeizurufen. Wenn das Baby zu Beginn seines Lebens schreit, weil es Hunger hat oder sich unwohl fühlt, lernt es von der Spiegelstufe an zu weinen, weil seine Mutter nicht da ist und es darunter leidet. Das Wort wird bald folgen, zunächst als reine Nachahmung von Lauten, später immer deutlicher und geprägt von der familiären Umgebung. Schließlich wird das Kind lernen, sein Verlangen in Worten auszudrücken.

So wird das Kind, vom Schrei als dem Ausdruck physischer Unzufriedenheit ausgehend, schnell die höhere Stufe der Kommunikation erreichen: die Sprache.

Auch hier wieder eine offensichtliche Ungleichheit zwischen den beiden Geschlechtern, denn das Mädchen gleichen Alters und gleicher Intelligenz spricht sehr viel früher als der Junge; diese Tatsache wird in allen Abhandlungen über die Kindheit als die Norm angesehen, aber ist das so selbstverständlich? Und worauf ist es zurückzuführen?

Wenn der Ruf und das Schreien die Funktion haben, die wahrgenommene Entfernung von der Mutter auszudrücken und die Verbindung mit ihr wiederherzustellen, dann fangen Mädchen, nachdem sie in den ersten Monaten ihres Lebens mehr geweint haben, früher an zu sprechen und bekunden damit eine *Abwesenheit*, einen *Abstand*, den es zu überwinden gilt, um wieder bei der Mutter zu sein, was für Jungen gleichen Alters nicht gilt. Der Junge wird nämlich nicht von dem starken Gefühl der Angst vor der Einsamkeit geplagt, die er nicht kennt, da er seit seiner Geburt durch das von der Mutter ausgehende Ganzheitsphantasma abgesichert ist, die aus ihm ein narzißtisches Objekt macht. Er fühlt sich behaglich, da, wo er ist, wie er ist.

Wenn also das kleine Mädchen früher spricht, dann deshalb, weil es nicht in das gleiche Behagen getaucht ist, weil es niemand hat, den es als eigene Vervollständigung ansehen könnte, denn im allgemeinen ist der Vater nicht seine Pflegeperson. Es spricht früher, denn es fühlt sich allein, und es möchte eine Verbindung mit der Mutter wiederherstellen, die innerlich nicht empfunden wird. Es wird also das Bedürfnis haben, zu ihr zu sprechen, um eine Antwort von außen zu bekommen, die seinen Mangel an einem inneren narzißtischen Bild beheben könnte.

Schon in der Kindheit können wir die Unterschiede sehen, die dereinst die Sprache des Mannes und die der Frau kennzeichnen werden: Die eine, früh gesprochene, hat die Aufgabe, die Verbindung zu schaffen und den als unerträglich empfundenen Abstand zum/zur anderen aufzuheben; das ist die weibliche Sprache, die die Leere überspringt, Ähnlichkeit anstrebt und immer wieder Zustimmung sucht (die vom Vater hätte kommen können, dem kleinen Mädchen aber immer gefehlt hat). Man sagt gern von den Frauen, daß sie sehr mitteilsam sind. Die andere Sprache, spät gesprochen, drückt den Abstand aus, der gegenüber dem/der anderen gewahrt werden soll. Die männliche Sprache ist meistens bar von Gefühlen und Angst. Der Mann hält sich an sehr allgemeine und wenig verpflichtende Banalitäten. Wir beobachten es immer wieder: er sucht nicht nach der tiefgehenden Kommunikation, von der er, wie es scheint, seinen Teil mit der Mutter gehabt hat, für den Rest seiner Tage ...

Wir kommen aber noch zurück auf dieses wichtige Problem der Sprache bei beiden Geschlechtern, denn es lohnt sich, darüber noch mehr zu erfahren, es anders zu erklären als nur durch die bloße Weigerung des jeweiligen Geschlechts, das andere anzuhören. Wir halten hier also einfach fest, daß die frühe Sprache beim kleinen Mädchen nicht unbedingt eine glückliche Entwicklung anzeigt. Übereilung war nämlich noch nie das Zeichen von Selbstsicherheit, ganz im Gegenteil!

Es ist im übrigen aufschlußreich, was Frauen darüber selbst sagen:

»Wenn ich aufhöre zu sprechen, habe ich Angst, daß Sie sehen, daß ich nichts bin.«

»Ich rede, ich mache Geräusche, aber innerlich habe ich Angst, es ist leer.«

»Wenn ich wieder die Stille eintreten lasse, könnte ich nicht mehr die Distanz zwischen Ihnen und mir überwinden, die mir Furcht einflößt.«

Bei Männern hört man dagegen:

»Ich weiß nicht, warum ich hier bin, ich habe Ihnen nichts zu sagen, nichts, an dem ich Lust hätte, Sie teilnehmen zu lassen.«

»Schweigen, um den Abstand zu wahren: In der Liebe hasse ich es, zu reden, ich will keine Gefühle einbringen, ich kann die Nähe nicht ausstehen, die meine Frau fordert.«

»Wie soll man sich verhalten, damit sie es nicht weiß? Unmöglich, selbst wenn ich nichts sage, errät sie es, ich kann ans Ende der Welt gehen, sie wird immer alles über mich wissen, es ist grauenvoll, was mir da auf der Haut klebt.«

Der Unterschied zwischen dem Bedürfnis des Mannes und

dem der Frau besteht in der ›Distanz‹, die der Mann gewinnen will und vor der die Frau flieht: Jokastes Spur in der Sprache von uns allen.

Der Vater wäre auch hier wieder unentbehrlich gewesen, sowohl für seinen Sohn wie für seine Tochter, denn er hätte das Gleichgewicht wiederherstellen können, durch seine Nähe zur Tochter, durch seine Distanz zum Sohn.

Die Notwendigkeit der Bevaterung[7] ist nie aufgezeigt worden, während das Bemuttern in unendlich vielen Zeitungen und Publikationen die Spalten füllt!

Anale Phase und grundsätzliche Ambivalenz

Indem wir unsere Untersuchung der verschiedenen Kindheitsstufen fortführen, kommen wir ganz natürlich zur Analphase: Während ihres Verlaufs wird das autoerotische Vergnügen, die Ausscheidungen herauszupressen oder zurückzuhalten, dem Verlangen des erwachsenen Erziehers nach Sauberkeit weichen müssen, wobei das persönliche Lusterleben geopfert wird.

Ein Kampf ohne Gnade zwischen der Forderung des Erwachsenen und dem Widerstand des Kindes. Das eigene Gesetz wird zugunsten des Gesetzes des/der anderen geopfert, was als soziale Pflicht erkannt und als eine erste Frustration akzeptiert wird, um in den »Kreis der Großen« aufgenommen zu werden.

Die Zwiespältigkeit des Kindes in bezug auf dieses herzugebende Gut ist unermeßlich: da es seine Stoffe hergibt, glaubt es am Anfang, sich selbst zu geben und dadurch gleichzeitig zu verschwinden. Daher die analen Spiele, in denen wir das Kind damit beschäftigt sehen, ein winziges Gefäß zu füllen und wieder zu entleeren. Das Kind richtet seinen Blick auf das weglaufende Wasser, dann dreht es den Becher aufmerksam um: Es stellt fest, daß dieser immer noch in seiner Hand ist, obwohl das Wasser verschwunden ist. Auf diese Weise begreift es die Beständigkeit des Behältnisses, denn der *Behälter* in dieser Reinlichkeitsaffäre mit der Mutter ist es selbst, das Kind. Die Mutter verlangt von ihm nur den *Inhalt*.

Es ist schon dabei, vor unseren Augen zu »symbolisieren«, und es bedarf nur noch eines kleinen Schrittes, um zu »sublimieren«.

[7] In Wörterbüchern fehlt bezeichnenderweise der Ausdruck »Bevatern«, frz. »paternage« (Anm. d. Ü.).

Das Kind wird aus dieser Phase mit Hilfe der Sublimierung herauskommen, die es ihm erlauben wird, die anale Lust wiederzufinden, in anderen, eher tolerierten Formen, zu denen es sogar von den Erwachsenen ermuntert wird. Dies ist das Alter der Schmutzspiele mit Erde, Wasser, Sand, mit allen Materialien, die man dem Kind als »Ersatz« für die Exkremente zur Verfügung stellt. Dies ist auch das Alter, in dem wir das Kind mit zu vielen Sachen im Arm umhergehen sehen. Wenn etwas davon herunterfällt, ist es traurig, hält inne, legt all die anderen Sachen hin, um das erste wieder aufzuheben: sein ganzes Verhalten signalisiert seine Besorgnis, nichts zu verlieren. Ein Ausgleich für den »Verlust« seiner Ausscheidungen.

Hier wieder ein erstaunliches Faktum: das Mädchen ist früher sauber als der Junge. Offensichtlich spielt auch hier die mütterliche Konditionierung eine Rolle, sowenig man das auch beachten mag: »Jungen gegenüber sind Mütter viel duldsamer, wenn sie ihre Hose voll machen (man weiß ja, daß Jungen größere ›Schmutzfinken‹ sind, auch als Erwachsene!), aber von Mädchen wird erwartet, daß sie ihre Bedürfnisse möglichst stillschweigend erledigen«.[8]

Dazu haben Brunet und Lézine festgestellt: »Die Schwierigkeiten mit dem Töpfchen (Verweigerung, bockiges Verhalten, hartnäckiger Widerstand) treten bei Mädchen früher auf (fünfzehn bis achtzehn Monate) als bei den Buben (vierundzwanzig Monate bis vier Jahre), und sie dauern auch länger an. Bei kleinen Jungen zeigen sie sich in heftiger und anhaltender Opposition gegen das Töpfchen, begleitet von endlosen Sitzungen und Ritualen.«[9]

Es ist klar und deutlich, die Analschlacht, das ist die Angelegenheit des Jungen; der Widerstand, das ist die Angelegenheit des Mannes. Es scheint, daß das Mädchen hier einen gewissen Vorsprung gegenüber dem Jungen hat. Da es frühzeitig die »Einsamkeit« der Spiegelstufe erfährt, erreicht es schneller die Sprache und die Symbolisierung, die ihm helfen werden, zu verstehen, daß es »das da« hergeben und dabei doch den Rest der Person bewahren kann; dem Jungen dagegen fällt es schwer, diese Vor-

[8] Elena Gianini Belotti: Was geschieht mit kleinen Mädchen? München 1975, S. 34.

[9] Belotti (cit. Brunet et Lézine), S. 33. Odette Brunet und Irene Lézine: I primi anni del bambino. Rom 1966. Zit. nach: Elena Gianini Belotti: Was geschieht mit kleinen Mädchen? München 1975, S. 34.

stellung in die Tat umzusetzen, so sehr ist er in diesem Alter noch in der symbiotischen Beziehung mit der Mutter verhaftet. Beim kleinen Mädchen geht darüber hinaus der Weg in die hysterische Richtung weiter, und es trifft auf die Forderung, Beweise der Weiblichkeit zu erbringen, egal welche ... während der Junge sich noch auf der psychotischen Seite befindet und große Mühe hat, sich nicht bedroht zu fühlen, nicht aufgezehrt zu werden vom Begehren der Mutter.

Und weil es irgendwie spürt, daß es sein Geschlecht als Junge ist, das seine Mutter so besonders an ihn bindet, glaubt er, sie wolle mit seinen Ausscheidungen auch sein Geschlechtsteil. Er glaubt, daß sie es ihm rauben, es ihm amputieren, ihm seine Potenz als Junge stehlen will, was weiß ich mehr ... Freud hat dies »Kastrationsangst« genannt, und »die Männer« nennen die Frau eine »Kastrierende«.

Auf jeden Fall stellt sich beim kleinen Jungen im Analalter Panik ein, er widersetzt sich, lehnt ab, verzögert, er glaubt, man wolle mit seinen Exkrementen auch seine Haut. Er macht ins Bett, kackt in die Hose (sehr viel eher männliche als weibliche Symptome): Er will nichts von dem geben, was »sie« von ihm fordert, er glaubt sich verfolgt, heimgesucht, bedroht (kastriert?) ...

Wenn er später die gleiche Situation wiedererlebt, wird er impotent sein, an vorzeitigem oder verzögertem Samenerguß leiden: er wird ihr nicht geben wollen – wird ihr nicht geben können, was »sie« verlangen wird. Eine weitreichende Folge aus dem Kampf des Sohnes mit der Mutter!

Hier beginnt der Krieg gegen die Frau, hier wird die *Frauenfeindlichkeit* geboren, über die sich so viele Frauen beklagen, von der sie aber nicht wissen, daß ihr Ursprung eine andere Frau ist, die ihrerseits an ihrem Privileg als ›Mutter‹ festgehalten hat und die dem Sohn mit ihrem weiblichen Begehren die unausrottbare Furcht vor der ›Kastration‹ eingepflanzt hat.

In der Analphase spielt der kleine Junge Krieg; mit den Soldaten erfindet er sich Feinde und Freunde, und er stellt sich Siege vor. Er droht, er tötet – in Übertragung dessen, was er fühlt: Er ist mit seiner Mutter in einen Krieg verwickelt um ein Objekt, das ursprünglich ihm gehörte (seine Ausscheidungen) und um die man ihn berauben will. Aber ist es nicht zu gefährlich, den Krieg zu gewinnen, indem er dem Begehren der Mutter nicht gehorcht? Riskiert er dabei nicht, diejenige zu verlieren, die er liebt? Von daher kommt die *Ambivalenz* gegenüber der Frau.

Tut doch der Mann nichts anderes, als sie an einem Ort zu entthronen, um sie an anderer Stelle zur ›Königin‹ zu krönen!

Kann der Mann es sich erlauben, diejenige »zu vergöttern«, die er sonst aus der Höhe seines phallokratischen Reichs beherrscht? *Frauenfeindlichkeit* und *Ambivalenz* stehen hier zum erstenmal Seite an Seite, und sie werden immer wieder gemeinsam das Herz des Mannes besetzen.

Es scheint, daß der Mann in seinem langen analen Widerstand gegen die Mutter auf jeden Fall gelernt hat, sich maximal vor äußeren Angriffen zu schützen, was ihm im übrigen auch an anderer Stelle als nur in seinem Hause dienlich sein wird. Wird er nicht der hartnäckige Verteidiger seiner Rechte, seines Besitzes und seiner Freiheit sein?

Hat nicht der Mann bei seiner Mutter, die er als »Kastriererin« empfand, angefangen, sich so energisch, so aggressiv zur Wehr zu setzen, sobald man irgend etwas berührt, das ihm gehört? Zunächst durchlebte er den Kampf gegen die ›Symbiose‹, darauf dann den Kampf gegen ihr spürbares Begehren. Der Mann wird sich schmerzvoll daran erinnern, daß man ihm zunächst sein Geschlecht wegnehmen wollte und dann alles mögliche andere. Er hat daraus die Gewohnheit entwickelt, sich der Forderung zu entziehen, sich zurückzuhalten, zu schweigen, nichts zu geben, um nicht den Verlust zu riskieren. In der Analyse kommt dies wieder zum Vorschein; hören Sie, was auf der Couch gesagt wird:

»Da haben wir's, nicht reden, um Sie zu nerven!? Ich habe bezahlt für das Recht zu schweigen!«

»Ich komme zur Analyse, weil ich weiß, daß Sie Schweigepflicht haben und in der Klemme sind, meine Mutter, die hatte immer irgend etwas zu sagen ... ›Scheiße‹.«

»Ich kann es nicht ertragen, daß Sie reden, das engt mich ein, ich habe den Eindruck, Sie versperren mir den Weg ...«

»Eine Analyse mit einer Frau? Um zu sehen, wer von uns beiden schließlich gewinnen wird?«

»Reden-Abstand, Reden-Mauer, um sich zu schützen, sich der Worte bedienen als Wall, um den anderen zu hindern, weiterzukommen.«

»Ich will ja bezahlen, aber ich kann nicht ertragen, daß Sie den Genuß von diesen Moneten haben, die mir gehören. Ich kann es nicht ertragen, Ihnen etwas zu geben, für Sie ...«

»Sich nicht an seine Träume erinnern, um dem Analytiker keine Freude zu machen.«

».........« – dieser hier hat gar nichts gesagt, so ist er wenigstens sicher, nichts bei mir gelassen zu haben ...

Die Zwangsvorstellung des Mannes: mir nichts geben, mich als *tot* hinstellen, als *inexistent,* sich mit mir auseinanderzusetzen über Jahre hinweg, um *über mich zu siegen.* Ist das nicht das genaue Gegenteil von dem, was vor einigen Augenblicken die Frauen sagten, die zu mir kamen, um *sich zu nähren, zu nehmen, zu zahlen* usw.? Alle diese negativen, aggressiven Worte höre ich am häufigsten beim Mann, sehr viel seltener bei der Frau (denn es geschieht ihr nur ganz ausnahmsweise, daß sie von der Mutter als sexuelles Objekt angenommen wird).

Das ganze anale Spiel des Mannes zusammengefaßt: wie verhindern, daß die andere existiert, wie ihr Begehren verschwinden lassen? Wie sie stellvertretend umbringen? Diese Todeswünsche werden jedesmal auftreten, wenn der Mann sich der Frau gegenübersieht, und insbesondere gegenüber »seiner« Frau.

Er kommt und beklagt sich, daß seine Frau von ihm Sachen verlangt, die zu persönlich sind. Während die Sexualität für ihn die Stätte seiner Vergeltung ist, der Ort seiner Herrschaft, beklagt er sich, daß sie sich da etwas für sich holen will. Er beklagt sich, daß sie ein »Begehren« hat. Er findet es empörend, daß sie anders leben will, als er entschieden hat. Aber hören Sie lieber selbst:

»Ich mag es nicht, daß sie sich bewegt, während wir Liebe machen, und daß sie spricht, das macht für mich alles kaputt ...«

»Ich kann mit meiner Frau nur Liebe machen, wenn ich mir einen gewissen Abstand sichere, sonst geht es schief.«

»Das Ideale für mich, das wäre, mit einer Frau zu schlafen, von der ich nichts wüßte und die nichts verlangen würde, vor allem keinen Austausch von Gefühlen, nur den Körper ...«

»Sexualität gleich Vergeltung gleich Vergewaltigung, das ist es doch! Ist doch klar: soviel wie möglich vögeln, um sich soviel wie möglich zu rächen ...«

»Sie hätte es gern, wenn ich nach der Liebe still bei ihr bliebe, aber ich, ich kann das nicht, ich fühle mich ganz komisch, ausgeraubt – ich muß dieses Gefühl loswerden, ich muß essen oder trinken, muß mir irgendwas reinziehen.«

»Sie möchte gern, daß ich ihr Liebesworte sage, ich kann aber nicht, wegen des Abstands, den ich von ihr brauche, ich fühle sehr gut, daß sie möchte, daß wir einander nahe sind.«

Scheint der Mann in diesen Äußerungen, die aus einer langen Litanei männlicher Vorwürfe ausgewählt sind, nicht besessen von der »Distanz«, dem »Schweigen«, dem »Verlust«? Fürchtet er nicht vor allem die Verschmelzung, obwohl er doch mit derjenigen, die er liebt, den Koitus sucht?

Finden wir hier in der sexuellen Beziehung die anale Dialektik wieder? Etwas geben, aber »sich« dabei erhalten, »sich« dabei schützen vor dem/der anderen und seiner/ihrer Forderung? Versucht nicht der Mann im Bett meistens nur, sein Sperma zu geben und sonst nichts? Für den Mann geht es darum, ja nichts von sich herzugeben, welche Technik auch immer er anwenden mag. Ist es das, was die Frauen von ihren Partnern erwarten? Was für ein Liebhaber kann der Mann schon sein, solange er nicht seine Mentalität verändert, das heißt, solange er nicht weniger Angst vor dem Verlangen der Frau hat? Welche Resonanz kann die Frau bei ihm finden, die im Gegensatz zu ihm von Nähe und Intimität besessen ist?

Die enthüllende Couch

Die Couch hat uns hier als Vergrößerungsglas gedient, denn auf sie legen sich nur diejenigen, bei denen die üblichen Symptome der sogenannten Normalindividuen die Stärke zwei oder drei erreichen. Und das, was ich als Analytikerin höre, ist das, was sie, die Frauen, zu sagen imstande sind, obwohl die meisten es verschweigen, und ist das, was sie, die Männer, in diesem Zusammenhang empfinden, wenngleich die meisten von ihnen einen nahezu perfekten Grad an Unempfindlichkeit erreicht haben.

Die Aussagen all dieser Patienten können, zumindest teilweise, von jedem und von jeder von uns übernommen werden; sie (die Patienten) dienen hier als Vorsänger des sexistischen Klageliedes. Sie haben als Tänzer in einer Choreographie mit streng geregelten Figuren fungiert, in der Männer und Frauen sich von Grund auf verschieden entwickeln. Das Ballett der Worte war vollkommen: das, was der Mann sagt, wie das, was die Frau sagt, könnte ihnen (von einigen Übergängen abgesehen) mit verbundenen Augen zugeschrieben werden. Wenn man Ödipus' und Jokastes Kind ist, braucht man keine Augen mehr, um seine Tanzschritte auszuführen, die Wirklichkeit hat sich im tiefsten Innern des Selbst eingegraben.

Deshalb hat sich Ödipus die Augen ausgerissen, allerdings zu spät, er hatte schon zu viel gesehen, um zu vergessen, und wir manchmal auch ...

6. Kindheitserinnerung (nicht die von Leonardo da Vinci ...)

> Der Weg wird leichter, je weiter man geht, je länger man gehorsam ist, sanft und gut; man gewöhnt sich so sehr daran, daß man sich mühelos fügt.
>
> *Comtesse de Ségur*

Wenn alle schlafen, wenn niemand mehr in mein Leben eingreift, stehe ich nachts auf und befrage mich selbst über das kleine Mädchen, das ich einmal war und das so sehr jenen gleicht, von denen man mir auf der Couch erzählt. Worin gleichen sie sich? Im Schweigen: Sie und ich, wir haben das gleiche Schweigen erfahren, die Verschwörung des Schweigens um unser Geschlecht.

Und ich lache, wenn ich an das Fieber denke, das mich ergriff, sobald meine Eltern das Haus verlassen hatten und ich für ein paar Stunden allein war: Es war das Plündern, oder eher nein, die systematische Untersuchung der Schublade »ihrer« Kommode, beileibe nicht irgendeiner... Die erste war nicht interessant, sie enthielt Briefe, Andenken, einige vergilbte Fotos; nein, die, die mich interessierte, war die zweite, diejenige, in der »sie« ihre persönliche Wäsche aufbewahrte. Angesichts ihrer Büstenhalter, Schlüpfer, Monatsgürtel überließ ich mich allen möglichen Phantasien ... den allerunterschiedlichsten, im allgemeinen übrigens ohne dabei an Geschlechtliches zu denken. Was das kleine Mädchen sucht, wenn man ihm nichts in bezug auf sein Geschlecht gesagt hat, ist der Unterschied zwischen ihm und seiner Mutter, wobei es nicht weiß, woran es diesen Unterschied festmachen soll, aber es glaubt, daß er sich sicher im Körperlichen findet. Ich stürzte mich also verzweifelt auf diese Schublade mit der Leibwäsche meiner Mutter.

Man muß sagen, daß ich durchaus Grund hatte, neugierig zu sein und eine Wirklichkeit zu vermuten, die man vor mir versteckte. Ich hatte nicht nur das Interesse meines Vaters für meine Mutter beobachtet, sondern als ich etwa sechs Jahre alt war, überraschte »sie« mich damit, daß sie mir das Kommen einer kleinen Schwester oder eines kleinen Bruders ankündigte. Unmöglich, deren Ursprung zu erfahren; ich glaube, daß ich wohl seit diesem Zeitpunkt versucht habe, das »Geheimnis« meiner Mutter zu ergründen.

Ich glaube, daß heute keine Mutter mehr ihr Kind in Unwissenheit halten möchte, aber die Antworten sind ebenso unterschiedlich wie die Zugehörigkeit zu einer Partei, und glauben Sie mir, es sind nicht die Parteien der Linken, die auf diesem Gebiet gewinnen würden! Von der banalen Erklärung von dem Baby, das unter dem Herzen der Mutter schläft (warum schläft, da es sich doch bewegt, und warum unter dem Herzen? ... wohl nur deshalb, weil das noch für einige Zeit von der tiefer gelegenen Stelle fernhält, vom Bauch, so nahe bei den Geschlechtsorganen ...), bis zu der ziemlich erschreckenden Erklärung, daß der Arzt den Bauch aufmacht, um das Baby zu holen, werden alle Variationen angeboten.

Man fragt sich, warum so wenige Frauen den Mut haben (bedarf es dessen denn?), die einfache Wahrheit zu sagen: Der einzige Grund dafür ist die Bewahrung des »Geheimnisses«, da dieses Geheimnis offensichtlich vor der Kenntnis der Vagina schützt und vielleicht das kleine Mädchen von der Entdeckung der Selbstbefriedigung abhält. Während die des Jungen von selbst entdeckt wird, herrscht um das versteckte Geschlechtsteil des kleinen Mädchens noch ein Mysterium, dessen man sich bedient, um es im Engel-Stadium zu halten. Nun, wie Sie gesehen haben, eine Sorte »Engel«, die Doktor spielt und das Thermometer einführt, da die so erzeugten Empfindungen auch nicht zu verachten sind ... Sie wissen es sicher, die Anus- und Vaginamuskeln sind gleich; aber die *Lust*, die dort erlebt wird, bleibt vor den Eltern vielleicht verborgen. Der »kleine Engel« kann zwar heimlich in der Schublade stöbern, aber er hat wenig Chancen, die Wirklichkeit zu verstehen.

Abgesehen von solchen Momenten fieberhafter Suche, zeigte ich mich also als das kleine artige Mädchen, das man sein mußte, um den großen Leuten zu gefallen, um von ihnen akzeptiert zu werden; aber eigentlich fühlte ich, daß ich für sie eine unbedeutende Nebensache war: »ein Kind«, und vor allem keine kleine Frau, was bedeutete, daß ich zwischen dem, was ich damals war, und dem, was ich werden würde, keine besondere Beziehung sah. Wie würde ich das denn werden? Auch da keine Antwort, ein weißes Blatt, das Unbekannte; es ging also darum, zu warten, ohne besitzen zu wollen, was die anderen, insbesondere meine Mutter, hatten.

Und dennoch. Eines Tages vergaß sie aus Unachtsamkeit, was sie bei all ihren Vorsichtsmaßnahmen mit Blick auf meine Unschuld nie hätte vergessen dürfen. Ich fand im Bad, gerötet von frischem Blut, »das Ding«. Nur, was war das denn? Ich dachte (und Gott schütze mich, so früh in ein psychoanalytisches Phantasma gestürzt worden zu sein) an eine schändliche Krankheit, eine heimliche Verletzung. Ich war immer »außerhalb« dessen, was sich in diesem Haus und besonders in dieser Mutter abspielte. Daraus ergab sich eine neue Verdrängung, eine neuerliche Entschlossenheit, nichts mehr von »ihnen« zu erfragen und das nicht mehr zu sehen, was man nicht sehen durfte.

Es ist dann leicht zu sagen, die Frauen seien phobisch, sie hätten Angst davor, zu sehen oder zu wissen; daher auch ihre angeblichen Schwierigkeiten, Dinge im Zusammenhang oder panoramisch zu sehen, wie zum Beispiel beim Autofahren, wo sie nur das Nächstliegende wahrnehmen, zu spät bremsen und so weiter.

Kehren wir aber zurück zu meiner bescheidenen Existenz, bescheiden bis dahin wenigstens, denn wenn ich glaubte, ich sei ein geschlechtsloses Kind, dessen Körper nicht zählte, so zerbrach mein Seelenfrieden spätestens in dem Moment, da mir meine Mutter eröffnete, ich würde jetzt ein »junges Mädchen« werden und jeden Monat »Blut verlieren«. Was meine Mutter wissenschaftlich mit meiner geheimen Öffnung und deren zukünftiger mütterlicher und ehelicher Funktion in Verbindung brachte. Aber nichts wurde gesagt über die Lust, nichts über das Begehren. Alles dies erschien mir unannehmbar, und überdies brachte ich es in eine direkte Verbindung mit dem »Geheimnis«, das nur auf der Scham der Erwachsenen beruhen konnte, solche Sachen zu machen.

Ich bekam also zuerst Brüste und dann meine Tage, die offensichtliche Bestätigung, daß ich teilhatte an dem schauerlichen Geheimnis. Aber mußte ich damit rechnen, daß man sich die Merkmale meines Körpers, die ich für die meinigen hielt, zu eigen machen würde? Ich werde nie diesen Cousin vergessen (den ich bisher nicht über Sexualität hatte reden hören und der davon nie wieder reden sollte, außer um die Vorteile irgendwelcher Frauen zu rühmen), wie er zu meiner Mutter, so natürlich, als ob er bemerkt hätte, daß die Obstpreise steigen, sagte: »Na, so was, Christiane entwickelt sich?« wobei er unzweideutig auf meine neuen Rundungen schielte.

Ich hätte in die Erde versinken mögen, da ich mich zum erstenmal vom abschätzenden Blick eines Mannes in Besitz »genommen« fühlte. Ach, verfluchter Cousin, sei mir heute nicht mehr böse, wenn ich dir gestehe, daß ich damals wünschte, du würdest augenblicklich blind! Hatte man dich je ein einziges Mal in deinem Leben gefragt: »Na, Xavier, hast du nachts schon Ejakulationen?« Ich weiß wohl, natürlich nicht ...

Nach jenem Tag wurde ich jemand, den man betrachtet, den man zuerst mit Blicken, dann ins Bett und dann als Frau nimmt, als Gebärerin auswählt und so weiter. Oh! Dieser schreckliche Alptraum. Ich war zu verkaufen, zu besitzen, ich würde der Besitz sein von, die Frau von, die Mutter von, ich »würde das sein«, wenn ich alle diese Rollen akzeptierte, wenn nicht, würde ich nichts sein, und ich würde weiter warten.

Es war ein Entweder-Oder, aber ich war dickköpfig, tat so, als ob ich nicht verstehe, und wenn ein Junge mir eine Liebeserklärung machte, fiel ich aus allen Wolken und erklärte, daß er verrückt sei oder besessen. Als ein anderer mich ernsthaft bat, seine Frau zu werden, fühlte ich, ich sollte für dumm verkauft werden, und ergriff das Hasenpanier, kurz, ich führte mich auf wie ein Blaustrumpf, und ich wundere mich heute über eine so lange hinausgezögerte Unschuld bei einem im übrigen normal zu nennenden jungen Mädchen, das nach außen seinem Milieu und seiner Kultur entsprach.

Es war aber nur die äußere Erscheinung, in der alle sich täuschten. In Wirklichkeit hatte ich, angewidert von dem, was man von mir erwartete, mir ein anderes Ziel gesetzt: mit Auszeichnung mein Studium abzuschließen. Und da ich mich um Jungen nicht kümmerte, bestand ich meine Examina gut.

Ich wollte unbedingt für das, was in mir ist, geschätzt werden und nicht wegen des Äußeren, aber ich hatte leider den Eindruck, gegen den Strom zu schwimmen, nur wider den Strich voranzukommen: mein System funktionierte nur für mich, und man schien fortzufahren, von mir nur das Äußere zu sehen. Wie lange sollte dieser Spaß dauern?

Die Antwort kenne ich jetzt: *das ganze Leben.*

Ich traute mich nicht mehr auf die Straße, denn man pfiff hinter mir her, machte mich an, betrachtete mich von oben bis unten. (Wissen Sie, daß es viele Frauen gibt, die es nicht mehr wagen, sich der Öffentlichkeit zu stellen, weil sie sich dort nicht als menschliche Wesen fühlen, sondern als Ausstellungsstücke?) Der gesenkte oder erhobene Blick, der ausweichende der Frauen und der umherschweifende der Männer, ist einer der ersten Eindrükke, der junge Mädchen betroffen macht, die aus dem Ausland zu uns kommen. Man sagte mir: Du gefällst mir, du bist schön, ich würde dich gern heiraten und würde gerne Kinder mit dir haben. In dem, was ich hörte, gab es für mich keine Logik; ich wußte, daß ich Männer mit dem Unwichtigsten meiner Person anzog; ich hätte gewollt, daß einer mit einer anderen Sprache begonnen hätte als mit der, die aufs Äußere abzielt. Ich hätte gewollt, daß einer mich gefragt hätte: »Wer bist du? Was denkst du? Wie lebst du? Was suchst du?«

Wenn doch nur irgendeiner mit einer menschlichen Sache angefangen hätte, mit einer Verbindung zu mir und nicht zu diesem elenden Körper. Der Körper schien sich immer zwischen den anderen und mich zu schieben, dieser störende, weil Begehren hervorrufende Körper, dieser mit dem meiner Gefährtinnen zu vergleichende Körper, diese Hure von Körper, von der ich endlich begriff, daß sie meine einzige Verbündete im Kampf um die Existenz sein würde. Gott weiß, daß ich leben wollte, aber nicht so!

Schließlich habe ich mich dann angesichts »ihrer« Hartnäckigkeit entschlossen, mich dieses von ihnen geschätzten Wertes – eines Unwertes für mich – zu bedienen, und ich habe mich daran gewöhnt, die ständige Ungerechtigkeit, die die Schönheit darstellt, zu nutzen. Alles löste sich für mich mit einem Lächeln, es genügte, sich nicht zu widersetzen, will sagen, zu schweigen und sich betrachten zu lassen.

Ich entdeckte nach und nach, daß ich anstelle eines produktiven Verstandes einen begehrenswerten Körper hatte und daß der Mann davon träumte, ihn sich zu eigen zu machen, vorübergehend oder endgültig. Ich sah deutlich, daß ich für mein schöpferisches Tun keine Wahl haben würde: Es würde das Kind sein. Glücklicherweise hat mein Körper Geburten zustande gebracht, denn diejenigen, die es nicht können, sind auf andere Weise unglücklich: Bei einem Paar, das sich nicht fortpflanzen kann, bestätigt sich der Mann durch andere Werke, er wird von sich eine andere Spur hinterlassen. Sie, die Frau, hat keine andere Möglichkeit, eine Spur zu hinterlassen, als durch die Nachkommenschaft. So, als ob man von den Männern verlangte, daß sie alle den gleichen Beruf hätten!

Die Frauen haben nur einen Beruf, die Liebe und das Kinderkriegen; die Männer haben tausend, je nach ihrer Lust und ihren Fähigkeiten. Der Mann hat bei seinem Schaffen die Wahl, die Frau nicht, sie ist an die Fruchtbarkeit ihrer Gebärmutter gefesselt.

Mann kann so weit gehen zu sagen, daß jeder Teil des Paares den anderen auf unterschiedliche Weise einsperrt: Die Frau ist Gefangene des Geldes ihres Mannes, und der Mann ist Gefangener des Kindes, das sie ihm geben wird oder auch nicht. Eine absurde Situation!

Männer und Frauen leben also im gleichen Haus zusammen, aber sie bewohnen nicht die gleiche Etage, und die Abgrenzung ist vollkommen. Überläufer sind selten, und die Kriterien dieser Abgrenzung sind Mutterschaft und Schönheit, und man könnte meinen, daß wir mit diesen zwei Elementen den besseren Teil erwischt hätten, um auf den ganzen Rest verzichten zu können. Aber wer, wenn nicht die Männer, sagt denn das? Krank vor Eifersucht, diesmal selbst von der weiblichen Plage des »Neids« befallen, rächen sie sich lebenslang, indem sie uns in diese verflixte Mutterschaft einsperren, an der sie nicht teilhaben. Sie gewähren uns hier die Allmacht, und sie, sie behalten für sich die anderen All-Mächte. Sie haben doch jahrelang gekämpft, um Herrscher auch über diese Mutterschaft zu bleiben! Haben wir sie nicht gegen uns streiten sehen, um dieses kommenden Kindes willen, das sie als ihre Entscheidung ansahen und nicht als die unsere? Sie herrschten, auf versteckte Weise, aber sie herrschten über die Mutterschaft. Wie hätten sie akzeptieren können, daß das wenige, das sie da besaßen, ihnen mit der Freigabe der Abtreibung entglitt!

Ich bewohne also die Frauenetage. Obwohl ich heiratete (ziemlich spät), obwohl ich Kinder bekam und obwohl ich meinen Mann und meine Kinder fütterte, habe ich nie aufgehört, darüber nachzudenken, was mir widerfahren ist, nur weil ich mit dem Geschlecht der Frau geboren wurde. Ich habe lange nachgedacht, wie die anderen Frauen, und ich habe geschwiegen wie sie. Man redete zu mir weniger über meinen Körper, dafür aber über meine Kinder, die man mit denen der andern verglich. Immer das gleiche Spielchen, aber jetzt waren unsere Kinder der Spieleinsatz, und alle Frauen spielten mit, um mit ihren Kindern zu gewinnen. Diese Kinder, die nicht mehr ruhig leben können und die sich von Anfang an in diesem Wettbewerb unter den Frauen befinden. Können Sie sich vorstellen, daß sie darüber glücklich sind, unsere lieben Kleinen?

Mein Körper war Gegenstand und Norm des Vergleichs gewesen, jetzt mußten meine Kinder als Trümpfe herhalten in dieser Auseinandersetzung, in die meine Geburt mich gestürzt hatte. Was war das denn für eine Auseinandersetzung? War mein Leben ein Kartenspiel, in dem bei mir nur einige Trümpfe zählten?

Und die Trümpfe, soviel war jetzt klar, waren nicht die gleichen für die Frauen und die Männer.

Ich machte mich also daran, unser beider Vorzüge zu zählen. Das war schnell geschehen: meine gehörten alle zum Körper, seine zum Geist.

Es war deutlich, daß wir zu zweit ein abgerundetes »Ganzes« bildeten, vorausgesetzt, daß ich schwieg, daß ich von der Weiblichkeit und von der Mutterschaft nicht mehr wollte ... als das, was er mir zuteilte.

Ob ich mein Leben als Kind oder ob ich mein Leben als Erwachsene betrachte, beide sind in jeder Weise deckungsgleich, man hält mich »draußen«, ich muß mich von jeder gesellschaftlichen Tätigkeit fernhalten, es sei denn, sie hat etwas mit dem Körper zu tun: Wenn es eine Ministerin gibt, ist sie zuständig für Gesundheit oder Erziehung oder für Soziales. Die Frauen werden auf Abstand gehalten wie Hexen, was manche heute schon so aussprechen.

7. Die weiße Wüste

Weiße Laken in einem Schrank
Rote Laken in einem Bett
Jacques Prevert

Wie soll man das Alter der kleinen Mädchen benennen, die Zeit, in der unsere Töchter in ihrem Drang, zu erobern und zu verführen, vergeblich einen Partner suchen, der ihre Person begehrt?

Sie sind den mütterlichen Rockschößen schnell entflohen, da sie begreifen, daß von dort kein Heil kommt. Aber wohin gehen?

Der Vater wird gesucht, der andere Pol der sexuellen Alternative des Elternpaares. Er könnte bei seiner Tochter das finden, was er nicht hat: die Weiblichkeit, deren Beginn er unter dem flachen Erscheinungsbild seines Töchterchens erahnt. Das Mädchen hat den Wunsch, als »anders« aufgefaßt zu werden, als unterschiedlich vom männlichen Geschlecht. Nur der Vater könnte diese Funktion bei ihm erfüllen.

Ein kleines Mädchen, das seinen Vater dazu gebracht hat, seine Zeitung beiseite zu legen, das auf seine Knie geklettert ist, beweist mit seinem ganzen Körper, daß es den Ort erreicht hat, an dem all seine Unsicherheit aufhört: beim Vater endet die Sinnlosigkeit, durch ihn kann es lernen, seinen kleinen Mädchenkörper als »gut« zu akzeptieren. Der Vater ist das Ziel.

Der Vater ist nur leider meistens nicht da, ist nicht zu Hause, ist den ganzen Tag über abwesend. Erst am Abend wird er zurückkommen, um mit der Mutter zu sprechen, mit der Mutter zu schlafen, und das kleine Mädchen wird nur »übertragen«[1] durch die Mutter existieren. Es verzweifelt daran, in niemandes Augen zu existieren. Zwar lieben es alle, aber niemand betrachtet es als sexuelles Wesen, und sein Leben ist ebenso flach wie sein Körper ... Dann aber hat es eine Idee: Da es nicht wirklich existieren kann, wird es sich eine Existenz mit seiner Puppe ausdenken (ein Glück, daß man die Puppe erfunden hat, nicht um die Mädchen auf ihre zukünftige Mutterrolle vorzubereiten, sondern weil es *das einzige körperliche Bild* ist, das dem Körper des kleinen Mäd-

[1] Frz. »retransmise«, i.S. eines Lebens aus zweiter Hand (Anm. d. Ü.).

chens entspricht). Unauffällig hat es sich aus dem Kreis der Erwachsenen entfernt und ist ausgezogen, seinesgleichen zu finden, jemanden, der wie es selbst ist und dem nur die Sprache fehlt, die es ihm geben wird. Die Sprache als unentbehrliche Katharsis in der Wüste der Einsamkeit, die das Mädchen-Kind durchquert.

Wenn Sie einem kleinen Mädchen keine Puppe geben, wird es sich in seinem Innern eine erfinden, um im Fall einer Katastrophe mit ihr kommunizieren zu können ... Denn Katastrophen wird es auf dem Weg des Mädchens geben! Es wird diese Puppe gleichzeitig seine ganze Zukunft erleben lassen, die nicht schnell genug kommt, und seine ganze Gegenwart des »ungenügenden«, also »bösen« kleinen Mädchens. Haben Sie bemerkt, wie deutlich im Spiel mit der Puppe immer wieder die zwei Persönlichkeiten vorkommen, das Mädchen und die Mutter, und wie das Mädchen unartig ist und die Mutter mit ihm schimpft? Wer aber ist denn diese garstige Puppe, wenn nicht das Abbild des kleinen Mädchens selbst? Die, die gut ist, ist die Mutter mit all den Trümpfen einer großen, geschlechtlichen Person und mit ihrem Zugang zum Begehren des Vaters. Das Leben eines kleinen Mädchens läßt sich in der Tat nur in der Zukunft leben, als zukünftige Frau. Die Gegenwart ist insoweit geschlechtsspezifisch nicht existent, als der Vater abwesend ist.

Manchmal hat das Mädchen den Wunsch, in den Körper eines Jungen zu schlüpfen, der wenigstens einen authentischen Platz hat. Es ist nicht der Penis des Jungen, der geneidet wird, es ist in diesem Fall der Status des Jungen. Manchmal wollen die Mädchen nur Jungenpuppen, sei es, um sie auszuschimpfen, sei es, um sie zu liebkosen, da sie eine Stellung haben, von der das Mädchen weiß, daß es sie nicht einnehmen kann.

Das Mädchen hat keine Möglichkeit, die Schranke zu überwinden, die es von dem Bereich ödipalen Begehrens fernhält. Es hat weder die Trümpfe, denn sein Geschlecht ist nicht anerkannt, noch hat es ein Objekt, denn sein Vater (außer in seltenen Ausnahmen) beschäftigt sich nicht mit ihm. Darüber hinaus kennt es von seinem Geschlecht nur die Hälfte, der Rest ist von jeder manuellen Erweckung durch die Mutter ausgeschlossen, denn sie wird für ihre Tochter immer nur die äußere Masturbation einleiten, die klitorale (und das auch nur ziemlich schlecht, wie wir gesehen haben, weil sie die Lust ihres Mädchen-Babys an dieser Stelle verkennt, zumal die meisten Mütter ihre eigene Klitoris nicht als typisch weiblich anerkennen). Diese erste klitorale Masturbation wird sich dennoch dem Körper des Mädchens einprägen, da sie jeder Frigidität widersteht: die Frauen wissen das, sagen es, selbst wenn sie eine Art Scham empfinden, darüber zu sprechen, seitdem Freud die weibliche Masturbation »totgeschwiegen« hat.

Von der zweiten Hälfte seines Geschlechts sagt man dem Mädchen (falls man überhaupt mit ihm darüber spricht), daß der Mann ihm diesen Teil erschließen wird, wenn es groß ist ... Immer diese Zukunft, immer dieser Mann, der als Erwecker auftreten soll. Erwecker wessen? Von was? Entweder seiner Lust, ihrer Lust? Die Vagina als Ort der gemeinsamen Lust für den Mann und für die Frau? Symbiotischer, psychotischer Ort? Die an den anderen veräußerte Vagina, an das Begehren des anderen, an die Lust des anderen. Die Klitoris, die klitorale Lust – von der anderen abgezogen – ist vielleicht aufrichtiger, weniger verdächtig, nur gespielt zu sein. Fragen, die man sich stellen muß, wenn man von der doppelten Lust der Frau spricht ...

Ein Mädchen zu sein bedeutet also, in Erwartung zu leben: psychisch das Hoffen auf die Ankunft des Mannes als sexuell entsprechendes Objekt, physisch das angespannte Warten auf Beweise für eine lange verborgen gebliebene Sexualität.

Wie aber dann im Augenblick ohne Geschlechtsmerkmale leben, wenn nicht dadurch, daß man die Frau *imitiert?* Man übernimmt von ihr die hohen Absätze, man beginnt mit dem Schminken, man ahmt die Sprache nach: Man »spielt Dame«, denn es gibt keinen erkennbaren Wert beim kleinen Mädchen, alles ist auf der Seite der »Damen«. Alles, was dem kleinen Mädchen, das von allem so ferngehalten wird, bleibt, ist die Kopie.

Während seine Identität verschwiegen und geheimgehalten wird, wird seine Identifikation für alle offensichtlich, und jedermann stößt es in diese Richtung: »Du bist aber eine liebe Mutti!« – »Es ist ja so artig, dein Baby!« Es scheint sogar, daß das Täuschungsmanöver bei gewissen Naturvölkern noch offensichtlicher ist: Die kleinen Mädchen laufen häufig mit absichtlich vorgeschobenen Bäuchen herum, und die vorbeikommenden älteren Frauen berühren sie spielerisch. »Schwanger?«, scherzen sie.[2] Die Mystifizierung kommt von außen: man drängt das kleine Mädchen in Richtung Frau.

Anstatt anzuerkennen, was das kleine Mädchen an Besonderem *hat,* verweist man es lieber auf die *Schönheit,* die es haben wird, auf die *Mutterschaft* als Erfüllung, die *Ehe* als Gesetz.

[2] Margaret Mead: Mann und Weib. Reinbek 1985, S. 84.

In der ersten Zeit hindert man es, seine Sexualität als kleines Mädchen zu leben, weil es ein »kleiner Engel« sein soll. Was tut ein Engel? Er wohnt da oben, sehr hoch, im Himmel, als geistiges Wesen, und dementsprechend finden wir das kleine Mädchen bei der ›Sublimierung‹. Diese ›Sublimierung‹, die angeblich bei den Frauen so sehr fehlt, ist im Leben des kleinen Mädchens ungeheuer gegenwärtig: Kleine Mädchen zeichnen viel besser als die Jungen, schreiben viel schönere Gedichte, erdenken viel lebendigere Theaterstücke als die Jungen.

Später wird man ihm dann (insbesondere während der Pubertät) einschärfen, daß sein Körper dazu da ist, zu gefallen (der Kult des Körpers als Objekt der Begierde) und daß Mutterschaft das erstrebenswerte Ziel ist. Die zu Frauen gewordenen kleinen Mädchen werden sich auf dieses Ziel hin ausrichten und werden aufhören, zu sublimieren.

Der Mann erwartet von der Frau nicht, daß sie mit ihm spricht (seine Mutter hat ihm genug gesagt ...), aber er erwartet, daß sie »durch ihn« Lust empfindet und daß sie durch seine »Vermittlung« Kinder zur Welt bringt. Er kann mit den Sublimierungen seiner Frau nichts anfangen. Die einzig zugelassene, einzig empfohlene führt zu den Erziehungswissenschaften, zur Psychologie. (Vielleicht zur Psychoanalyse, wer weiß? Die Frau ist ja so erfahren in allem, was sich »Beginn« nennt ...) Man gibt ihr alles, was mit dem Beginn des menschlichen Lebens zu tun hat, alles, was es an Natürlichem gibt, da das ja in ihrem Körper vorprogrammiert ist, und gleichzeitig alles, was man sonst noch an geistig Kastrierendem für sie finden kann. Demnach erscheint mir die Sublimierung, die in den Augen Freuds für die Frau nicht existierte, nicht als *weibliche Unfähigkeit,* sondern als *männliche Untersagung.* Es ist der Mann, der der Frau die Sublimierung unmöglich macht, indem er ihr das Kind aufhalst. Das Kind, das ihr ganzes Leben ausfüllen wird, ist ein Privileg, das zur Frustration wird. Sie hat ihre Nase woanders nicht hineinzustecken; woanders sind nämlich der Mann und die Politik, sind die Ideen und die Wissenschaft, die Industrie. Mit einem Wort, die denkende Kraft der Nation. Wir, wir müssen uns an den Körper halten, an den lustspendenden Körper, den leidenden Körper. Nur dort wollen uns die Männer.

Mit dem Beginn der Adoleszenz und der Begegnung mit dem Mann geht die ›Sublimierung‹ verloren, denn von da an ist die Frau in ihren Körper eingeschlossen. Es ist eine vollkommene Umkehrung der Werte: Nach zehn oder zwölf Jahren ohne sexualisierten Körper lebt sie eingesperrt in die dreißigjährige Geschichte dieses dann doch sexualisierten Körpers, der das Interesse des anderen auslöst, dieses anderen, den sie so sehr herbeigesehnt hat! Er kommt, aber im Gegensatz zu dem, was sie hoffte, bringt er nicht das Leben, sondern den Tod. Sie wird als Körper existieren, aber sie wird für alles, was den Geist ausmacht, verloren sein, oder sie wird zumindest in große Schwierigkeiten geraten.

Lohnt es nicht, einen Moment innezuhalten, angesichts dieser Art von Leben, das der Mann uns eröffnet? Ich schlage eine beliebige Frauenzeitschrift auf und erkenne sofort die Mauern meines Gefängnisses: der Körper und seine Jugend, das Kochen und sein Gelingen, das Kind und seine Erziehung ... Ich blättere um, ich suche, ich warte ... Was denn, nichts anderes? Nein, das ist die Welt der Frau: Gefangene ihres Körpers, Sklavin der Körper der anderen.

Der immer störende weibliche Körper, im Anfang allzu abwesend und später allzu gegenwärtig, wo er dann den ganzen Lebensraum der Frau einnimmt. Die Frauen fühlen sich außerstande, das »Zuviel« loszuwerden oder das »Nicht genug« an Weiblichkeit, die ihr Schicksal ist. Sie lavieren ihr ganzes Leben lang hilflos zwischen dem »Zuviel« und dem »Nicht genug«. Oft ist es das »Nicht genug«, das die Oberhand gewinnt, dann wieder zeigt sich der Körper gegenüber dem Geist widersprüchlich, und auf der Couch höre ich dann:

»Wenn man mich ansieht, wenn ein Mann mich beachtet, werde ich dumm, unfähig zu denken, geschweige denn, zu antworten, sogar auf das, wozu er mich ermuntert.«

»Ich bin wie ein Blatt im Wind, Sie wissen ja, ein Blatt hat kein Gewicht ...«

»Meine Kindheit. Nichts. Da war nichts. Ich sehe sie wie etwas ganz Weißes, eine leere Welt.«

»Als kleines Mädchen sehe ich mich nicht, ich glaube, ich zählte nicht; ich erinnere mich an meine Brüder, an meine Mutter, aber ich ...?«

Wie soll man davor die Ohren verschließen, wenn man eine Frau ist? Wie nicht verstehen, daß all dies die Unmöglichkeit zum Ausdruck bringt, ein anderes Existenzniveau zu erreichen als das der Äußerlichkeit? Wie sich nicht daran erinnern, daß beim kleinen Mädchen das Äußere das Innere vertreten mußte, wenn die Frau jetzt offenbart, daß das unzureichende Äußere mit einem leeren Innern zusammenlebt? Wie kann man übersehen, daß es diese häufig empfundene Leere ist, die die ganze Mutter-Tochter-Beziehung geprägt hat, in der das Begehren fehlte?

Nicht-begehrt-Werden ist Nicht-Leben. Ist es nicht das, was uns all die magersüchtigen jungen Mädchen sagen, die sich vom Begehren weg auf den Tod zubewegen? Warum wohl wird das Begehren abgelehnt, wenn nicht deshalb, weil es nahezu gewaltsam kommt, als eine ganz und gar ungewohnte Sache im Leben des Mädchens, das an eine von Begehren *freie,* an eine *weiße* Beziehung mit allen, Männern und Frauen, gewohnt ist. Das Leben einer Frau ist am Anfang eine weiße Wüste, der eine farbenprächtige Oase folgt. Und in die weiße Wüste kehrt sie auch zurück. Die Frau hat es schwer, so viele gewaltsame Veränderungen ihres Körpers zu verkraften, die sie jedesmal vom Zuwenig ins Zuviel stürzen und umgekehrt.

Der Wunsch der Frau, jeder Frau, ist es, so lange wie möglich in dem farbigen Teil ihres Lebens zu verweilen. Der Schrecken, das »Weiß« der Kindheit wiederzufinden, sitzt so tief, daß sie aufgrund ihrer Erlebnisse in der Kindheit alles tun wird, um sich in der farbenreichen »ödipalen« Position zu behaupten. Das wird sie zwangsläufig mitten ins Begehren des Mannes hineintreiben, der sie beherrschen will; sein phallokratisches Lied wird fortan der Gesang der Sirenen sein, der die Frau in ihr eigenes Verderben zieht.

Sehen wir denn nicht, welchen Preis die Frauen für den Verbleib in der Oase zahlen? Sehen wir nicht den bürgerkriegsähnlichen Kampf, der um diesen im Leben des Mädchens zu spät erschienenen Mann tobt? Dieser Kampf wird mit Eifersuchtsanfällen geführt, mit der Eifersucht, die an der Seite der erdrückenden Mutter-Rivalin erprobt wurde und die hier neu durchlebt wird, gegenüber jeder anderen Rivalin, die als Todfeindin erscheint. Während der Junge sich in seiner ödipalen Lebensgeschichte zuerst gegen seinen Vater-Rivalen wendet und dann gegen seine besitzergreifende Mutter, wendet sich das Mädchen nur gegen seine Mutter und dann gegen alle anderen Frauen.

»Die Frauen hassen sich«, hat Annie Leclerc gesagt, aber sie hassen sich im Namen der allzu gegenwärtigen Mutter und wegen des Vaters, der in ihrer Kindheit allzu abwesend war und den sie nun nicht mehr verlassen wollen. Auffallend ist der Grad der Idealisierung des »Vaters« durch die Mehrzahl der Frauen im Vergleich zum sehr schlechten Bild von der Mutter, wie auch immer dieser Vater gewesen sein mag. Und wenn dieser Vater aus ersichtlichen Gründen nicht gerühmt werden kann, wird seine Tochter darüber depressiv, suizidgefährdet, denn sie hat keine, auch keine idealisierte Entsprechung zu ihrer Weiblichkeit. Das fehlen des männlichen Blicks in der Kindheit macht sie zum *Sklaven dieses Blicks* für den Rest ihrer Tage ... Das fehlende Abbild im Spiegel der Mutter wird die Frau für alle Bilder, die man ihr vorschlägt, aufnahmebereit machen; sie wird sich in alles verkleiden, was man wünscht, wenn man mit ihr dafür das Versteckspiel des Begehrens spielt.

Die Frau wird sich immer daran erinnern, wie sie ihre erste Rolle auf der ödipalen Bühne gespielt hat, um ihren Vater doch noch in den Kulissen erscheinen zu lassen, und sie wird immer die Komödie zu spielen wissen, die den Mann aus seiner Neutralität herauslocken wird. Schreckliches Schicksal, jahrelang vom Ödipus ausgeschlossen zu sein; die schrecklichen Folgen davon sind der ungenügende Narzißmus der Frau, ihre fortgesetzten Schuldgefühle gegenüber einer außerhalb von ihr aufgestellten Norm und, wie mir scheint, das Entstehen ihres Über-Ichs, welches viel ernsthafter und zwingender ist als das des Mannes (im Gegensatz zu dem, was Freud behauptet hat).

Es kommt aber der Tag, an dem am Körper des Mädchens Veränderungen sichtbar werden, der Tag, an dem ein Junge auf der Straße hinter ihm herpfeift und an dem es fühlt, daß etwas umschlägt, wenn es nicht sogar »seine ganze Person« ist, die dabei untergeht. Außer Atem kommt es zu sich: Wie denn, ist das lange Warten zu Ende? Wird die Wüste sich beleben? Und wird sein kleiner Schatten, der gestern noch ruhig durch die Straßen ging, in die Lichtkegel der Scheinwerfer geraten? Für diesen Körper, der im »Weißen« lebte, wird alles plötzlich so farbenreich, daß das junge Mädchen bis zu den Ohren rot wird: Wie soll es bloß damit umgehen? Wie kann es den Übergang von der Gleichgültigkeit zu dem Zuviel an Beachtung möglichst natürlich bewältigen?

Während der Pubertät sind zwei Haltungen möglich:

Einerseits freut sich das Mädchen außerordentlich, endlich in den Bereich des Begehrens zu gelangen (es ist zwölf oder dreizehn Jahre alt), und es spielt in nicht zu überbietender Weise mit. Es holt die verlorene Zeit nach, es fügt noch hinzu, es kehrt seine Werte heraus, um diesen berühmt-berüchtigten männlichen Blick anzulocken, der ihm wie die Antwort auf seine ewige Frage vorkommt: »Bin ich wirklich eine Frau?« Und wenn es bis hierher alles getan hatte, um Beweise seiner moralischen Übereinstimmung mit der für das kleine Mädchen festgesetzten Norm zu erbringen – artig, flink, freundlich –, so wird es sich jetzt daranmachen, alle die Beweise seiner Übereinstimmung mit dem physischen Modell des jungen Mädchens zu erbringen: nichts und niemand ist intoleranter als das Mädchen von vierzehn oder fünfzehn Jahren, was das physische Aussehen und die Kleidung angeht! Hier bricht sichtbar die Opposition gegen die Mutter aus, denn ihre Tochter will eine Frau sein, aber nicht wie die Mutter, auf keinen Fall! Ihr gegenüber hat sie nur den Unterschied gekannt, und sie hat vor, das fortzusetzen. Die offensichtliche Gleichgeschlechtlichkeit existiert in Wirklichkeit zwischen Mutter und Tochter nicht: Die ehemals besser ausgestattete Mutter, als die »andere Frau« abgelehnt, wird von der Tochter weiterhin abgelehnt, während die körperliche Gleichheit immer deutlicher wird. Nur, die besser Ausgestattete ist jetzt die Tochter. Sie ist es, die man jetzt betrachtet, und die Tochter wird sich um so arroganter zeigen, je mehr sie zukünftig die »Gewinnende« ist. Mit der Gleichgeschlechtlichkeit in der Adoleszenz, die die Mutter mit Wohlwollen als mögliche Annäherung sich entwickeln sah, kann das Mädchen nichts anfangen, und es hält sich die Mutter weiterhin vom Hals, obwohl es sich ihr dem Augenschein nach angenähert hat ... Dieses Sich-ihr-Annähern und Sie-Überholen in der Adoleszenz kehrt den Mutter-Tochter-Konflikt um.

»Sie ist boshaft und gemein, wenn Sie wüßten ...«, sagen mir die verzweifelten Mütter. Ja, ich weiß, aber wissen diese Mütter, seit wie langer Zeit ihre Frauenexistenz eine Bedrohung für den kleinen Mädchenkörper war? Nein, das wissen die Mütter nicht, und sie verstehen ebensowenig, daß die Stunde der Abrechnung unter Frauen geschlagen hat und daß sie sich damit abfinden müssen ... Die, die nicht mehr »in« ist, ist jetzt die Mutter, und ihre Tochter schämt sich nicht, es sie wissen zu lassen, ja, sie sogar als »die Alte« zu behandeln. Sie, sie ist ja auch als »Kleine« behandelt worden ... Sind dies nicht dieselben Begriffe, die von der Dialektik des Begehrens ausschließen? Ist das Begehrenswerte einer Frau nicht auch immer eine Frage des Alters, und ist das Altern nicht das Schreckgespenst in den Augen der Frauen? Frauen, die sich darüber grämen, zu jung zu sein, um dann in Panik zu verfallen, zu alt zu werden ...

Den Krieg, den die Mutter mit ihrer kleinen Tochter geführt hat, ohne es zu wissen, wird diese ihr heimzahlen, wenn sie eine Heranwachsende geworden ist. Sie hat es nie vergessen können, daß sie den Vater von ihrer Wiege ferngehalten hat. Es ist leider wahr, daß die Mutter den Vater von seiner Tochter fernhielt, weil sie die Baby-Versorgung für sich allein beanspruchte. Wenn die Tochter sich jetzt an den jungen Männern schadlos hält, ist das nicht verwunderlich. Die Tochter scheint besessen von der Vorstellung, daß ihr die Mutter ihr »Objekt« entreißen könnte, sich zwischen sie und ihre Liebe stellen könnte, so, wie die Mutter damals zwischen dem Vater und der Tochter stand. Das in das Ödipusstadium eintretende Mädchen hat nur die eine Furcht, seine Mutter könnte es noch einmal daran hindern, zu leben. Deshalb bekämpft es seine Mutter. Jede von uns sollte einmal darüber nachdenken: Hat nicht unsere Liebe für die Mutter einen Beigeschmack von »Versöhnung«? Die Versöhnung setzt häufig mit der Verheiratung oder der Geburt des ersten Kindes ein, wenn die junge Frau sich durch die Existenz der Mutter nicht mehr bedroht fühlt. Denn sie ist jetzt selbst Mutter.

Auf der anderen Seite gibt es die Möglichkeit plötzlichen Stillstands, gibt es die Ablehnung jeder Veränderung. Das an die Neutralität gewöhnte Mädchen weigert sich, die mit Geschlechtsattributen geschmückte Arena des Begehrens zu betreten, und es zögert lange, die Farben der »Frau« anzunehmen.[3] Es kleidet sich absichtlich asexuell, indem es alles ablehnt, was es weiblich machen könnte. Denn das macht ihm angst und beschwört die Möglichkeit herauf, für irgend jemanden in ein Objekt verwandelt zu werden. Manchmal versucht es, seine Brüste flachzudrücken, um zu verhindern, daß sie sich abzeichnen, oder es kleidet sich in wallende Gewänder, damit man seine neuen fraulichen Formen nicht wahrnimmt.

Es hat diese Frau zu sehr gehaßt, um jetzt selbst eine zu werden, es verbannt alle Zeichen der Weiblichkeit, und das kann sich bis zur Magersucht steigern, wenn es sich weigert zu essen und so seinen Körper daran hindert, sich weiterzuentwickeln, Brüste zu bilden, mit der Monatsblutung zu beginnen ... Diese jungen Mädchen zeigen im Vergleich zu ihren Altersgenossinnen im allgemeinen einen ungleich höheren intellektuellen Entwicklungsstand. Das bedeutet, daß sie sich noch im Stadium der Sublimierung befinden. Die Verlagerung der Libido auf den Körper hat noch nicht stattgefunden.

Die Magersüchtige wählt die Einsamkeit, denn sie empfindet sich ganz anders als ihre Altersgenossinnen, in denen sie begeh-

[3] Farbe hier etwa im Sinne von Vereinsfarben, im französischen Original: ... accepter la couleur »femme« (Anm. d. Ü.).

renswerte junge Mädchen sieht. Sie entscheidet sich gegen das Begehren.

Zeigen uns diese jungen Mädchen nicht sehr deutlich, was auf dem Spiel steht, wenn mit dem Erscheinen der Geschlechtsmerkmale die Libido der Frau umgekehrt wird?

Dieses Symptom, das nur auf Mädchen zutrifft, muß als Antwort auf eine Dialektik des Wechsels verstanden werden. Der Wechsel wird abgelehnt, weil er eine unannehmbare Identifikation mit der Mutter mit sich brächte.

Während der Junge gleichen Alters seine gleichmäßige Entwicklung in Richtung »Männlichkeit« fortsetzt und seit seinem Analkampf mit der Mutter keine entscheidende Wahl mehr zu treffen hatte (dem Kampf um die Befreiung von der mütterlichen Herrschaft, der ihn zum Mann gemacht hat oder auch nicht), erlebt das Mädchen in seinem Leben eine dramatische und verspätete Wahlsituation: »Soll ich oder soll ich nicht die Farben der ›Frau‹ annehmen?«

»Die weiße Wüste« hat sich in eine anmutige Landschaft verwandelt, belebt von den Blicken der anderen: Die Einsamkeit des kleinen Mädchens verfliegt mit einem Schlag, es muß den Blicken begegnen, das Begehren ertragen, das Mädchen, das seit seiner Geburt in einer Traumwelt lebte.

Es muß in der Gegenwart leben, während es doch nur die Zukunft kannte....

Und einige Jahre später, wenn sie die Arena des Begehrens wieder verläßt, wird es der gleiche, genauso gewaltsame Vorgang sein, der die Frau zwingen wird, in der Vergangenheitsform zu sprechen. Die gleiche Panik wird sich einstellen, die gleiche Ablehnung der Situation: Sie wird die Falten glätten, und sie wird die Haare färben; sie wird ihr Alter verbergen. Dies alles wird plötzlich und heftig vonstatten gehen; das Leben einer Frau hat nichts von der Kontinuität des Lebens ihres Gefährten.

Ein Frauenleben ist also immer ein Zuviel oder ein Zuwenig. Nie gibt es ein Gleichgewicht zwischen diesem Körper, dem zuviel oder nicht genug Aufmerksamkeit zuteil wird, und diesem Geist, der einen Ausgleich, eine weiterführende und logische Entwicklung sucht. Dies ist es, was Mütter meinen, wenn sie sagen, ihre Mädchen seien komplizierter als ihre Jungen; es ist aber der weibliche Körper, der komplizierter ist und mehr Probleme macht. Ein ganzes Leben lang.

Es ist Wahnsinn, die Aktivität der Frauen nur auf ihr sexuelles und genitales Leben hin entwerfen zu wollen: Dies kann nur zur

Diskontinuität, zu einer Zusammenhanglosigkeit führen, die jeder wahren Verwirklichung abträglich ist. Wenn die Verwirklichung der Frau ein Problem darstellt, dann deshalb, weil man versucht hat, ihre Produktion mit der Reproduktion gleichzusetzen, und weil die Frau sich dadurch auf einige aktive Jahre der Reproduktion reduziert sah, gegenüber vielen Jahren voller Langeweile und Verdruß. Ihr an Versprechungen allzu reicher Körper wurde zum Handikap für ihren Geist: Der Mann hat ihr die Sublimierung genommen und ihr das Kind zugewiesen. Auf eine kurze Formel gebracht: man hat sich ihres Körpers bedient, um ihren Geist zu verneinen. Dies ist es, was die Frauen gegenwärtig so wütend macht, und deshalb überlegen sie es sich zweimal, bevor sie sich auf die Reproduktion einlassen.

Kontinuität-Diskontinuität ist das, was die moderne Frau zerreißt. Sie hat verstanden, daß der Mann, indem er die Wonnen ihres Körpers preist, ihn als Argument benutzt, um ihr den Geist zu nehmen.

8. Das Spinnennetz

> Sie würde ihnen dermaßen viel Liebe geben, daß das ganze Leben dieser Kinder, gehäkelt wie es war aus lauter Zuneigung und Fürsorge, ohne ihre Gegenwart den Sinn verlöre.
>
> *Boris Vian (Der Herzausreißer)*

Wie sollen wir den beschreiben, der wir nicht sind, wie können wir von dem sprechen, das wir nicht erleben? Wir können gerade das sagen, was wir vom Leben des kleinen Jungen sehen, und berichten, was der Mann uns von sich erzählt, wenn er die Maske fallen läßt.

Was ich gesehen habe? Ich habe zunächst in meiner näheren Umgebung Thierry gesehen, der im Alter von zwei bis zwölf Jahren sein kostbares »Objekt« mit seiner zu einer Muschel geformten Hand schützte. Vor wem? Vor was? Wußte nur er das? Er war zum Gegenstand der familiären Witzelei geworden: »Hast du denn solche Angst, daß er wegfliegen könnte?« – »Denkst du, er sitzt nicht fest?« Und dann, eines Tages, stellt ein Onkel, der etwas Ahnung von Psychologie hat, die Fangfrage: »Nun sag doch mal, wem gehört er denn, daß du solche Angst hast, daß man ihn dir wegnimmt, gehört er dir denn nicht?« Und Thierry antwortet zur allgemeinen Verblüffung, einschließlich der seiner Mutter: »Er gehört Mama.« Verlegen, weil er in seiner unbewußten und offensichtlich lächerlichen Angst ertappt worden war, nahm er gewöhnlich seine Hand für einige Augenblicke fort, oder er entfernte sich von den neugierigen Erwachsenen. Ich habe in meinem Fotoalbum mehrere Kindergruppen, in denen Thierry in der Haltung der Venus von Botticelli auftritt. Denn im Gegensatz zu dem, was Botticelli glaubte, ist es nicht die Frau, die dazu neigt, ihr Geschlecht zu verstecken, wenn sie nackt ist. Viel eher ist es der Mann. Wie kommt es, daß diese Haltung bei der griechischen oder römischen Statue so oft der Frau zugedacht wird? Würde sie nicht viel eher ihre Brüste verbergen, Objekte lüsternen Begehrens des Mannes?

Es scheint natürlich, daß jeder dazu neigt, das vor den Blicken zu schützen, worauf das andere Geschlecht am meisten Lust hat.

Für einen kleinen Jungen ist das sein Jungen-Geschlecht, auf das die Mutter lüstern sein kann.

Ich besitze auch einen Film. Von allen Vettern, die an jenem Tag auf Zelluloid verewigt wurden, bleibt nur Hervé beim Verlassen des Hauses wie angewurzelt stehen, die Hand im Hosenschlitz. Seine Lieblingsgeste. Suchte er sich durch Prüfen zu vergewissern, daß sein Objekt noch da war und daß seine Mutter es ihm noch nicht entrissen hatte?

Werden sich Thierry und Hervé überhaupt noch an ihre unbewußte Angewohnheit erinnern, wenn sie einmal erwachsen sind? Ich wette mit Ihnen, daß sie sie vergessen haben werden. Aber die Angst vor der Frau wird sich in ein aggressives Verhalten gegenüber Frauen umgewandelt haben, und man wird sie »männlich« nennen. Sie werden vergessen haben, daß sie ihre Kindheit damit verbrachten, sich vehement gegen das Begehren ihrer Mutter zu schützen, und als Erwachsene werden sie es normal finden, daß man für sie das Toilettenwasser »Sauvage«, die Wolle »Vierge«, den Slip »Homme«, das Auto »Sans Concessions« und so weiter bereithält.

Sie kennen sicher viele Hervés und Thierrys, große und kleine. Unmerklich gehen sie vom Selbstschutz zur Selbstverteidigung über; das kommt ganz von selbst, ganz natürlich, ohne Erschütterungen. Aus der Furcht vor der Mutter führt ein direkter Weg zur Herrschaft über die Frau.

Indes, als sie klein waren, war offensichtlich »sie« die Siegerin. Wie viele Male habe ich sie in meinem Büro gesehen, ihre Blicke gefangen in denen der Mutter. Diese stummen Münder, während sie sich darüber ausließ, was das Kind alles getan und gesagt oder was es nicht getan oder gesagt hätte. Sobald die Mutter gegangen ist, setzt sich das Kind wieder, nimmt ihren Platz ein und antwortet mir. Und bei dieser anscheinend so harmlosen Frage »Also, was meinst du denn so?« – hat sie immer noch die Macht, dem kleinen Jungen die Tränen in die Augen zu treiben, wenn er antwortet: »Es ist mit ihr ...«, oder ihn in ohnmächtige Wut zu stürzen, wenn er eingesteht: »Es ist wegen ihr ...« Es bedarf keiner Beschreibung, keiner Erklärung, ich weiß es, ich habe es längst verstanden, ich kenne Ödipus' Antlitz (das ist das mindeste, was man von einer Psychoanalytikerin erwarten kann), aber sie, die Mütter, sie kennen es nicht, verstehen es nicht: Wer hat mit ihnen über die möglichen Folgen ihres ständigen Zusammenseins mit dem Kind gesprochen? Offensichtlich niemand, denn sie tun nichts, um daran etwas zu ändern.

Wie Freud es sagt: »Die Mütter wären sehr erschrocken«, wenn man ihnen sagen würde, daß ihr Mutterauge gleichzeitig mit der Liebe auch das Begehren des anderen Geschlechts enthält – sie begehrt also ihren Sohn – und daß dies von dem männlichen Kind nicht ohne Furcht verkraftet werden kann. Eine Furcht, die, wie wir gesehen haben[1], nicht ohne weiteres offenbar wird, denn die frühe Symbiose erscheint dem kleinen Jungen zunächst angenehm und bestärkt ihn in seinem Narzißmus. Die Furcht tritt erst in der Analphase zutage, in der das Kind zwei Dinge zugleich lernen und verkraften muß: Sauberkeit und die Erkenntnis des Unterschieds zwischen den Geschlechtern.

Der Geschlechtsunterschied, das ist die Mutter (die dem Kind am nächsten ist); sie ist das Anschauungsmaterial, sowohl für das Mädchen, das sie als überlegen erlebt, wie für den Jungen, der sie, bezogen auf sein Geschlechtsmerkmal, mit einem »Weniger« sieht. Wenn beim Mädchen die Feststellung der Überlegenheit der Mutter den Neid auslöst, löst beim Jungen die Minderwertigkeit der Mutter die Angst aus, weil jedes Kind glaubt, der Rest der Menschheit sei beschaffen wie es selbst, wie Freud sagt. Und wenn die Mutter ihn nicht hat, dann, weil sie ihn nicht *mehr* hat, weil sie ihn verloren hat. Dieses »Weniger« am Körper der Mutter wird sofort als Verlust angesehen, als Verschwinden etwa oder als mögliche Kastration. Hier ist also das große Unheil, das das ganze zukünftige Leben des Mannes bedroht: Er hat Angst vor der »Kastration« ... Er hat Angst, daß alle Menschen, die »ihn nicht haben« (also die Frauen, zu denen seine Mutter gehört), sich an ihm vergreifen werden, »der ihn hat«.

Die Mutter ist also doppelt gefährlich, weil sie ihn nicht hat und weil sie den des Mannes unbewußt begehrt, selbst wenn es ihr Sohn ist. Der kleine Junge empfindet dies als Bedrohung: Kastrationsangst (dixit Freud). Hier haben wir die gesamte Freudsche Theorie: Die Kastrationsangst wird dem Mann keine Ruhe lassen, wird ihn zwingen, sich zunächst vor der »Frau« und dann vor den Frauen insgesamt zu schützen ... Es ist eine männliche Vorstellung, der Frau den »Penisneid« zuzuschreiben. Entspringt doch dieser Neid nur der Einbildung des Mannes, der

[1] Auch auf die Gefahr hin, daß ich mich endlos zu wiederholen scheine, nehme ich hier einige schon gemachte Bemerkungen wieder auf. Nicht aus mangelndem Vertrauen gegenüber dem Leser, sondern um in einer neuen Zuordnung dieser Bemerkungen die Psyche des Mannes noch weiter zu verdeutlichen.

verfolgt wird von der Idee, sie werde ihn ihm wegnehmen, sie werde versuchen, ihn zu kastrieren.

Falls die Psychoanalyse von einer Frau geschrieben worden wäre, hätte man ohne Zweifel nie von Kastration gesprochen: Die »Kastration« ist eine Vorstellung des kleinen Jungen, der »Neid« eine des kleinen Mädchens.

Sie werden feststellen, daß die Frau im Erwachsenenalter tatsächlich versucht, soviel Sex wie möglich zu haben, und daß der Mann andererseits versucht, seinen Sex zu bewahren, indem er sich als Mann soviel Anerkennung wie möglich verschafft. Der Neid ist auf der weiblichen Seite. Die Frauen haben haufenweise Wünsche und Träume; es scheint, sie erwarten unablässig irgend etwas anderes. Der Mann seinerseits übt sich in Abwehr: Er häuft die Macht an, die seine Vorherrschaft konsolidiert. Dem steht das Bedürfnis der Frau gegenüber, zu nehmen, zu haben. (Ein sehr verbreitetes Verlangen, das nicht nur – wahrscheinlich sogar kaum – das männliche Geschlecht zum Ziel hat: Träumen die kleinen Mädchen denn nicht alle davon, Königinnen zu sein? Das sind die, die alles *haben!*) Die Furcht des Mannes, in Besitz genommen, bestohlen, gefangen zu sein, wie es der Mann so häufig sagt, kommt letztendlich von dorther.

Dies drückt »er« üblicherweise auf der Couch so aus:

»Meine Mutter, die klebt mir auf der Haut, unmöglich, sich von ihr zu *befreien,* ich spüre, wie die immer hinter mir her ist, ich möchte brüllen, schlagen, irgendwas tun.«

»Sie ist da, immerzu da, wie denn bloß davon *loskommen,* selbst wenn ich achthundert Kilometer weit wegrenne, ich weiß, sie wird immer alles von mir wissen ...«

»Wie schwierig es doch ist, sich von seiner Mutter zu *lösen!*«

»Werde ich es je schaffen, das zu zerreißen, was mich *hält,* mich einsperrt, mich immerzu mit ihr verbindet?«

»Immer mache ich diese Bewegung mit meinen Händen: diese Bewegung, als ob ich etwas *wegschieben* will, was mich stört, wie ›sie‹, die immer da war.«

»Die Nabelschnur durchschneiden, das ist es; schneiden, mich von ihr trennen, nicht mehr darin *gefangen* sein und so weiter.«

»Mit einer Frau schlafen, um mir zu sagen, na bitte, endlich geschafft, ich bin ein Mann, *ich habe gesiegt* über ›sie‹, für mich ist das der einzige Beweis, der zählt.«

Ist der Mann, an dessen Seite wir leben, nicht mehr oder weniger immer darauf bedacht, sich von der Frau abzugrenzen, zu befreien, zu entfernen? Sucht er sich nicht mit allen Mitteln von ihr zu unterscheiden, durch unterschiedliche Rollen, durch ein unterschiedliches Wesen; auch dadurch, daß die Frau mit gewissen Qualitäten geschmückt wird, die der Mann ihr zuteilt und auf die er freiwillig verzichtet: Einfühlsamkeit, Sanftmut, Zärtlichkeit und so weiter?

Er, er umgibt sich mit Abwehr: Er muß weder sanft sein noch zärtlich noch empfindsam, und hier bildet sich der Unterschied heraus; nur nicht der Ähnlichkeit anheimfallen, nicht ins Weibliche abgleiten, die Kastration vermeiden ... Der Mann spielt seine Männerrolle aus Angst, mit einer Frau verglichen zu werden, während die Frau ihre Frauenrolle spielt, aus Angst, dem »Nichts« gleichgestellt zu werden. Jeder findet sich in eine erschreckende Stereotypie eingeschlossen, voller Angst, die Wege seines Geschlechts zu verlassen, die immer noch nicht ausreichend befestigt sind, wie es scheint.

Die Abkapselung des Jungen wie die Verweiblichung des Mädchens entstehen allein aus der Beziehung zum Geschlecht der Mutter/Erzieherin. Eine Frau hat mir heute morgen gesagt: »Eine Frau definiert sich in bezug auf eine andere Frau.« Das geht sogar noch weiter, denn beide Geschlechter »definieren« sich in ihrer Beziehung zur Frau und nur selten oder allzu verspätet zum Mann, der bei der Erziehung der Kinder ganz oder beinahe fehlt, sowohl im familiären wie im gesellschaftlichen Bereich.

Sehen wir uns noch einmal die Geschichte des kleinen Jungen an: Wir haben gesehen, daß er zum erstenmal Angstgefühle entwickelt, wenn seine Mutter seine Ausscheidungen haben will. Er stellt sich doch vor, daß sie »etwas anderes« will. Wenn er sich nämlich nicht durch *eigene Anschauung* vergewissert hat, daß seine Mutter keinen Penis hat, hat er gefragt (wie das kleine Mädchen wegen der Brüste), ob seine Mutter so ist wie er (was seine erste Vorstellung ist), und seine Mutter hat geantwortet, daß sie »so etwas nicht hat«. Das hat ihn schon geängstigt, und er malt sich nun eine Situation aus, in der man ihm *ihn* auch wegnehmen könnte, und dann kommt auch noch seine Mutter daher und verlangt von ihm, daß er etwas hergeben soll! Ausgerechnet in dem Moment etwas von jemandem zu verlangen, der Angst hat, ein Stück von sich selbst zu verlieren: Sie werden zugeben, daß das nicht der ideale Zeitpunkt ist, aber wie soll man es anders machen? Das Kind muß schließlich sauber werden.

Er sieht das auf jeden Fall anders. Er wird den Analkampf aufnehmen, und er wird alles tun, um nichts hergeben zu müssen, was es auch sei (vgl. dazu S. 80). Er wird sie überlisten, so tun, als ob er nicht müßte, wenn man ihn auf den Topf setzt, um dann alles in dem Augenblick loszulassen, in dem er wieder Windeln anhat, oder er wird sein Geschäft vor der Zeit machen. Er wird ein Einkoter werden. Bedauerlich. Er macht sich nichts daraus: Ihm kommt es nur darauf an, seine Haut vor dem mütterlichen Begehren zu retten, sich abzukoppeln von ihr und von ihrem Verlangen. Und so dauert es lange, bis der Junge endlich sauber wird. Er wird sich erst an dem Tag fügen, an dem er ein Mittel gefunden hat, auf andere Weise über sie zu siegen. Nämlich dadurch, daß er aggressiv, launenhaft und schwierig wird (das männliche Baby mag unkomplizierter sein als das weibliche, aber das männliche Kind ist schwieriger als das weibliche): Er geht laufend in Opposition, stellt sich pausenlos quer.

Dies ist der Beginn des »kleinen Krieges«. Spielt der Junge übrigens in seinen Spielen nicht ununterbrochen Krieg? Wenn er weder Soldaten noch Pferde hat, findet er trotzdem einen Weg, irgendwo einen Kampf in Szene zu setzen: Alles stellt sich für ihn als »schwächer« und als »stärker« dar. Er sieht sich als der unüberwindliche Zorro, als Tarzan, als Eroberer, er träumt sich in die Rolle des Piloten, der schneller durch den Raum rast als irgend jemand sonst. Die Phantasmen des Jungen drehen sich immer um den Sieg. Allmählich wird der junge Mann auf diese Weise aggressiv-defensiv, seine Sprache ist davon geprägt, er spricht hart, derb, vulgär, ja sogar unanständig, und manchmal behält er das als Männlichkeitsgehabe bei: Männer finden es schick, grob zu reden …

Es kann aber aus verschiedenen Gründen vorkommen, daß der kleine Junge nicht den klassischen Weg beschreiten kann, ein »Mann« zu werden, und daß er eine andere Richtung einschlägt, wobei er auf den Kampf verzichtet, da »die Feindin« zu stark ist. Er wählt den Weg der Regression; angesichts der von ihm geforderten Anstrengung gibt er auf, er stirbt: Er wird apathisch oder Bettnässer oder Einkoter, er interessiert sich für nichts, aus Angst, wieder den vermuteten Wünschen der Mutter oder der Eltern ausgeliefert zu sein. Mit einem Wort, er zieht es vor, lieber nicht mehr größer zu werden, als sich dem Krieg zu stellen und die Kastration zu riskieren. Er zieht es vor, ein Kind zu bleiben, wenn Erwachsensein bedeutet, sich dem Begehren einer Frau auszusetzen.

Einer Frau, das wäre ja noch nichts, aber es geht um Frauen im Plural, denn der kleine Junge ist umzingelt von Frauen! Es gibt ja eigentlich nichts anderes in seinem kleinen Universum, denn wenn er die Welt seiner Mutter verläßt, kommt er in den Kindergarten, wo er sich mit der Kindergärtnerin anfreunden muß, und dann in die Schule, wo er auf die Lehrerin trifft ... Es gibt nur Frauen um ihn herum; sein Vater erscheint für ihn sehr weit entfernt, wenn die Lehrerin hinter ihm her ist. Es ist eine Katastrophe für den kleinen Jungen, daß die Erziehung des kleinen Kindes fast ausschließlich in den Händen von Frauen liegt. Denn der Junge hat unter all diesen Individuen, die *ihn* nicht haben, keine Möglichkeit, seine Kastrationsangst zu überwinden. Ich werde mich mein Leben lang an das verzweifelte Gesicht meines Sohnes erinnern, als ich die Mütze hochzog, die ihm von der Kindergärtnerin absichtlich über das Gesicht gezogen worden war, um ihn zu beschämen. Ich erfaßte in dem Moment das für ihn unermeßliche Unglück, sich von ihr gedemütigt zu fühlen, von einer, »die ihn nicht hat«. Zuerst blickte er auf mich, um zu sehen, ob ich verstehen würde und auf welche Seite ich mich schlagen würde. Als er dann sah, daß ich begriffen hatte, was ihm widerfahren war, brach er in Schluchzen aus, das dann schnell in Gebrüll überging: Jérôme war damals vier Jahre alt. Sein Unbewußtes war in heller Aufregung, die Kindergärtnerin war dreißig Jahre alt und hatte keine Ahnung von der Psyche eines kleinen Jungen. Sie glaubte, zu einem der harmlosesten Mittel gegriffen zu haben, um ihn für seinen Ungehorsam zu bestrafen. In dem Augenblick wurde mir klar, daß er sich nicht so dagegen gewehrt hätte, wäre die Bestrafung von der Hand eines Mannes gekommen

Nichts ist härter, als von jemandem bestraft zu werden, der nicht der gleichen Seite angehört. Wenn es gemischte Klassen gibt, sollte es auch immer einen gemischten Lehrkörper geben, damit sich für die Jungen und Mädchen ein Gleichgewicht gegenüber den Machtausübenden ergibt. Dies wird offensichtlich vernachlässigt oder ignoriert in einem Land wie dem unseren, in dem man die Versorgung des Kindes und seine Erziehung immer wieder der Frau zuweist, weil man für sie keinen anderen Platz in der Gesellschaft findet.

So, wie der Junge heranwächst, wird sich auch seine »Anti-Frau«-Haltung weiterentwickeln, so daß er sich beim Eintritt in die Adoleszenz merkwürdig ambivalent gegenüber dem Mädchen verhalten wird, der heranwachsenden Frau gegenüber, die er doch so gern kennenlernen und auch wieder vermeiden möchte. Er wird also mit ihr ausgehen, meistens, um seine Neugier auf das andere Geschlecht zu befriedigen, und dann wird er sehr schnell erklären, daß er sie hat fallenlassen, weil sie »con«[2] war. Oh, welch großartige Beleidigung, die ganz genau dem entspricht, was der Junge hier ausdrücken will: weil sie weiblichen Geschlechts ist, wurde sie abgelehnt ... Und nicht, weil sie ein Dummkopf ist ...

Im Heranwachsendenalter hat der Junge offensichtlich keine Angst mehr vor der Frau. Mit seiner allumfassenden Verachtung beherrscht er sie, träumt davon, sie zu unterwerfen, und dann, ein wenig später, sie zu »vögeln«. Wie sollte denn der Sexualakt für den Mann keine Beherrschungs-Phantasmen enthalten? Und wie soll dabei die Frau auf ihre Kosten kommen, wenn sie jedes Recht verliert, selbst zu entscheiden und ihn zu führen? Es wird immer der Mann sein, der bei der weiblichen Lust den Ton angeben will, und deshalb sollen wir auf die Weise Lust finden, die ihm Vergnügen bereitet: es gibt nur die Feuerstelle für die sexuelle Lust, die der Mann sich ausdenkt. Die vor nicht langer Zeit erhobenen Forderungen der »Neuen Frauen« verunsichern den Mann, der befürchtet, seine Vorherrschaft zu verlieren; deshalb ist der Mann so schwerhörig, wenn es um die Wege zur weiblichen Lust geht.

Wegen seines Bedürfnisses, über die Frau zu herrschen, ist der Mann so sehr gegen das Abtreibungsgesetz, das die Frau hat frei werden lassen und das ihr den Kinderwunsch freistellt. Er, der den Bauch auf ewig leer hat, weigert sich zu sehen, daß ein anderer Mensch dieser Sache Bedeutung beimißt ... Er lehnt es rundweg ab, anzuerkennen, daß die Frau da eine ganz persönliche Problematik hat, weil er sie unbedingt nach seinen Regeln lenken will. Er, der die Frucht der Liebe nicht in seinem Körper tragen kann, verweigert der Frau, einen eigenen Wunsch zu haben, es sei denn, er wird in das Verlangen nach einem Kind umgeformt: Wenigstens im Kind könnte er sich wiederfinden ... Wenn sie aber abtreiben kann, scheint es ihm, als sei sie ihm mit ihrer Lust entglitten, als hätte sie in dieser Sache einmal etwas für sich selbst gewollt ... Das aber erträgt er nicht. Deshalb gibt er seine Zustimmung nur zur Empfängnisverhütung, aber nicht zur Abtreibung ... Er kommt mit moralischen oder medizinischen

[2] Frz. »con« war in der Medizin des Mittelalters der Fachausdruck für das weibliche Geschlechtsteil; heute ein vulgäres Schimpfwort für Negatives, Absurdes schlechthin; dtsch. »Fotze« kommt dem nahe, ist aber nicht deckungsgleich (Anm. d. Ü.).

Einwänden, aber im Grunde stört ihn, daß die Frau die Dinge nicht so sieht wie er und daß sie sich die Freiheit nimmt, sie *anders* zu sehen. Und doch sind *wir* es, kurz gesagt, die Frauen, die den Mann geformt haben, wie er heute ist, diesen Mann, der uns auf unserem Lebensweg unaufhörlich durcheinanderbringt. Unseren Frauenkäfig haben wir wohl selbst errichtet, ohne es zu wissen, ohne es zu wollen und ohne etwas dafürzukönnen.

Das Spinnennetz, das wir um den kindlichen Jungen geknüpft haben, ist genau das Netz, das uns später in Gefangenschaft halten wird: Wir werden nie das Recht haben, aus dem uns zugedachten Bereich herauszukommen.

Er wird die »Spinne« sein und wir seine Beute auf Lebenszeit, weil wir über seine frühen Jahre herrschten und das junge männliche Wesen mit unseren Vorstellungen formen wollten. Keine Frau dürfte die Fallen des mütterlichen Unbewußten verkennen, keine Frau dürfte damit einverstanden sein, ihren Sohn allein aufzuziehen, keiner Mutter dürfte die Feminisierung des Unterrichts bei den ganz Kleinen gleichgültig sein. Wußten Sie, was hier deutlich wird? Wer hätte das wohl aufzeigen sollen, war doch die Psychoanalyse größtenteils in den Händen der Männer. Gibt es da etwa noch das männliche Vergnügen, Macht auszuüben durch Wissen?

Wir brauchen Frauen neben den Männern, damit sich die Wissenschaft nicht mehr mit der Verleugnung verbindet, und wir brauchen Männer neben den Frauen, damit sich Erziehung nicht mehr auf Einsperrung reimt ...[3]

[3] Im Original Wortspiel »science/méconnaissance; éducation/prison« (Anm. d. Ü.).

9. Begegnung im Unmöglichen

Ja. Ich will deine Frau werden, allein mit dir bleiben und nur deine Stimme hören.
Federico García Lorca (Bluthochzeit)

Der Traum von der Liebe wird die tiefsitzende »anale« Furcht des Mannes und das starke »orale« Verlangen der Frau überdekken. Als wäre es abgesprochen, begeben sie sich auf die Suche nach der verlorenen Symbiose. Mit dem gleichen sehnsüchtigen Streben bewegen sie sich auf die »gefährliche« Begegnung zu, die an jene erinnert, die sie damals mit Jokaste hatten.

Lieben bedeutet, bewußt das zu suchen, was uns gefehlt hat, und – meistens unbewußt – das wiederzufinden, was wir schon gekannt haben.

Der Mann kommt aus einem gnadenlosen Krieg mit einer anderen Frau, seiner Mutter; die Frau kommt aus der weißen Wüste ihrer Kindheit. Sie begegnen sich, sprechen miteinander, betrachten und berühren sich und haben das Gefühl, sich schon zu kennen, als kämen sie vom gleichen Ort (was richtig ist, denn für beide ist das Gesicht der Mutter die erste wahrgenommene Umgebung) und als seien sie die gleichen Wege gegangen (was falsch ist, denn wir haben gesehen, wie unterschiedlich ihre Reisewege waren).

Die Symbiose aber ist schon da und läßt keinen Raum mehr für Worte.

Man wagt kaum zu sprechen, aus Angst, daß sie sich verflüchtigt; jeder ist noch schwer gezeichnet von seiner Niederlage mit Jokaste: Der Junge hatte keinen Zugang zum Körper derjenigen, die er liebte; das Mädchen hatte es nicht vermocht, von jener begehrt zu werden, der es zugetan war. Und das, was dem einen wie dem anderen Geschlecht gefehlt hat, scheint jetzt erfüllt werden zu können, hier im Schoß des Körper und Geist wiedervereinenden »Ich liebe dich«.

Der Augenblick der Begegnung ist ein einzigartiger Moment, in dem Bewußtes und Unbewußtes sich durchdringen; der Wunsch erfüllt sich, der Traum schwebt herab auf die Erde und erscheint in Gestalt eines Gesichts, das sich von allen anderen unterscheidet, erscheint als das insgeheim von beiden erwartete »Objekt«.

Seit wir die Symbiose mit der Mutter über die »Spiegelstufe« verließen und die Einsamkeit erfahren mußten, erwartete jeder von uns diesen Augenblick, der die damals erlittene Dualität aufheben und die ursprüngliche Einheit wieder herstellen würde. Die Liebe ist der Versuch, das »Spiegelerlebnis« nach rückwärts zu wiederholen, den Unterschied aufzuheben, auf das Individuelle im Namen der Symbiose zu verzichten. Ist es nicht das gleiche Phantasma, das uns drängen wird, auch die Schranken des Körpers zu überwinden, hin zur sexuellen Vereinigung, die als Verlust des Ichbewußtseins zu sehen ist, als Wiederentdeckung der grenzenlosen »Einheit« zweier Körper?

Die Liebe ist das ins Extreme gesteigerte Verlangen nach einer einzigen Identität für zwei, ist das unbewußt herbeigezwungene frühe Phantasma des Einsseins mit der Mutter. Ungleichheit, Unterschiedlichkeit und Asymmetrie verwandeln sich im Augenblick der Liebe in Zusammenfügung, in Gleichartigkeit und in die vollkommene Symmetrie des gegenseitigen Begehrens.

»Liebe macht blind«, sagt man; das ist zutiefst wahr, denn das in unserem Leben immer gegenwärtige *Lustprinzip* drängt uns, die ideale Verschmelzung mit der Mutter wiederzufinden. Eine Verschmelzung, die wir hinter uns gelassen haben, die wir aber unaufhörlich über das geliebte Objekt wiederfinden wollen. Das wird uns dazu führen, Traum und Wirklichkeit durcheinanderzubringen, bis hin zum Verschmelzen eines Gesichts mit einem anderen, dem Angleichen eines Lächelns an ein anderes. Der Wunsch, das »ideale Objekt« unbedingt sehen zu wollen, läßt uns überhaupt nicht mehr klarsehen ... Wir sind den Fata Morganen unseres Unbewußten ausgeliefert. Die Fehler des geliebten Wesens werden ausgelöscht zugunsten seiner Qualitäten; und falls das nicht geht, werden die Fehler als Ähnlichkeiten zwischen den verliebten Partnern gesehen.

In der Liebe träumen wir alle. Aber was gäbe es Besseres zu tun gegen die irreparable, in der »Spiegelstufe« entdeckte Einsamkeit? Gibt es ein anderes Heilmittel gegen unsere Wunden, die uns das mütterliche Unbewußte geschlagen hat?

Die Zweierbeziehung ist das Phantasma vom Wiederfinden einer Mutter, die uns noch nie begegnet ist: die den Mann nicht erstickt und die Frau begehrt. Es ist der Traum, den Verlaine uns so treffend beschreibt:

Oft träum' ich diesen Traum fremdschillernd, tiefverweht,
Von einer fremden Frau, die mich liebt, die ich liebe,
Die stets, obschon sie nie so recht die gleiche bliebe
Und nie sich wandelte, mich liebt und mich versteht.[1]

Ist diese Frau (oder dieser Mann) einmal gefunden, müßte sich also alles zum Guten wenden. Das aber hieße, das zweite unbewußte Prinzip nicht zu berücksichtigen, das in die Liebe hineinspielt, das der *Wiederholung*. Es wird uns dahin bringen, Situationen zu wiederholen, Gemütsbewegungen wiederzuerleben, die uns allen wohlbekannt sind: Diese Frau ist weder »ganz und gar dieselbe« noch »ganz und gar eine andere«, was sagen will, daß sie nicht die uns bekannte Mutter ist, aber daß sie mit ihr zu tun hat.

Während die durch das Lustprinzip erzeugten Phantasmen uns die Begegnung mit dem Objekt erleichtert haben, wird das Prinzip der Wiederholung darauf abzielen, die gegenwärtige Liebe an die Liebe der ersten Wahl, die der Mutter galt, heranzuführen, und das wird nicht immer ein Erfolg sein. Denn wir werden nie wieder durch den Spiegel gehen, ohne unser gesamtes ödipales oder präödipales Erleben mit der »Mutter« mit uns zu schleppen. Wenn zu Beginn der Liebe unter dem Einfluß des Lustprinzips alles verschwand, was es an Unangenehmem für jeden gab, dann nur, um später um so deutlicher zutage zu treten. Die Züge des erwählten Objekts werden sich unter dem Einfluß des Wiederholungsprinzips zu Kindheitserinnerungen verdichten, was dann nur noch entfernt mit der Realität zu tun hat (Phänomen der Projektion), aber viel mit dem ursprünglichen Phantasma.

Was im Leben zu zweit Schwierigkeiten schaffen wird, ist das Fortbestehen von Verhaltensweisen, die früher für »eine andere« bestimmt waren und die über die Verliebtheit in die Liebesbeziehung Eingang finden. Daß die erwachsene Liebe nach der Objektbeziehung, die uns mit unserer Mutter verband, zweitrangig ist, ist das Handikap, mit dem es in der Paarbeziehung ehrlich oder unehrlich zu leben gilt. Wir haben gesehen, daß der Mann von der Mutter zur Frau geht und das Mädchen von der Mutter zum Mann (im Sinne der sexuellen Erfüllung). Wie da die »Mutter« wiederfinden, ohne daß nicht sofort Jokastes Schatten die Szene verdunkelt? Die gefangennehmende Falle, die sie für ihren Sohn darstellte, die seltsame Unersättlichkeit, die sie in ihrer Tochter auslöste?

Die Furcht des Mannes, wieder eingeschlossen zu sein, und die

[1] Paul Verlaine: Mein steter Traum. In: Gedichte. Wuppertal 1947, S. 13.

Angst der Frau, nicht genügend geliebt-begehrt zu werden, das sind die in der Liebe allgegenwärtigen Konstanten, die auf Jokaste zurückgehen: Prägungen, die nie mehr zu löschen sind.

Wenn wir ihr den Zauber der Liebe verdanken (durch das Verlangen, die erste Symbiose wiederzufinden), so werden auch die Sackgassen im Leben zu zweit von ihr abhängen ... Wenn der Mann sich ein wenig entfernt, um sich seine Freiheit zu erhalten, stirbt die Frau insgeheim. Wenn die Frau herauszufinden sucht, ob sie geliebt wird, wenn sie Beweise verlangt, wird der Mann sich wieder in der Falle gefangen fühlen.

Dies ist die Dialektik der Liebe. Die Stärke wird dabei auf seiten desjenigen sein, der die Phantasmen des anderen erkennt und sie nicht für die Wirklichkeit hält und der so die Möglichkeit hat, das Spiel zu spielen, ohne ins Netz zu geraten! Der Mann verlangt zum Beispiel eine sanfte Frau (um seiner ständig in Frage gestellten Herrschaft sicher zu sein): Sie kann sich sanft »zeigen«, aber sie ist nicht notwendigerweise Masochistin ... Die Frau verlangt einen Mann, »der ganz in ihr aufgeht«: Er wird ihr das bieten, ohne notwendigerweise ihr Sklave zu werden. Die Liebe ist die große Kunst des Kompromisses zwischen dem Phantasma und der Wirklichkeit eines jeden Teils des Paares.

Falls die Liebe mit der Symbiose beginnt, verlangt ihr Fortbestehen, daß diese erste Etappe überwunden und als »Traum« erkannt wird und daß Mann und Frau verstehen, daß diese Symbiose ebenso gefährlich ist wie die mit der Mutter erlebte und daß sie nur im Masochismus enden kann, also mit der Selbstaufgabe, ja sogar dem Tod des einen oder des anderen oder beider.

Es kann immer nur kurze regressive Momente geben, der Rest ist das manchmal schmerzhafte Erkennen der zu ertragenden Unterschiedlichkeit, des einzuhaltenden Abstands.

Man beginnt zusammenzuleben, um eine Symbiose zu erreichen, man bleibt zusammen, um aus der Unterschiedlichkeit eine gegenseitige Bereicherung zu erfahren, aber die Einsamkeit wird immer nur vorübergehend, nur ausnahmsweise besiegt: es ist unmöglich, in den Bauch der Mutter zurückzukehren. Dieses Entsagen zu leben, dieses Leid zu ertragen, dieses Heimweh zu bewahren – das führt zur Poesie, zur Musik, zur Malerei, zu all dem, mit dem ein Künstler noch einmal ein Zipfelchen des Phantasmas einfangen kann, um es festzuhalten, ihm Form zu geben: »Ich wollte, die Welt wäre anders, und das drücke ich aus, nicht ahnend, daß ich damit den Abstand verdeutliche zwischen dem, was ich lebe, und dem, was zu leben ich vorgab ... ich ziehe dieser Welt, die ich sehe, jene vor, die ich in mir habe, als das Geheimste meines Seins.«

Das ist das Phantasma des Künstlers. Er lehnt das wenige ab, das er zum Leben vorfindet, und lebt mit dem, was er sich vorstellt. Der Verliebte verwandelt die Welt auf die gleiche Weise, ersinnt sich »den anderen« auf seine Art und nach seinem Bedürfnis. Er sieht den anderen nicht so, wie er ist, sondern so, wie *er ihn braucht*, um den ersten Bruch mit der Mutter wiedergutzumachen.

Der Mann in der Zweierbeziehung

Er kommt aus einer nicht möglichen Idylle mit einer Frau, seiner Mutter; alles, was er wieder sucht, ist eine Idylle, diesmal möglich mit einer anderen, »erlaubten« Frau.

Dennoch hat er sein Drama mit der ersten nicht vergessen. Sagte er nicht im Anfang in aller Unschuld: »Wenn ich groß bin, werde ich dich heiraten«? Und hat er nicht darauf verzichten müssen, zugunsten seines Vaters, des Konkurrenten? Denn »sie« war mit ihm verheiratet, selbst wenn sie manchmal den Sohn vorzuziehen schien. Der Vater war der unerträgliche Rivale, und der Mann wird immer und ewig fürchten, sich von einem anderen bei seiner Frau verdrängt zu sehen. Ist es nicht die schlimmste Beleidigung unter Männern, sich gegenseitig »Hörner aufzusetzen«? Der Mann ist leicht eifersüchtig, aber seine Eifersucht ist nicht wie bei der Frau die Verzweiflung darüber, verlassen zu sein, sondern viel eher die Wut, sich durch einen anderen ersetzt zu sehen. Die Wiederholung wird sich so auswirken, daß der Mann in der Zweierbeziehung zunächst versuchen wird, jeden Rivalen fernzuhalten (siehe auch die Riten in gewissen afrikanischen und arabischen Ländern, die alle den Zweck haben, die Jungfräulichkeit zu beweisen, also die Zugehörigkeit zu einem einzigen Mann). Die Männer werden, wegen der alten Furcht, die Mutter werde ihnen weggenommen, in ihrer Beziehung zur Frau ihren Besitz abstecken, sei es durch Zeichen, die sie am Körper der Frau anbringen, sei es durch Sitten und Gebräuche, bei denen es um ihre Treue geht: Zum Beispiel straft das Gesetz der romanischen Völker die »untreue« Frau sehr viel härter als den »betrügenden« Mann.

Die zweite, nicht weniger verhängnisvolle Wiederholung für die Zweierbeziehung bezieht sich auf das Gefühlsleben des Mannes: Da er seine zärtlichen Gefühle für seine Mutter seit der (wenn auch nur relativen) Auflösung des Ödipuskomplexes verbergen mußte, scheint er jede Möglichkeit verloren zu haben, seine Liebesgefühle auszudrücken. Seine Sprache ist äußerst reduziert und arm an Gefühlen. Er hat sich angewöhnt, Gefühle zu verdrängen, und viele Frauen beklagen sich, daß in der Liebe der Sexualakt zu oft die Sprache ersetzt. Diese Tatsache hat für die Frau den trostlosen Effekt, daß sie wieder nur begehrenswertes Objekt ist, statt begehrtes Wesen zu werden.

Der Mann schweigt zu oft gegenüber seiner Gefährtin, die daran verzweifelt. Sie, die so sehr das alles wieder heilende »Ich liebe dich« braucht, um ihr während der Kindheit gestörtes Einssein wiederherzustellen. Der Mann scheint kaum fähig, den narzißtischen Defekt der Frau beheben zu können oder ihr die Worte der Liebe und des Begehrens zu geben, die ihr in ihrer Kindheit so sehr gefehlt haben. Zärtliche Gefühle, Emotionen und Tränen, alle den Frauen zugeschriebenen Zeichen von Schwäche hat der Mann in den allermeisten Fällen nach seinem traumatischen Ödipuserlebnis als kleiner Junge hinter sich lassen müssen. Und so verkürzt er die Liebe um eine ganze Dimension, die der Sprache: plaudernde Liebhaber sind selten.

Seine Frau zu »besitzen« wird für den Mann die geläufigste Form sein, seine Gefühle auszudrücken. (Hat man je von einer Frau gehört, daß sie einen Mann besitzt? Nein, man sagt, daß sie sich hingibt, sich überläßt, sich schenkt ...) Die dritte männliche Wiederholung wird sich so auswirken: herrschen, um nicht beherrscht zu werden. In der Liebe möchte er dominieren, im Haus der Herr sein, überall wacht er darüber, daß »sie« nicht in seine Freiheit eingreift (zu schade, daß sie die ihre dabei aufgeben muß ...).

Das fängt an mit den schönen Gegenständen und geht über den Haushalts-Computer bis zu den unentbehrlichen Gerätschaften für die Herstellung der Mahlzeiten. Alles kann benutzt werden, um die Frau an die Orte zu fesseln, von denen der Mann abwesend ist. Denn was der Mann schließlich am meisten fürchtet, ist, sich mit ihr an der gleichen Stelle wiederzufinden (wie zu den Zeiten der Symbiose mit der Mutter), und er wird alles tun, um die Begegnung mit derjenigen zu vermeiden, mit der zu leben er sich entschieden hat. Wegen des geliebten Mannes findet sich die Frau in das ihr nur allzu bekannte Schema zurückversetzt, Beweise ihrer Weiblichkeit, ihres Wertes als Hausfrau und so weiter liefern zu müssen.

Die Weiblichkeit ist also das Gefängnis, in das der Mann die Frau absichtlich »einhegt«, um nie wieder riskieren zu müssen, sie auf demselben Weg anzutreffen, auf dem er gerade geht: Der Mann hat eine psychotische Angst vor der Frau, die er zu lieben glaubt. Um seine Furcht besser zu überwinden und um seine Herrschaft besser abzusichern, wird er überall sein Verlangen einbauen und den ganzen Bereich der Forderungen allein besetzen, von »Was essen wir heute abend?« bis »Wo hast du meinen Pullover hingetan?« (Auch dann, wenn er ihn einmal selbst weggeräumt hat.) Sie wird auf jeden Fall immer nur zu antworten haben.

Im Bett das gleiche Verhalten. Er wird alle Initiativen ergreifen (gute oder schlechte), sie wird nur zu reagieren haben, er wird kaum nach der Art ihrer eigenen Wünsche fragen. Es genügt zu sehen, wie Männer es ablehnen, irgendeinen Artikel zu lesen, der sich mit der weiblichen Sexualität beschäftigt: sie ziehen es vor, darüber selbst zu entscheiden. Wir werden, wenn wir die sexuellen Beziehungen untersuchen, gleich sehen, wie sich bei ihrem Partner die Chancen sexuellen Gelingens verringern können, wenn *sie* sich die Freiheit nimmt, ihr Begehren zu äußern. Nichts bedroht den Mann mehr als das zum Ausdruck gebrachte Begehren der Frau, die nicht aufhört, ihm als böse Falle zu erscheinen (im Zusammenhang mit dem Begehren der allmächtigen Mutter).

Insgesamt wird selbst der gutwilligste Mann mit der geliebten Frau zumindest widersprüchlich umgehen. Um sicher zu sein, nicht wieder in Abhängigkeit zurückzufallen, wird der Mann außerdem eine Menge Freiheiten erfinden, die er sich außerhalb des Hauses nimmt, fern von seiner Frau: Er braucht einen Sicherheitsabstand, er hat das Bedürfnis, der Symbiose, die von der Frau so sehr gesucht wird, zu entfliehen. Der Mann in der Paarbeziehung strebt nach einem Grad von Freiheit, der seine Gefährtin, die sich nie als seine Feindin verstand und die vom Einssein träumte, schmerzhaft überrascht.

Welche Leiden schafft allein schon die vom Mann ausgehende Wiederholung! Wie steht es damit bei der Frau? Und was wird *sie* immer wieder durchspielen wollen, endlos?

Die Frau in der Zweierbeziehung

Sie kommt aus einer farblosen Beziehung zur Mutter und wünscht sich eine sehr viel farbigere Liebe ... Sie kommt aus einer Parallelsituation, und sie will jetzt die Konvergenz, nach der Wüste braucht sie die Oase. Sie hat schon vor langer Zeit die nicht begehrende Mutter verlassen, hat in Einsamkeit und im So-tun-als-Ob gelebt und erwartet nun von diesem »anderen« die Erlösung.

Da er die Frau gleichzeitig schätzt und begehrt, ist der geliebte Mann derjenige, der für sie das innere Einssein wiederherstellen kann. Dies Einssein war in ihrer Kindheit so sehr gestört, da die Liebe der Mutter in ihr nur die Teilung erzeugen konnte, in »geliebtes Wesen« (was sie war) und »begehrtes Objekt« (was sie nicht hat sein können). Die Frau sucht in der Liebe die ihr bis dahin unbekannte Einheit ihrer Person, wurde sie doch in ihrer Kindheit abwechselnd nur geschätzt und seit ihrer Adoleszenz nur begehrt. Mit Hilfe der Liebe versucht sie, das »geschätzte Wesen« und das »begehrte Objekt« zu vereinen, um sich endlich als *eine Person* zu fühlen. Die Frau wird die Gelegenheit ergreifen, die ihr vom Mann geboten wird, endlich »ein voll genügendes Objekt« für jemanden zu sein.

Wir können hier festhalten, daß der Junge, hineingeboren in eine Ödipussituation, diese von Anfang an gekannt hat und daß er versucht, aus ihr herauszukommen, während das Mädchen immer versucht, dort hineinzukommen und dort zu bleiben. Es wird das Drama seines Lebens sein, dort nur mehr oder weniger hinzugelangen, denn auch das Mädchen wird auf seinem Weg als Frau dem Wiederholungsprinzip begegnen, das die Frau sehr oft um ihre Chance bringen wird; denn das erlösende Wort des Mannes, das berühmte »Ich liebe dich«, wird ihr nicht immer genügen. Das aus ihrem Lebensanfang stammende Unbefriedigtsein wird sogar in der Liebesbeziehung selbst zutage treten, und die Frau wird es schwer haben, sich für ein »gutes Objekt« zu halten, auch wenn ihr Partner es ihr sagt. Sie neigt dazu, zum Vergleich mit anderen Frauen zurückzukehren, ihren heutigen Rivalinnen, um sich mit ihnen zu messen. Das wird sie dazu führen, sich zu versklaven und sich zu Dingen zu verpflichten, die nur sie für selbstverständlich hält (ein auf alle Bereiche des täglichen Lebens sich erstreckendes Bemühen um Perfektion).

Der Wiederholungsfaktor wird sie drängen, immer wieder ihre Frage zu stellen: »Liebst du mich ganz?« Aber, was auch immer die Antwort des Geliebten sei, sie kann nie endgültig verinnerlicht werden, denn die Zeit, in der diese Worte sie hätten strukturieren können, ist abgelaufen: es gibt eine *Ausschlußfrist*, und trotz ihres Wunsches, durch ein begehrendes Wort erlöst zu werden, kann die Frau dort nur zeitweise hingelangen, zum großen Erstaunen des Mannes. Ihm gegenüber findet ihre Unersättlichkeit nie ein Ende: Ewig stellt sie ihm die gleiche Frage, bis hinein in die sexuellen Vergnügungen. Dabei haben wir doch gesehen, daß er diese gern von Gefühlen entkleiden würde, denn für ihn gehen Gefühl und Angst häufig Hand in Hand.

Was von »ihr« als beruhigend gesehen wird, wird also von »ihm« als bedrohlich empfunden. Ein wahrhaft schönes Resultat, das der Zwang zur Wiederholung beiden Partnern gebracht hat! Was können wir da tun? Es bleibt uns nur zu hoffen, daß die Sache, die wiederholt werden muß, für ihn wie für sie nicht so total gegensätzlich ist.

Denn diese Frau wird in ihrem Verlangen vom Mann als verschlingend angesehen werden; das, was er auf seinem Weg als Mann am meisten wiederzufinden fürchtet, ist da, in seinem Bett. Daher die Neigung des Mannes, nach einer gewissen Zeit nicht mehr zu antworten. Vor dem oralen Worthunger der Frau flüchtet er sich in Schweigen, während sie verzweifelte Selbstgespräche führt.

So, wie der Mann immer das Bedürfnis hat, seine Freiheit in der Zweierbeziehung zu überprüfen, wird die Frau dazu neigen, den Grad der Liebe ihres Partners zu erforschen und zu erproben. Von zunächst mündlichen Forderungen wird sie zu allen möglichen Forderungen der verschiedensten Art übergehen. Forderungen, die dazu bestimmt sind, die Symbiose andauern zu lassen und das Einssein zu erhalten. Der Mann wird spüren, wie die so sehr gefürchtete Falle sich um ihn schließt, und er wird mehr und mehr versuchen, »ihr« zu entkommen, womit er bei ihr Wut und Verzweiflung hervorruft. Sie scheint die Leere zu verschlingen, und die Falle ihrer Liebe schließt sich über dem Nichts, denn er ist gegangen, gegangen für diesen Tag, zum Angeln, auf die Jagd, im Wagen weggefahren, er ertrug es nicht mehr: Er hat sich vielleicht sogar davongemacht zu einer Ersatzfrau, seiner Geliebten, die, da sie sozial nicht mit ihm verbunden ist, für ihn keine Falle darstellt.

Die Frau, die ihre Kindheit ohne Falle durchlebt hat und die sich, so scheint es, hinbewegt auf den Augenblick des Lebens zu zweit und mit allen Fasern ihres Herzens darauf wartet, wird die Enttäuschung nicht verwinden können: Hier wird sie die schlimmsten Gefühlsprobleme ihres Lebens erfahren. Sehr häufig wird sie sich entweder an ihren Kindern schadlos halten (um sie zu verschlingen ... an dem Mythos ist etwas Wahres), oder sie wird in eine psychische oder physische Depression, in psychosomatische Beschwerden verfallen, die sie zum Arzt oder zum Psychoanalytiker führen werden, die einzigen, die gegen Bezahlung (und das stört sie sehr) die vom Mann verweigerte Rolle der guten Mutter übernehmen.

In dem Maße, wie das Leben verrinnt und wie die Illusionen vergehen, sieht man dann, wie das Ungleichgewicht sich verstärkt; jeder kehrt zurück zu dem, was er ist, und läßt die Maske der Liebe fallen. Es gibt im Leben des Paares immer eine Krise, in der jeder sich darüber klar wird, daß er beim anderen nicht das findet, was er suchte. Es braucht verdammt viel Energie, um bewußt gegen sein Unbewußtes zu kämpfen! Die, die das am besten erreichen, sind wohl diejenigen, die eine Analyse gemacht haben, da sie dann das Maximum an Unbewußtem auf die Seite des Bewußten geschafft haben. Die Kräfte werden auf diese Weise umgekehrt.

Die ungleiche Geburt von Mann und Frau überträgt sich auf das Erwachsenenalter als ein Auseinanderklaffen von Wünschen, das nur schwer auszuhalten ist.

Die weitgehend dem Unbewußten unterworfene sexuelle Beziehung

Während sich Forderungen und Reaktionen zwischen Mann und Frau größtenteils im Alltag abspielen, ist die andere Bühne, auf der sich ihre heftigsten und gegensätzlichen Leidenschaften abspielen, die sexuelle Beziehung. Spricht man nicht ebenso von den »Wonnen« wie von der »Hölle« des Ehebetts?

Auch dort scheint es häufiger ein Zusammentreffen unterschiedlicher Wünsche zu geben als wirkliche Übereinstimmung, auch dort glättet das Lustprinzip alle möglichen Schwierigkeiten, wogegen das Wiederholungsprinzip nur dazu dient, Panik zu verbreiten.

Für den Mann geht es in der sexuellen Liebe um ein Nachvollziehen der ersten Liebesbeziehung zur Mutter, aber diesmal mit der Möglichkeit, mit ihr zu schlafen, weil es kein Inzestverbot mehr gibt. (Gefahr der Impotenz für den Mann, die ihn hindert, die zweite Frau zu besitzen, was bedeutet, daß er von der ersten – der verbotenen Mutter – noch nicht abgelöst ist. Eine schmerzliche und zunächst einmal unverständliche Überraschung, wenn sie das erstemal auftritt.)

Wenn nun alles gut läuft mit dieser auserwählten Frau, und nachdem das Bedürfnis nach physischem Besitz gestillt, die neue Freiheit ausprobiert ist, wird der Mann meinen, daß die Ablösung von seiner Mutter vollzogen, seine Rechnung mit der Frau endlich beglichen sei. Er wird sich frei fühlen für das gesellschaftliche Engagement unter Männern, so, wie er sich als Junge an der Seite seines Vaters engagierte, nachdem er die zärtlichen Gefühle, die er für seine Mutter empfunden hatte, abgelegt hatte. Der Mann wird also keine Neigung haben, das Liebesspiel endlos zu verlängern. Was ihn im wesentlichen interessiert, ist die Ablösung, die er als Sieg über sich selbst betrachtet. Die Schwierigkeit ist, daß es zum erfolgreichen Liebesakt gehört, beim »anderen« Lust auszulösen, und um das zu erreichen, wird der Mann hier die meisten Zugeständnisse machen (zumindest glaubt er das ...). Er, der sich keinem anderen Begehren als dem eigenen beugen will, wird sich also herbeilassen, das Begehren seiner Partnerin zu berücksichtigen.

Wie wir ihren Worten auf der Couch entnehmen konnten, ist für viele Männer die seltene Idealsituation diejenige, in der die Frau nichts verlangt und »alles« mit sich machen läßt. Ja, aber kann sie denn ihr Verlangen auf das des anderen beschränken, ohne daß sich ihre Lust auf die des anderen reduziert? (Das ist genau das Problem, das gegenwärtig von den Frauen diskutiert wird.)

Hier wird der allzu neurotische Mann, der der imaginären Macht seiner Mutter noch verhaftet ist, erleben, wie das Schreckgespenst der Impotenz auftaucht, ausgelöst durch die Weigerung und die physische Unmöglichkeit, dem Begehren der anderen zu entsprechen. Impotenz oder vorzeitige oder verzögerte Ejakulation, all dies sind die Zeichen des unbewußten, aber ständigen Kampfes gegen das weibliche Begehren.

Ein Mann, der nicht über seine Frau und ihre Lust siegt, hat ein zweites Mal die Schlacht gegen die »Mutter« verloren und fühlt sich abgewertet. Was tun, um da herauszukommen? Falls sie sich nun seiner Potenz verweigert? Die Art, wie er es macht, ablehnt? Und falls sie ihn dadurch hindert, zu herrschen? Die Frigidität der Frau ist für den Partner viel häufiger, als man glaubt, ein Zustand, der Angst einflößt ... Sollte die Frau hier insgeheim das Mittel gefunden haben, ihn von seinem phallokratischen Thron zu stürzen?

Nach meiner Ansicht hat die Sexualität nur Chancen, wieder genügend Raum einzunehmen, wenn der Kampf der Frauen sich artikulieren kann und über das Bett hinausreicht. Hatten sie nicht bis jetzt nur dieses eine Mittel, sich dem Mann gegenüber zu behaupten? Und ist es nicht dort, wo der Mann die schwersten Tiefschläge in seinem ganzen Leben erhält? Viel eher als im Büro oder im Parlament?

Das Problem, das den Sexualakt des Mannes bedroht, besteht darin, das weibliche Verlangen berücksichtigen zu müssen, ein Verhalten, das seinen eingeübten Reflexen völlig entgegensteht. Hat er nicht gelernt, sich mit allen seinen Kräften über »ihre« Wünsche hinwegzusetzen, um aus der mütterlichen Ödipusbeziehung herauszukommen? Endete nicht die Analschlacht mit einem Kompromiß: »Du wirst nur dies von mir bekommen, das übrige wird dir nie gehören«, und fürchtet der Mann nicht immer, daß »sie« noch mehr verlangt? Das Bett kann sich in einen Ort des Macht-Zusammenstoßes verwandeln, und der Mann wird über »sie« nur so viel Macht haben, wie sie bereit ist, ihm zu gewähren ...

Der geglückte Sexualakt ist die zwischen sich selbst und der anderen geschaffene genaue Mitte, ist die Möglichkeit für den Mann, zu existieren, ohne die andere und ihr Begehren verneinen zu müssen. Die männliche Potenz ist eng verbunden mit der Art und Weise, wie der kleine Junge aus der Analschlacht mit seiner Mutter herausgekommen ist. Daß die Hingabe nicht als Enteignung empfunden wird, ist die mindeste Bedingung für die männliche Liebe.

Wie steht es nun mit der Frau? Für sie ist die körperliche Liebe eng verbunden mit der Art und Weise, wie sie sich aus der unbefriedigenden »oralen« Beziehung zur Mutter entfernen konnte, und ihre eigene Lust wird unabwendbar davon abhängen, ob sie in ihrem Partner eine gute oder eine schlechte Mutter findet. Eine gute Mutter wäre für sie diejenige gewesen, die sie körperlich *und* geistig anerkannt hätte. So sonderbar es auch scheinen mag: die Gesamtwertschätzung durch den Partner im Verlauf des Tages ist oft entscheidend für den Erfolg oder Mißerfolg der Nacht.

Immer diese Geschichte mit dem im Diskurs des anderen einzunehmenden Platz, dem ödipalen Platz des Begehrens, der wegen der ständigen Gefahr, in den asexuellen Körper des kleinen Mädchens zurückzufallen, nicht verlassen werden darf: Falls der Bereich des Gefühls und der Zärtlichkeit in der Liebe vernachlässigt wird, hat die Frau die Tendenz, in ihre präödipale Stellung zurückzukehren, in der ihr Körper noch nicht teilhatte am libidinösen Austausch mit dem »anderen«. Der Körper des Mädchens war so lange außerhalb der Dialektik der Lust; und deshalb ist derjenige Mann der geschickteste, der durch seine Worte und seine Gesten der Frau begreiflich machen kann, daß sie gefühlsmäßig geschätzt wird (Erinnerung an die Liebe der Mutter) und daß sie körperlich begehrt wird (was ihr vom Vater gefehlt hat).

Das Wort des Mannes scheint die Macht zu haben, die Frau zu vervollständigen, und der Koitus ist für die Frau die Gelegenheit, sich in ihrer Beziehung zum anderen »ganz« zu erleben, denn es scheint, daß ihre unzureichend sexualisierte Kindheit eine autoerotische Haltung erzeugt hat, die viel tiefer verankert ist als die jetzt zu lebende heteroerotische Beziehung: Die Frau muß sich anstrengen, um nicht anzunehmen, *nicht mehr* anzunehmen, daß sie nur eine einsame Lust erleben kann.

Wenn es das Risiko des Mannes ist, sich in der Falle des weiblichen Verlangens gefangen zu glauben, dann ist es das Risiko der Frau, sich wieder einmal nur teilweise akzeptiert zu finden, nur teilweise anerkannt. Wie zu Zeiten ihrer Kindheit. Sie könnte unter diesen Umständen nur ihre Befriedigung von damals erleben, das heißt, sie hätte Orgasmen nur mit sich selbst und nie mit einem anderen, was bei fast allen frigiden Frauen der Fall ist.

Ich gebe zu, daß es in dem System männlicher Macht, in dem wir leben, manchmal schwierig ist, sich den Mann anders vorzustellen denn als schlechte Mutter, die von uns nur einen Teil akzeptiert. Und die Frau muß ein unglaubliches Vorstellungsvermögen haben, um sich einzubilden, ihr Unterdrücker vom Tage werde sich nachts urplötzlich in eine großzügige Mutter verwandeln.

Wenn die Frau dieses Phantasma indessen nicht zustande bringt, wird sie in den nächtlichen Betätigungen ihres Mannes die gleichen Gesten der Vergewaltigung sehen wie am Tage. Gegen diese Vergewaltigung wird ihr Körper sich sperren, wird mit Vaginismus oder Frigidität antworten, die, wie wir heute wissen, nichts anderes sind als der Ausdruck der Ablehnung, daß eine solche Mutter in sie eindringt: erinnert sie sie doch an die erste, die durch ihre sexuellen Attribute, derer das kleine Mädchen sich beraubt fühlte, so erdrückend war. Diesen Frauen erscheint das männliche Geschlechtsorgan als häßlich, lächerlich, erschreckend usw. Sie vernichten es durch ihre Verachtung, um nicht, wie damals, selbst erdrückt zu werden.

Die Risiken des sexuellen Versagens der Frau beruhen also nicht auf den gleichen Faktoren wie beim Mann, aber sie sind auf jeden Fall mit dem verbunden, was mit der Mutter erlebt wurde und was vom Mann wiedergutgemacht werden kann.

Für die Frau ist Voraussetzung für den sexuellen Erfolg, daß sie ihren Partner als »gute Mutter« sehen kann (oder aber, daß er es schafft, von ihr so gesehen zu werden).

Schlußfolgerungen

Ist die Liebe also unmöglich? Nein, denn wir stellen in der Tat fest, daß Paare den Orgasmus erreichen. (Den Prozentsatz, den erspare ich Ihnen im Hinblick auf die zahlreichen Untersuchungen zu diesem Thema. Sie werden gewiß die Erfolgsrate auswählen, die Ihren Wünschen entspricht.)

Im Augenblick des Koitus vereinigen sich die Prinzipien der Lust und der Wiederholung mit einer Priorität für das Lustprinzip, welches das Individuum in eine Phantasmenbildung hineinträgt, die den Orgasmus ermöglicht. Der Wunsch, lustvoll zusammenzusein, scheint dem Prinzip der Lust größere Chancen einzuräumen als dem der Wiederholung, und die »guten« Phantasmen (nicht notwendigerweise gut, aber günstig für das Individuum, das hier manchmal die gute Seite der Wiederholung benutzt ...) gewinnen die Oberhand über die »schlechten«, soweit nicht der neurotische Aspekt des Individuums diese gute Phantasmenbildung behindert und zurückführt zur »schlechten Mutter«, bei dem einen wie beim anderen Geschlecht. Jeder muß dahin kommen, den anderen nicht als Hindernis auf dem Weg zur Lust zu sehen (Überbleibsel der gestörten Lustbeziehung zur Mutter), sondern als Weg zur Sinnenfreude (fort vom untersagten Begehren der Mutter oder dem Nicht-Begehrtsein durch die Mutter). Die Mutter, erste Lehrmeisterin in der Sexualität des Kindes, hat hier beim Mann die Spuren eines gesperrten Begehrens hinterlassen (durch das Inzestverbot) und bei der Frau die Spur des Ausgeschlossenseins (die sexuelle Lust des Mädchens spielte sich außerhalb des Begehrens der Mutter ab).

Das, was von der mütterlichen Beziehung noch da ist, muß also im Zeitpunkt der sexuellen Mann-Frau-Beziehung überwunden werden. Jeder muß den anderen als lustfördernd für die eigene Lust ansehen, was im Zusammensein mit der »Mutter« eben nicht der Fall war.

Der Ödipus zeigt sich wohl doch als so strukturierend und endgültig, wie Freud ihn gedacht hatte, vor allem aber hört Jokastes Schatten nicht auf, uns zu begleiten, von der Wiege bis hinein in unsere intimsten Vergnügungen.

Jeder mißglückte sexuelle Akt ist den üblen Resten der kindlichen Aggressivität anzulasten, die den Partner zur »schlechten Mutter« werden läßt oder zu jener, die die Lust nicht erlauben wird.

Es muß erreicht werden, das Negative in unserer Erfahrung ausreichend zu verdrängen und durch positive Phantasmen zu ersetzen, die wir brauchen, um die vollkommene Verschmelzung der Körper zu erreichen, die Symbiose, von der wir so sehr träumen.

Jeder sexuelle Akt hilft uns, durch den »Spiegel« zurückzugehen, und erlaubt uns, unserer Einsamkeit einen Augenblick lang zu entkommen und das ursprüngliche »Einssein« wiederzufinden. Das »Einssein«, die Negation der Angst, Ort der Regression, an dem wir uns endlich ein wenig ausruhen können von unserem schweren Menschsein, in dem wir ganz allein die Bürde des nicht mitteilbaren Unbewußten tragen müssen. Unglücklich der Mensch, der nicht ohne Gefahr bis zur Mutter regredieren kann, unglücklich der, der sein Leben nicht nach rückwärts durchleben kann und an einem bestimmten Punkt anhalten muß, denn seine Lust wird dort aufhören.

Hier im Bett finden wir alles das wieder, was wir an so Vielschichtigem in unserer Kindheit gekannt haben: das Begehren, die Liebe, den Haß, die Ambivalenz. Kann die Sexologie sich eigentlich damit begnügen, verhaltensorientiert zu sein, während die Liebenden sich in dem Gestrüpp aus Verboten und Mächten, aus »verinnerlichtem Erlaubten« verfangen, und das seit so langer Zeit?

Sogar ein Paar, dessen körperliches Verstehen gut ist, kann an gewissen Tagen sexuell versagen, an denen der Zusammenstoß der Kräfte zwischen den Partnern heftig war, gleich, ob es ausgedrückt wurde oder latent verblieb. Denn an diesem Abend wird weder der eine noch der andere sich den Partner als »gutes Objekt« vorstellen können.

Was dem Mann und der Frau helfen könnte, mit solchen Schwierigkeiten umzugehen, wäre, scheint es, den Ursprung zu ermitteln, statt den Ausgang zu verteufeln. Dies hieße auch zu wissen, daß aufgrund unserer Unfertigkeit bei der Geburt und unserer langen Abhängigkeit vom Erwachsenen die Machtfrage in der Zweierbeziehung fundamental bleiben wird. Daß gegenwärtig dieses Machtproblem nur den weiblichen Teil in Frage stellt, da die Erziehung weiblich ist, ist nur ein Problem mehr, das die Beziehung zwischen den Geschlechtern verschlechtert.

Ich habe sexuelle Schwierigkeiten eines jungen Paares beseitigen können, indem ich das Haushaltsgeld die Taschen wechseln ließ (gar nichts Komplizierteres als dies war nötig, man mußte nur erst darauf kommen). Einen jung verheirateten Mann, auf den seine junge Frau ihr Bild der schlechten Mutter projizierte, habe ich von diesem Bild befreien können, indem ich selbst den Platz einer sehr boshaften Frau einnahm. Jede Schwierigkeit des Paares kann, auf die eine oder andere Weise, nur insoweit aus dem Weg geräumt werden, als es gelingt, die *Projektion der schlechten Mutter* auf den Partner zu beenden.

Dies ist eine Sache, die man schon vor dem Eingehen einer Beziehung wissen sollte.

Die Frau müßte über den Grad ihres Unbefriedigtseins aufgeklärt werden, der mit der schwierigen Beziehung zu ihrer Mutter zusammenhängt, und sie sollte wissen, daß es dies ist, was sie antreiben wird, so viel zu tun, um »alles« zu bekommen. Das wiederum ist der kürzeste Weg zur Entfremdung vom Begehren des Mannes und zur Negation des eigenen Begehrens (was die Frau dann oft mit ihrer Frigidität bezahlt).

Ich kenne falsche Köchinnen, falsche Damen von Welt, falsche Sportlerinnen. Ist die Frau nicht frühzeitig darauf dressiert worden, für das Begehren sehr teuer zu bezahlen? Wozu ist die Frau nicht alles fähig, um den sie »begehrenden« Mann zu halten! Die Frau weiß am Ende nicht mehr, ob sie das ist, was sie zeigt, oder ob sie das ist, was der andere will, daß sie ist, denn durch die Liebe ist sie in die Konformität mit der Norm des »anderen« zurückgefallen. Die alte Geschichte im Leben einer Frau: Identifikation geht vor Identität. Ich sehe viele Frauen, sich selbst entfremdet, entfremdet ihrem eigenen Begehren, infolge einer als Symbiose gewollten Verbindung. Und diese Frauen beklagen sich über ihr mangelndes Begehren im Bett!

Der Mann sollte erkennen, daß sein Hang zum Herrschen daher rührt, daß er sich fürchtet, unter die weibliche Beherrschung von damals zurückzufallen. Er sollte sich eingestehen, daß er ständig darauf bedacht ist, die Frau von seinem Weg fernzuhalten, und sich nicht scheut, dafür alle Argumente, selbst unehrliche und falsche, zu benutzen. Seine große Furcht vor der Frau scheint manchmal seine große Liebe zu übersteigen ... Falls er sich zum

Schweigen und zur gefühlsmäßigen Flucht hat zwingen müssen, um sich von seiner Mutter zu lösen, sollte er schließlich daran denken, daß es vielleicht nicht nötig ist, mit der anderen Frau, die er jetzt an seiner Seite hat, diese »Sperre« ein Leben lang aufrechtzuerhalten.

Die Kenntnis der Psychologie des jeweiligen Partners würde verhindern, daß so mancher Konflikt sich zur Katastrophe ausweitet, noch bevor irgendeiner klar begriffen hat, aus welcher Bühnenecke er kommt. Zu wissen, daß man eine wohlbekannte Szene spielt, würde es vielen ersparen, große Dramen zu durchleben.

Sie trennen sich, und sie sagt: »Er hat mich nie verstanden« und spricht von ihrer Mutter, und er sagt, sie sei eine »Nervensäge«, eine Bezeichnung, mit der er insgeheim seine Mutter bedachte, als er jünger war. Haben wir in unseren Analytikerpraxen nicht den Eindruck, in einem Konflikt konsultiert zu werden, bei dem der wahre Mitspieler gar nicht derjenige ist, den wir vor uns haben? Er hat sich »eingesperrt« geglaubt, sie hat sich »allein« gefühlt. Waren dies nicht die Phantasmen ihrer Jugend?

Erzählt uns nicht jeder im Grunde von seinen Schwierigkeiten mit Jokaste?

10. Words or War

> Wie sprechen, um ihren Einteilungen, Rastern, Unterscheidungen, Oppositionen zu entgehen ... Wie sollten wir uns von diesen Begriffen losketten, uns von diesen Kategorien befreien, uns von ihren Namen häuten? Wie sollen wir uns lebendig von ihren Vorstellungen lösen?
>
> *Luce Irigaray*

Und was ist mit den Worten, was mit der Sprache, die die Frauen so oft eingesperrt hat? Einer Sprache, der die Frauen endlich mit anderen Begriffen zu entkommen lernen, endlich mit anderen als denen, die der Mann ihnen zugeteilt hatte?

Warum nur dieser Krieg der Worte, ihr Söhne und Töchter der gleichen »Mutter«? Warum ist der Sexismus in der Sprache immer gegenwärtig? Warum die Weigerung, die gleiche Sprache zu sprechen, je nachdem, ob man Mann oder Frau ist?

Die durch die Trennung von der Mutter entstandene Sprache (vgl. dazu S. 75) hat doch auch dazu gedient, die Mutter wieder zurückkommen zu lassen! Das Objekt war doch das gleiche – warum ist dann die Art, sich auszudrücken, so sehr vom Geschlecht geprägt, dem man angehört? Und warum sind die angesprochenen Themen so streng nach Geschlechtern getrennt? Warum eine solche Abgrenzung? Ist es nicht in den patriarchalischen Gesellschaften, in denen der Mann die Macht innehat, so, daß er auch »das Wort« hat und es mit seinem Bedürfnis nach Abstand zur Frau prägt, der Frau, die er mit der »Mutter« gleichsetzt?

Da die Sprache seit Jahrtausenden im Besitz des Mannes ist, trägt sie die Spuren der Analschlacht mit der Mutter, und sie birgt die Furcht vor der Annäherung an alles, was weiblich ist, in sich, an alles, was mit dem Körper zu tun hat und was die Erinnerung an die »Symbiose« mit ihr wachruft. Der Sexismus in der Sprache kommt vom Mann, der von der Angst besessen ist, sich nur nicht der gleichen Worte zu bedienen wie die Frau, sich nur nicht an den gleichen Orten wiederzufinden wie die Mutter.

Da die Sprache in unserer Gesellschaft männlich ist, ist sie notwendigerweise antiweiblich geprägt, was die Frauen nach und nach entdecken.[1]

Als erstes Bild hat der Mann in unseren abendländischen Familien das Bild einer Frau vor sich. Ein Mann lernt das Sprechen zwangsläufig mit einer Frau, nämlich mit seiner Mutter, und all seine Bemühungen als Mann bestehen darin, sich von ihr abzugrenzen, um nicht Frau zu »werden«. Ein Mann kann zunächst nur im Gegensatz zur Mutter ein Mann werden, nur in der Gegenidentifikation zur Frau.

Erst sehr viel später in seinem Leben wird er sich auf seinen Vater hin ausrichten, aber unglücklicherweise für uns, Frauen wie Männer, bleiben viele Männer mehr von ihrer ersten Beziehung zur Mutter geprägt als von ihrer zweiten Beziehung zum Vater. Ein Buch wie ›Féminin-Masculin‹[2] erfaßt und klassifiziert scharfsinnig und voller Humor weibliche und männliche Vorzüge und Mängel. Es wird deutlich, daß das, was für das eine Geschlecht als Vorzug angesehen wird, für das andere im allgemeinen als Nachteil gilt. Dieses merkwürdige Phänomen ist damit zu erklären, daß die Eigenschaften des Mannes sowie seine Sprache sich in der Auseinandersetzung mit der Mutter bilden. Die Mutter ist aber für ihren Sohn ein unbrauchbares Identifikationsobjekt (unnötig zu erwähnen, daß nur der Junge in seiner Sprache eine anale Phase mit groben, meist sexuellen Schimpfworten durchmacht, die das weibliche Geschlecht betreffen).

Wie schon gesagt, ist die männliche Sprache zwangsläufig antiweiblich geprägt. Wie sollen es die Frauen nun anstellen, wenn sie reden wollen? Wenn sie sich in das männliche Gespräch einmischen, übernehmen sie das darin eingebaute Antiweibliche und sprechen gegen sich selbst, und wenn sie sich bemühen, anders zu reden, verschlimmern sie noch den Unterschied zwischen den Geschlechtern und beteiligen sich an der gerade vom Mann diktierten Distanz. Dieser glaubt auch nicht einen Moment lang, wie eine Frau reden zu können, und verteidigt hartnäckig die Existenz zweier unterschiedlicher Naturen und Diskurse. Ich bin auch nicht sicher, ob die Frauen, die so sehr das Recht auf Unterschiedlichkeit fordern, nicht, ohne es zu wollen, geradewegs in die Falle des Mannes tappen, der von nichts anderem träumt als vom Unterschied zur Frau.

[1] Marina Yaguello: Les Mots et les Femmes. Paris 1978.

[2] Alain Laurent: Féminin-Masculin: Le nouvel équilibre. Paris 1975.

Seit dem »Christiane entwickelt sich«, als ich dreizehn war, bis zum »Ihr Feministinnen seid dabei, euer eigenes Grab zu schaufeln«, über all die »Ah! Da ist ja die Schönste« bis hin zum »Könnte die Rettung der Frauen nicht im Schweigen liegen?«, das einer meiner psychologischen Fachkollegen (sprich Gegen- oder Scheinkollegen)[3] vor gar nicht langer Zeit von sich gegeben hat, bin ich in der Tat immer nur ein und derselben Haltung begegnet: der Mann versucht, mich mit allen Mitteln als »unterschiedlich« hinzustellen. Von dem genannten Analytiker habe ich sogar noch etwas hinzugelernt, nämlich daß ich seit meinem dreizehnten Lebensjahr zum Tode verurteilt bin (da man doch von meiner Rettung spricht), oder vielleicht bin ich das ja sogar seit meinem ersten Tag – ich, die ich doch geschaffen bin, Leben zu schenken! Ist es etwa dieser Unterschied zu ihm, den der Mann an mir nicht erträgt? Er versucht doch, mich einzig und allein auf die Funktion des Kindergebärens zu reduzieren, da er mir alle anderen Funktionen nimmt. Er hat diesen Vorteil in einen Nachteil verkehrt, und während ich dieses in mir angelegte Wunder besitze, will er alle anderen für sich behalten und mir den Zugang zu ihnen verwehren. Muß ich denn als Rassentrennung hinnehmen, was ich als »Geschlechtlichkeit« bekommen habe?[4]

Welch eine Anstrengung für eine Frau, anders und an anderer Stelle zu existieren als an dem Ort, den der Mann, ihr Gefährte, ihr zuweist! Welche Schwierigkeit, mit ihm darüber zu sprechen, in dem sicheren Bewußtsein, ihm zu mißfallen. Wie andererseits sich in einem Diskurs ausdrücken, der nicht der meine ist, mit Worten, die dem »anderen« gehören? Das ist wie Schweigen! Genau das, was die Frauen schon immer getan haben. Lieber schweigen als den Krieg anfangen. Sie schwieg, und er fand das nur natürlich. Da »sie« sich als »Objekt des Mannes« wollte, konnte die Frau nicht gleichzeitig Subjekt sein.

Der Diskurs des Mannes ist für die Frau in dem Maße demütigend, wie er sie als Objekt betrachtet, ihr ihren Platz als Subjekt nimmt und für sie entscheidet, was gut für sie ist. Auf diese Weise bestimmt der Mann den Platz und die Sprache der Frau, und vielleicht ist das nur ein toter Platz und eine Stummen-Rolle, da sie ja nicht darüber entscheidet.

[3] Im Original Wortspiel »... confrères (contre-frères ...)« (Anm. d. Ü.).

[4] Im Original Wortspiel »... accepter comme ségrégation ... la sexuation« (Anm. d. Ü.).

Zu sehen, wie man sich spielt und wie man unaufhörlich das gleiche Theaterstück wiederholt, in dem die Regeln immer dieselben und die Rollen auf die gleiche Weise verteilt sind, gleichzeitig Schauspielerin und Zuschauerin in einem Stück zu sein, das ich nicht geschrieben habe, zu wissen, daß der Ausgang des Stükkes mein Verschwinden vorsieht – all dies macht mir überhaupt keinen Spaß, auch wenn ich meine Rolle perfekt zu spielen weiß.

Es ist also für eine Frau unmöglich, zu sprechen, ohne den Eindruck zu haben, »tote Frauen« wiederzuerwecken, denn damit vollzieht sie ja den Übergang vom *Objekt* zum *Subjekt* und begehrt sofort und unvermeidlich gegen die geheimsten Wünsche des Mannes auf. Kann ein Mann das hier lesen, was ich schreibe, ohne sich nicht schon durch meine bloße Existenz *angegriffen* zu fühlen? Ich verlasse das Kinderzimmer, in das er mich für eine Weile eingesperrt zu haben glaubte. Ich verlasse den Ankleideraum und erkläre, daß mir seine Anzüge total gleichgültig sind. Ich verlasse die Küche und sage ihm, daß er sich beköstigen möge, falls er Hunger hat. Und zum Schluß mache ich ihm klar, daß ich alle diese Rollen stumpfsinnig gelernt habe, ebenso stumpfsinnig, wie er sie nicht erlernt hat, und wenn ihn dies gegenwärtig quälen sollte, dann ist das genauso, wie wenn es mich quält, daß ich nicht sprechen, schreiben und denken gelernt habe.

Die eigentliche Geburt der Frauen liegt deshalb hier: Sie beginnen aus ihrem eigenen Begehren heraus zu existieren; und sie machen sich nichts daraus, wenn das weder in die Träume noch in die Vorstellungen des Mannes paßt. Die Schwierigkeiten des Lebens zu zweit werden dadurch noch verschärft, daß der Sklave revoltiert und es vorzieht, auf den Lohn der »Anerkennung« durch den Mann zu verzichten. Der Mann, der sich dank einer präzisen Verteilung der Rollen vor einem neuen Krieg mit Jokaste geschützt glaubte, sieht sein System von allen Seiten angegriffen. Überall stoßen die Frauen den »Schrei« des Neugeborenen aus, den sie übrigens scherzhaft den der *Jung-Geborenen*[5] nennen. Haben sie doch den Eindruck, daß sie zum erstenmal »sprechen« und es endlich nicht mehr hinnehmen, »Besprochene« zu sein.

All diese Frauen, die jetzt gleichzeitig ihre Stimme erheben, machen einen ziemlichen Lärm in den Ohren des Mannes, der

[5] Hélène Cixous: Le Nom d'Oedipe. Avignon 1978.

nicht mehr weiß, wie er sich verhalten soll, um seine uralte Ruhe wiederzufinden, die aus der Zeit stammt, als die Frauen noch stumm waren, das heißt tot. All die Frauen, die bis jetzt das Wort ergriffen haben, haben es mit Wut getan, mit Leidenschaft und heftiger Entrüstung darüber, so lange betrogen worden zu sein (Simone de Beauvoir, Luce Irigaray, Kate Millett, Benoîte Groult, Annie Leclerc).

Und ich selbst? Ist dies nicht der Bereich meines Denkens, in dem ich mich am meisten verunsichert fühle durch das, was mir widerfahren ist, weil ich als Frau geboren bin? Es ist in der Tat die Sprache, an die sich der Tod heftet, dessen Keim man mir einpflanzen wollte. Wenn ich reden will und wenn ich existieren will, dann wird das gegen die Sprache des Mannes sein, der mich zunichte gemacht hat. Ich habe diesen berühmten Männer-Satz niemals vergessen: »Falls die Frauen irgend etwas wissen, hat dann die Psychoanalyse irgend etwas mit dem zu tun, was sie wissen könnten?«[6]

Ist die große panische Furcht des Mannes gegenüber der Frau etwa darin zu suchen, daß »sie« auf den gleichen Gebieten das Wort ergreifen könnte wie er? Und die Psychoanalyse ist, weiß Gott, ein besonders männlicher Bereich, in dem man es sich ohne weiteres erlaubt, von einer Weiblichkeit zu sprechen, die mit der Frau oft überhaupt nichts zu tun hat ... Kann die Sprache des Mannes etwas anderes sein als Exekution und Ausschluß der Frau-»Mutter«? Erinnern wir uns nur an den Satz Lacans: »Die Frau, das kann man nur schreiben, wenn man das *Die* durchstreicht.« Eine Sprache, die die Frau ausstreicht, sie ablehnt, sie als weiblichen Bezugspunkt beiseite schiebt, entfernt sich immer weiter von dem, was an die »Mutter« erinnern kann. Die Lacansche Sprache ist beispielhaft für die männliche Sprache, sie ist der Fluchtbereich, weit weg von derjenigen, die die Erinnerung an eine andere wachrufen könnte. Ihm können nur die folgen, die ihre Seele in der Garderobe abgegeben und ihr Empfinden für die Mutter in einem Holocaust geopfert haben: die Lacansche Sprache ist typisch für einen antiweiblichen Diskurs (selbst wenn gewisse Frauen die Herausforderung, ihn zu benutzen, angenommen haben), denn Ziel und Zweck dieser Sprache ist es, Körper und Gefühle fernzuhalten, und sei es nur durch die esoterische Form dieser Sprache.

Was sagen demgegenüber denn die »Neuen Frauen«, die jede

[6] Wladimir Granoff: La pensée et le féminin. Paris 1976, S. 304.

Spaltung zwischen der lebenden Sprache und der Abstraktion so ganz und gar ablehnen; doch nur, daß ihre eigene Sprache den *Körper einschließt* und die Gefühle beibehält, ohne daß sie dabei die intellektuelle Abstraktion vernachlässigen ... Sie sagen, daß diese Körper-Geist-Trennung im Diskurs daher kommt, daß der Mann die fixe Idee hat, vor allem fliehen zu müssen, was ihm als Teil einer Welt erscheint, die er als weiblich erlebt hat.

Die Feministinnen betonen, daß die »Kastration« nicht ihre Sache sei ... und daß sie entschlossen seien, von allem zu sprechen und auf jede denkbare Weise! *Tabuisierte* Themen werden wiederaufgenommen, die *unerlaubten* Worte sollen ausgesprochen werden. Die Frauen sind dabei, die Verbote aufzuheben, die ihnen auferlegt waren, denn sie sind sich klar darüber, daß es der Mann war, der all diese Barrieren errichtet hat, um die »Hexe« besser einzuschließen.

Da sie aufhören, sich an das Gesetz des »anderen« zu halten, sind die Frauen dabei, aus der Hysterie herauszuwachsen, aufzutauchen aus der Entfremdung: Ihre Sprache ist nicht mehr durch die Form weiblich, sondern sie wird es vom Grunde her. Bis jetzt war eine Frau durch das Äußere Frau, durch ihre Redeweise, die sich in eine gewisse Form kleiden und auf gewisse Themen beschränken mußte.

Die Feministinnen weisen die Idee weit von sich, sich durch das Äußere zu definieren. Sie verzichten also auf das »hysterische« Verhalten als Lebensform, was für das Verständnis der neuen weiblichen Sprache sehr wichtig ist: Sie spricht vom Innern und nicht mehr vom Äußern, und deshalb erreicht sie uns in unserem eigenen Herzen, in unserem eigenen Innern. Die neue Ausdrucksweise der Frauen hat etwas Faszinierendes, Berauschendes, etwas vom Weg in grenzenlose Weiten, von Freiheit, vom Davonfliegen. Nach der Über-Kastration des Wortes ist das jetzt die Anti-Kastration ... Zunächst haben die Frauen das Bedürfnis, allem zu entfliehen, um dann aber doch ihre eigenen Grenzen zu suchen, die nicht mehr die vom Mann gesteckten sein werden.

Es amüsiert mich zum Beispiel ungeheuer, den Mann auf seinen Neid (auf die Gebärmutter), auf seinen Uterusneid[7] zu verweisen, den Mann, der mit meinem vermeintlichen Penisneid[7] so viel Unheil angerichtet hat. Es macht mir Spaß zu sagen, was ich von ihm weiß, während ich bis jetzt nur hörte, was er über mich

[7] Im französischen Original deutsch (Anm. d. Ü.).

sagte ... Man redete immer von unserer Frigidität, die beinahe ein fester Programmpunkt war, und jetzt entdecke ich, daß sie von ihrer Impotenz geplagt werden, als dem unauslöschbaren Überrest ihrer Furcht vor der Mutter/Frau. Warum es dann nicht einfach offen sagen? Weil die Erinnerung an Jokaste in uns beiden lebendig ist, im Mann ebenso wie in der Frau. Um das Begehren des anderen zu erfüllen, taugen wir nämlich doch nicht so sehr viel, weder die einen noch die anderen ...

Der große Unterschied zwischen meiner Sprache und der des Mannes ist, daß die meine da ist, um aufgenommen, erfahren zu werden, um eine Verbindung mit dem »anderen« zu schaffen, während die seine mich immer hat flüchten lassen, mich immer auf Abstand gehalten hat ... Mich, die ich doch einen solchen Schrekken vor dem Abstand hatte ... Und wenn man mich fragt, ob es nicht einen männlichen Psychoanalytiker gibt, der versucht hätte, Neulingen die unbewußten Probleme des Paares zugänglich zu machen, habe ich jedesmal Lust zu lachen. Ich meine nämlich, daß der Mann sich nur in der Distanz wohl fühlt, insbesondere gegenüber den Frauen, und daß jede Annäherung meinerseits als unrechtmäßige Besitzergreifung, jeder Versuch, meine Existenz geltend zu machen, von ihm als kastrierend empfunden wird.

Natürlich, bedroht denn nicht jede Existenz des einen diejenige des anderen? Sartre hat gesagt: »Die Hölle, das sind die anderen.« Ja, wir sind Hölle und Paradies füreinander; das Schlimme ist nur, daß die Männer (von den Dichtern einmal abgesehen) die Frauen eher als Hölle sehen denn als Paradies. Ist das berühmte »Ich bete die Frauen an« nicht das offene Eingeständnis einer Vergötterung, die ohne dieses Bild nicht denkbar wäre?

Fängt nicht jede Frau, die kein Paradies für ihren Mann ist (also eine, die sich frigide gibt), damit an, aus der Hölle herauszukommen, in der er sie hielt? Nimmt sie sich denn nicht zunächst ihren Teil an Freiheit und an »Leben«, bevor sie jenen anderen Teil (den Penis) »lebt«?[8] Es gibt also wohl doch eine Verbindung zwischen der Existenz und der Lust, und falls der Mann uns wirklich »lustvoll« will, wird er uns als »existierend« akzeptieren müssen. Es ist kein Zufall, daß sich die Frauen die Frage nach ihrer Lust stellen, wenn sie eine gewisse Macht erlangen und das Wort ergreifen.

[8] Wortspiel im Französischen: ... prendre sa part de liberté et de »vie« avant de prendre celle du »vit« (um 1200, lat. vectis, literarisch Penis) (Anm. d. Ü.).

Sie begreifen, daß sie dadurch, daß sie ihre Entfremdung in einer gesellschaftlichen und familiären Rolle akzeptiert haben, sich auch ihrer ursprünglichen Sexualität entfremdet haben, um aus ihr die vom Mann erwartete zu machen.

Um den in ihrer Jugend erlebten Mangel an »Anerkennung« von seiten des Mannes wettzumachen, stürzen sich die Frauen als Erwachsene vor den Spiegel, den der Mann in Händen hält. Die Frau sieht indessen nicht ihr Bild, sondern das, das der Mann von ihr hat. Jokaste hat dem Herzen des Mannes ihre untilgbare Spur aufgeprägt, denn dieser Spiegel enthält nur das Bild einer »toten« Frau.

Auf die hysterische, nicht beantwortbare Frage an ihn also eine ver-rückte, an der Wahrheit vorbeigehende Antwort. Wer irrt mehr, diejenige, die fragt oder derjenige, der antwortet? Auf jeden Fall sprechen beide auf eine Weise, die durch die Mißgeschicke mit Jokaste verformt ist.

Es gibt beim Mann aufgrund seiner persönlichen Lebensgeschichte nicht einen Reflex, den wir finden könnten, der nicht demütigend, ja abtötend wäre. Den Teil der Sprache zu akzeptieren, den er uns zubilligt, hieße das ›Schweigen‹ akzeptieren (wie es mir einmal ein Analytiker so schön gesagt hat). Das werden, was der ›andere‹ will, das wir sein sollen, das ausdrücken, was ›er‹ denkt: Gibt es einen schlimmeren Tod? Der Mann ist nicht geschaffen, Leben zu spenden, selbst wenn die Frau einer Geburt zuliebe bei ihm Zuflucht sucht. Er wird nur eine Totgeburt zur Welt bringen.

»Ich bin mir selbst immer im Weg gewesen«, sagte mir eine Frau dieser Tage. Ja, das ist in der Tat das, was die Frauen sich antun. Von dem vom Mann hingehaltenen Spiegel ausgehend, kann die Frau nur mit Hilfe des Antiweiblichen weiterkommen, und »die geliebte Lügnerin«[9] weiß das sehr genau, aber sie zieht es vor zu lügen, statt zu »sterben« ... Einmal mehr zahlt die Frau ihren Tribut an Jokaste. Sie hat den Tod empfangen, während sie das Leben suchte. Schreibt doch Annie Leclerc: »Die einzige Sache, die ihr Männer von uns Frauen mit wirklichem Nachdruck immer wieder verlangt, ist, zu schweigen. Man kann wahrhaftig kaum mehr verlangen; darüber hinaus gibt es nur noch *den Tod,* den man verlangen könnte.«[10]

[9] Gabriel Rolin: Chères menteuses. Paris 1978.

[10] Annie Leclerc: Parole de femme. Paris 1974, S. 15; Hervorhebung durch die Autorin.

Durch das Wort des Mannes ins Leben treten heißt, den Zugang zu dem verlieren, was *unsere Existenz* hätte sein können, heißt, auf immer und ewig mit unserem Verschwinden in der *seinen* unterzugehen. Präsentiert uns Montherlant, dieser notorische Anti-Feminist, die Frau nicht als Schmetterling, der kommt, um sich an der Flamme des Mannes unrettbar seine Flügel zu verbrennen? Läßt er nicht Inès in ›Die tote Königin‹ sagen: »Der Tag, an dem ich ihn kennenlernte, ist wie der Tag, an dem ich geboren bin«, und läßt er nicht durch König Ferrante antworten: »Alle Frauen flattern – ich habe es beobachtet – hartnäckig um den, der sie verbrennen muß.«[11]

Es geht hier um den Lebenswillen der Frau gegen die Todeswünsche des Mannes, die er ihr gegenüber hegt. Inès findet denn auch bei dem den Tod, bei dem sie ihr Dasein suchte.

Sucht die Frau nicht dennoch unverändert die Existenz bei dem, der sie ihr nur verweigern kann? Und trifft sie schließlich auf diesen so ersehnten, so idealisierten Mann nicht nur, damit er ihr die Unerfüllbarkeit ihrer Forderung durch ihn, einen Mann, verdeutlicht?

Ist es nicht verrückt, bei ihm das zu suchen, was wir mit der Frau/Mutter nicht gefunden haben? Von wo kann er ihr denn antworten, ihr, die ihn für die Absicherung ihres physischen und geistigen Daseins hält? Er antwortet ihr von der Höhe seiner »Festung« herab, die er zwischen der Frau und sich zu errichten gelernt hat. Er hat beschlossen, jener nichts mehr zu geben, die ihm allzuviel genommen hat, als er klein und zu schwach war, um sich zu wehren ... Nun ja, da ist sie, sie, die sich selbst zur Gefangenen macht, die jetzt ihrerseits die Schrecken der Geburt durch das andere Geschlecht erlebt. Sie will den Ödipus, sie wird ihn bekommen, und sogar über ihre Hoffnungen hinaus. Die Frau ist nicht bereit, sich aus diesem Ödipus zu lösen. Sie will »dem anderen gefallen«, und sie wird das erreichen, indem sie sich vollkommen versklavt. Sie wird all das erfahren, was der kleine Junge damals erlebt hat. Sie wird begehrt sein, aber angekettet. Unter der drohenden Strafe der Zurückweisung wird sie sich der Erpressung beugen; mit einem Wort, die Frau wird in ihrer Beziehung zum Mann all dem begegnen, worunter der kleine Junge in der Beziehung zu seiner Mutter zu leiden hatte.

Ja, er liebt sie, aber indem er sie »vorbestimmt«, ja, er akzeptiert sie, aber nur, wenn sie ihm »folgt«, er beschützt sie, aber

[11] Henry de Montherlant: Die tote Königin. Hamburg 1947, S. 42 u. 165.

nur, wenn sie »auf jede Freiheit verzichtet«, und schließlich »betrügt« er sie, weil seine eigene Mutter ihn doch mit dem Vater betrogen hat. Die Abrechnung des Mannes ist voll im Gange, und der Ödipus der Frau wird die Kosten tragen. Von dem Moment an, in dem sie Frau sein wird, wird sie nicht mehr aufhören, den Ödipus zu leben, der dem Mädchen so sehr gefehlt hat. Aber was für einen Ödipus! Mit welch einem Vater! Denn der Mann hat es verlernt, die Worte zusammenzusetzen, die Verben zu konjugieren, die einen liebevollen Satz ergeben. Und hilflos vor der Forderung derjenigen, die er liebt (zu lieben glaubt), sagt er zu ihr: »Was möchtest du denn nur, das ich dir sage?« Er weiß wirklich nicht, was er ihr sagen soll, denn er hat ja vor allem anderen gelernt, sich gegen sie zu wehren.

Im übrigen fällt es ihm sichtlich leichter, ihr unangenehme Dinge zu sagen als angenehme. Das haben jedenfalls viele Männer im Laufe ihrer Analyse so ausgesprochen:

»Sie möchte, daß ich ihr sage, daß ich sie liebe, ich kann es aber nicht sagen, wegen der Distanz, die ich zu ihr brauche ...«

Wer sollte ihnen das verübeln? Wer wollte ihnen vorwerfen, Jokaste keine Geschenke mehr machen zu können? Sie können einer Frau keine Freude mehr bereiten, ohne sich an die Lust zu erinnern, die ihre Mutter aus ihnen gezogen hat.

Im Namen der »Mutter« wird die Schwiegertochter der Worte beraubt werden. Es ist ja im übrigen bekannt: Die Männer finden keine Worte, weder für die eine noch für die andere, und sie erweisen sich als unfähig, bei Schwiegermutter-Schwiegertochter-Konflikten einzugreifen. Sie schweigen, da sie nicht die Worte finden, um eine Wahl auszudrücken, die ohnehin nie ganz klar ist: der Sohn, das Objekt der »Mutter«, das sich gegen seine »Frau« verteidigt. Indem er die meidet, die er täglich sieht, bleibt er stecken in der Abrechnung mit derjenigen, die er nicht mehr sieht. Zwischen ihren Müttern und ihren Frauen wissen die Männer nicht mehr, an welchen Busen sie sich flüchten sollen.

Es sind die Männer, die die sozialen Ungleichheiten aufrechterhalten, unter denen die Frauen leiden. Im Namen ihrer Kindheit, die es immer wieder zu rächen gilt, halten sie an ihnen fest: Sie waren als Jungen Gegenstand der Lust für ihre Mutter, die Frauen werden für sie »Ware« sein.[12]

Seit einiger Zeit hören die Frauen interessanterweise auf, gegen die männliche Festung anzurennen, und sie beginnen, sich unter-

[12] Luce Irigaray: Das Geschlecht, das nicht eins ist. Berlin 1979, S. 177.

einander zu befragen, miteinander zu reden, als hätten sie endlich begriffen, daß die Antwort des Mannes nur ein Köder sein kann oder noch Schlimmeres. Sie geben einander Antworten, sie überwinden die vom Mann geschaffene, gefährliche weibliche Konkurrenz, und sie entdecken endlich die so sehr gesuchte Gleichheit, die sie seit der frühesten Kindheit verloren hatten.

In der erwachsenen Frau findet jede andere Frau den wahren Spiegel, der weder eine Hexe noch eine Kokotte, noch eine Verschlingende zeigt, sondern eine ihr gleichende Frau, und das am Anfang wegen der Ungleichheit der Mutter/Tochter-Körper fehlende Gefühl der Gleichgeschlechtlichkeit findet sich dort. Aber nach wie vielen Irrwegen und vor allem nach wieviel leidvoller Erfahrung für das Mädchen, das sich den Mann als gute Mutter vorstellte, während der »ödipale« Mann, auf den es traf, sein schlimmster Feind war!

Die Identität des Mannes beruhte jahrhundertelang auf der Gegenidentifikation zur Frau, die auf eine mütterliche Stereotype reduziert war und als solche in ganz bestimmten Bereichen und Ausdrucksformen im sozialen Gefüge festgeschrieben ist. Dagegen scheint sich die Identität der Frauen durch das Bewußtwerden der gemeinsamen Versklavung und des Schweigens gegenüber dem Mann zu bilden. Das bisherige einverständliche Schweigen verwandelt sich in die Sprache der Opposition, und der Mann ist darüber erstaunt. Dabei kennt er die Sprache des Widerspruchs gegenüber der Macht der »anderen« sehr gut. Es scheint sogar, daß er der Frau gegenüber *nur* diese Sprache kennt.

Die Frauen haben es sehr schwer, die für ihre Identität so notwendige gleichgeschlechtliche Sprache zu schaffen, denn der Mann hat sie, als das »schöne Objekt«, so sehr gegeneinander dressiert, daß jede Frau für die andere eine gefährliche Konkurrentin geworden ist. Die Feministinnen haben das gut verstanden, die als erstes verlangen, daß diese schreckliche Komödie, das »Dem-Manne-Gefallen«, aufhört, damit sich eine neue Beziehung unter den Frauen bilden kann. Eine Beziehung frei von Haß und Vergleich; damit endlich eine wirkliche Sprache der Frauen entsteht und das Geschwätz über das, was dem Mann gefällt, aufhört.

Kann die Frau nur von einer anderen Frau geboren werden, die nicht ihre Mutter ist? Kann nur ein *Körper,* der dem ihren *gleich* ist, ihr narzißtischer Spiegel sein? Ist das die vom jungen Mädchen beim Übergang zur Adoleszenz durchlebte Dialektik, als es seinen Körper dem der Mutter ähnlich werden sah? Ja, aber der Krieg zwischen den beiden war schon ausgebrochen und die Gleichgeschlechtlichkeit seit langem abgelehnt. Machen die Frauen in den feministischen Bewegungen etwas anderes, als sich gegenseitig anzuerkennen und zu verzichten auf den »entfremdenden Dritten«, den Mann, Sohn von Jokaste?

Wir kommen endlich zu dieser neuen Sprache, die vielleicht nichts mehr von dem an sich haben wird, was der Mann für uns als weiblich vorgesehen hatte; vielleicht werden wir nicht mehr über die Küche reden, über Kleider oder Babys. Wer weiß? Wir brauchen Zeit, um uns von all dem zu lösen, was man uns jahrhundertelang eingetrichtert hat. Wir brauchen Zeit, uns an unsere Freiheit zu gewöhnen, Zeit, um unseren Weg zu bestimmen, denn bis jetzt war unser Weg der der Reproduktion. Was werden wir produzieren, wenn Produktion und Reproduktion sich in unserem Kopf voneinander unterscheiden werden? Wann wird unsere Sprache nicht mehr mit unserem Geschlecht identifiziert werden, wie werden wir dann reden?

Im Namen unseres Geschlechts hatte man uns Themen und Ausdrucksweisen zugewiesen. Es genügt, eine Zeitung aufzuschlagen, um festzustellen, daß die Veränderung noch kommen muß und daß die Stereotypen, der Mann »stark« und die Frau »Körper, geschaffen, um zu gefallen«, immer noch da sind. Unsere Sprache ist sexistisch, sogar unser Konsum ist sexistisch (Parfums für Frauen, Parfums für Männer, Uhren für Frauen, Uhren für Männer usw.). Wer wird es wagen, die Bastion des Konsums anzutasten, in dem die Hauptverbraucherin die Frau ist, die ihrem »Bild von der Frau« nachrennt?

Dies alles kann sich nicht von heute auf morgen verändern. Der Mann versucht, Zeit zu gewinnen, aber er befürchtet, daß der Teil seines Selbst, den er ihr anvertraut und auf den er verzichtet hatte, ihm von der Frau nicht mehr entgegengebracht werden wird. Er hat Angst, ohne Gefühle, ohne Worte der Liebe leben zu müssen, da er sie alle vergessen hat. Er hat Angst, in eine ausschließlich männliche Welt zu geraten, denn seine Weiblichkeit, seine Empfindsamkeit, seinen Wunsch zu gefallen, alles hat er in der Garderobe abgegeben. Wenn wir *unsere Identität* überdenken, wird er gezwungen sein, die *seine* zu überdenken. Das ist genau das, was ihn am Feminismus so stört. Im Augenblick ist er nur dabei, zu spotten. Aber er weiß, daß er eine so umfassende Bewegung nicht aufhalten kann und daß auch er gezwungen sein wird, Inventur zu machen. Er wird all das auflisten müssen, was er auf seinem Weg seit der Geschichte mit Jokaste verloren hat. »Denn er ist ein Mann geworden, das heißt ein Zerrbild dessen, was er war.«[13]

Während unsere Sprache die Farbe und die Frische der präödipalen Kindheit beibehalten konnte, ist die des Mannes unter das Skalpell der ödipalen Untersagung geraten, das sie jeder affektiven Färbung beraubte. Die für den Jungen so einschneidende Liebe zur Mutter ist letztendlich eine »gesperrte« Liebe, und das männliche Kind sieht sich gezwungen, das mütterliche Reich zu verlassen, nicht nur mit aggressivem Verhalten, wie wir schon gesehen haben, sondern auch mit Hilfe der Sprache. Kälte, Logik, Schweigen, die Abwesenheit von Gefühl und Emotionen, das ist die männliche Sprache nach dem ödipalen Gesetz.

Der Mann bemüht sich, so »kalt« zu sein, wie er uns »warm« haben will. Was hat es mit dieser Aufteilung der Gefühle je nach Geschlecht auf sich? Was ist mit diesem Geschlecht, das auf unsere ganze Person übergreift? Reichen die sexuellen Unterschiede unserer Körper für die Unterscheidung denn nicht aus? Müssen auch noch Unterschiede in unserer Gedanken- und Gefühlswelt hinzugefügt werden? Muß es sein, daß die Gedanken sich mehr und mehr voneinander entfernen, wenn die Geschlechter versuchen, sich im sexuellen Akt wiederzufinden? Müssen wir in unserem Bestreben, die Vollkommenheit des ursprünglichen Geschlechts wiederzufinden (Platon), die Unvollkommenheit des in zwei Teile geteilten Geistes hinnehmen, verteilt auf ein männliches und ein weibliches Wesen? Wir haben doch jeder nur die Hälfte des Geschlechts mitbekommen, dürfen wir dann auch nur die Hälfte der Sprache haben ...?

Diese Aufteilung der Werte, der Rollen und der Sprache nach dem Geschlecht vertieft nur den Unterschied, und statt uns zu Verbündeten zu machen, dient sie uns meistens nur als Abschreckung. Wir verstehen einander nicht mehr... Hört man nicht gelegentlich Beleidigungen wie: »Finden Sie nicht, daß Sie wie eine Frau reden« (von einem Mann) oder »Drücken Sie sich da nicht wie ein Mann aus« (von einer Frau)? Falls wir ebensoviel mit dem Vater wie mit der Mutter hätten reden können, als wir klein waren, hätten die weibliche Sprache oder die weiblichen Emotionen nicht die einzigen Bezugspunkte werden können, die es zu reproduzieren oder zu vermeiden galt, und vielleicht gäbe es keinen Krieg der Worte.

[13] Henry de Montherlant: Die tote Königin. Hamburg 1947, S. 157.

Es ist der Zwang, die Mutter zu verlassen, der den Jungen in eine von Affekten entleerte Sprache eingesperrt hat; wenn sein Ödipus nicht über die Ablehnung der Mutter gegangen wäre, hätte die Sprache nicht sexistisch werden müssen ...

Der Mann muß aufhören, seine Abrechnung mit der Mutter auf unserem Rücken auszutragen, und wir, die Frauen, müssen aufhören, unser Geschlecht überall da zur Geltung zu bringen, wo es nicht hingehört ... Beide verlieren wir da, wo wir zu gewinnen glauben ... Ohne daß wir es wollen, verraten uns unsere Worte, sie dienen uns in einem Krieg, der aus unserer Zeit in der Wiege stammt. Der Mann ist aber ebensowenig verantwortlich für seine ödipale Geschichte wie wir für unser präödipales Drama: beide sind das Ergebnis einer patriarchalischen Gesellschaft, in der die Herrschaft der Mutter während der Kindheit beim Mann den Haß auf alles Weibliche erzeugte und bei der Frau den Respekt für alles Männliche. Wir sollten Ödipus das Recht zugestehen zu sagen:

»Meine Werke sind weit eher ja gelitten als getan.«[14]

Und für Jokaste das Recht zu fragen:

»Die Liebe, nichts als die Liebe,
den lieben, der der Tod ist?
Er gibt dir nichts, er, der dir alles nimmt,
mir hat er alles genommen; alles gegeben; alles *wieder genommen.*«[15]

Werden wir uns erst mit jahrhundertelanger Verspätung darüber klar, was mit uns einfach nur deshalb geschieht, weil wir als Mann oder als Frau geboren werden? Vielleicht werden wir uns eines Tages gegenseitig unsere so merkwürdig verworrene, auf so verschiedene Weise entfremdete Geschichte erzählen können.

Bei der Entwicklung ihrer Sprache gehen das Mädchen und der Junge in der Tat nicht den gleichen Weg, obwohl diejenige, mit der sie die Sprache lernen, dieselbe ist, die ›Mutter‹.

Das Mädchen verirrt sich ein erstes Mal in der Kindheit, wenn es, weil es keine eigene Sexualität hat, das Verhalten und die Sprache der Mutter übernimmt: Es spricht »wie eine echte kleine

[14] Sophokles: Oedipus auf Kolonos. München 1954, S. 17.
[15] Hélène Cixous: Le nom d'Oedipe. Avignon 1978, S. 79.

Frau«, oder es redet »wie ein Buch«. Mit der Sprache überbrückt es, zumindest dem Anschein nach, den enormen Abstand, der es von der Frau trennt, als die es sich nicht fühlen kann: mit seiner Sprache, wie mit seiner ganzen übrigen Person, beugt sich das Mädchen während dieser Zeit dem für weiblich erklärten Gesetz des Verführens: Ein Mädchen gebraucht keine groben Worte, es zeigt sich sanft, artig, weniger wild als ein Junge ...,[16] es begreift bereits zu der Zeit, wie es sein muß, um zu gefallen, anstatt sich zu zeigen, wie es ist. Wie oft hat man mir nicht gesagt, weil ich ein Mädchen war: »Oh, Christiane, was für schmutzige Worte in einem so kleinen Mund!« Zweifellos hatte ich für einen Moment das Verhältnis zwischen meiner Existenz und meiner Erscheinung vergessen.

Späterhin, wenn die Pubertät einsetzt, wird das Mädchen ein zweites Mal in die Irre geführt, diesmal aber vom Mann, der es auf die weiblichen Themen festlegen wird, die es kennen muß, wenn es gefallen will. Es wird die Liebe sein, der Körper, die Schönheit, letztlich alles, was sich auf die Lust bezieht. Und der Körper wird und bleibt also das von den Frauen am liebsten angesprochene Thema: der Körper, der durch seine Schönheit gefällt, oder der Körper, der mit seinen Krankheiten beunruhigt, egal, was: Der Körper ist das den Frauen in der Ordnung des Mannes auferlegte Thema.

In dem Moment, in dem sie das Wort ergreift, hat die Frau Angst, sich einerseits nicht der *erwünschten Worte* (der als weiblich erklärten) zu bedienen und andererseits sich von den *erlaubten Themen* zu entfernen. Meistens sagt sie, sie habe nicht die Worte, um sich auszudrücken (die Worte sind ja auch nicht die ihren, sondern die, die man der Frau, die sie ja ist, auferlegt hat), und sie hat Angst, daß sie nicht mehr als »Frau« angesehen wird, wenn sie nicht die Worte ihres Geschlechts benutzt. Sie hat Angst zu mißfallen. Körper – Worte – Geschlecht, alles verknäult sich in ihrem Kopf, so, wie man es für sie verwirrt hat, als sie klein war, und sie erweist sich als unfähig, sich dieser Wirrnis zu entziehen. Sie spricht mit ihrem Körper (sagt man von der Frau), oder sie spricht wegen ihres Körpers nicht: »Sobald ich vor einem Mann stehe, werde ich dumm, habe keine Ideen mehr. Ich kann nicht mal mehr richtig antworten, ich schäme mich meiner Dummheit, mein Kopf arbeitet nicht mehr, ich bin nur

[16] Vgl. dazu Elena Gianini Belotti: Was geschieht mit kleinen Mädchen? München 1975, S. 16f.

noch Körper«, sagte mir neulich eine Frau. Körper als Sperre, Körper als Gefängnis des Geistes, Körper als Objekt des physischen Begehrens, der die Frau hindert, sich als »Subjekt« geltend zu machen.

Auch der Junge entwickelt seine Sprache mit der Mutter, aber auf eine ganz andere Weise. Um dem Ödipus und dem Begehren der Mutter zu entkommen, wird der Junge alles ablehnen, was seinen Körper betrifft. Der Körper war der Anziehungspunkt für die Mutter, er stand für alles, was das Gefühlsleben betrifft, mit dem sie ihn allzusehr umgeben, ja erstickt hatte. Mit ein und derselben Anstrengung wird der Junge gewisse Themen vermeiden und eine von Gefühlsäußerungen entkleidete Sprache wählen.

Da haben wir also den Mann, auf einmal ohne Beziehung zum Körper und ohne Gefühl für affektive Worte, »er hat beinahe nichts mehr zu sagen«, außer unverbindlichen Banalitäten. Die männliche Sprache, oder die dazu erklärte, ist ein Sprachgebrauch, ist eine Sprachsperre gegenüber der Mutter und ihren Emotionen. Der Mann versagt sich das Weinen, die Gemütsbewegungen, auch er ist eingesperrt, aber in der Härte gegenüber der Mutter, im Widerstand gegen die Zärtlichkeit, die früher zwischen ihnen bestanden hat.

Der Mann ergreift leicht das Wort oder die Feder, denn er riskiert ja nichts, da er nie mehr von sich spricht, sondern von Dingen außerhalb seiner selbst. Berührt uns das, was er sagt? Selten, denn er spricht nie das an, was in uns empfindungsfähig ist, sondern das, was logisch ist.

Ein Mann sagte mir etwas Erstaunliches: »Ich fühle mich zweigeteilt, auf der einen Seite ist da mein Körper, der mir nicht gehört (ich habe ihn verschenkt an meine Mutter, an meine Frau), und dann ist da mein Kopf, der sich nur für mich alleine dreht, mit hunderttausend Umdrehungen pro Minute.«

Es ist ganz deutlich: Eben noch hat eine Frau zu mir über ihren ständig anwesenden Körper (allgegenwärtiger Körper, der jeden Zugang zur Sublimierung versperrt) und von ihrem abwesenden Kopf gesprochen, und dann erzählt mir ein Mann von seinem abwesenden Körper und von seinem Kopf, der sich nur für ihn dreht (Sublimierung, die den ganzen libidinösen Bereich besetzt und für den Körper keinen Platz läßt). Eine entgegengesetzte Entwicklung des Mannes und der Frau in bezug auf die gleiche »Mutter«, eine Entwicklung, die beiden oft den Eindruck gibt, himmelweit voneinander entfernt zu sein. Was für Dinge bilden und lösen sich wieder in diesem Körper, in diesem Kopf! Wegen einer Frau.

Wer könnte die schreckliche Jokaste daraus entfernen, oder wenigstens ihre Wirkung mildern, wenn nicht ihr Mann Laios, der verschwundene Vater? Man müßte ihn wiederbeleben können, ihn in seinen Palast zu seinen Kindern zurückführen. Der Platz des »Vaters« sollte überall dort sein, wo auch sein Kind ist: im Kinderzimmer, im Badezimmer, in der Küche, im Kindergarten, beim Spielen. Überall dort, wo die Frauen herrschen, müssen die Männer gleichberechtigt an ihrer Seite sein, wenn wir Kinder sehen wollen, deren Sexualisierung nicht zwangsläufig auf eine Parteinahme für oder gegen die Frau hinausläuft.

Die Feministinnen haben erkannt, daß die Frau in der Sprache unablässig als negativer Bezugspunkt für den Mann herhalten muß, wenn er spricht, selbst wenn er sich an »sie« wendet. Die Männer tun das unbewußt, ohne es überhaupt zu merken, und die Frauen sind entschlossen, ihnen diesen *Kampf auf der Ebene der Worte* bewußtzumachen. Und ich habe es übernommen, aufzuzeigen, daß der Mann, der von Frauen großgezogen ist, »ihnen« gegenüber nur eine defensive oder aggressive Sprache haben kann!

Weiß denn der Analytiker nicht besser als jeder andere, daß es sich dabei um eine »Geschichte« handelt, die nur von einer anderen ausgelöscht werden kann? Insbesondere diese hier, die in seinem Konsultationszimmer zur Sprache kommt?

Wir sehen doch, wie der Mann in der Analyse nach und nach den gefühlsmäßigen Teil seines Selbst wieder zurückgewinnt, den er damals aufgegeben hat, und wie seine Starrheit einer neuen Wärme und Nachgiebigkeit Platz macht, eine Entwicklung, die nicht zwangsläufig über die Opposition gegen die Frau führt.

Erleben wir die Geburt einer »anderen « Frau? Einer Frau, die beginnt, aus sich selbst heraus zu existieren, ohne daß sie um eine Identität bitten muß, weil da niemand mehr ist, der sie ihr streitig macht? Nämlich dann, wenn sie aufgehört hat, sich von der Überlegenheit der Mutter erdrücken zu lassen oder sich dem Begehren des Mannes zu unterwerfen.

Anstatt die Überlebenden des Ödipus einen nach dem anderen zu analysieren, muß man sich fragen, ob dieser Ödipus nicht anders gestaltet werden könnte, damit er nicht immer nur in einen Krieg der Geschlechter und der Worte mündet.

11. Eine Reisende ohne Gepäck

> Und sein Weib sah hinter sich und ward zur Salzsäule.
>
> *Erstes Buch Mose*

> Die Frau kann sich also dem Ursprung zuwenden, nur, es ist nicht der ihre.
>
> *Luce Irigaray*

> Nicht der Ursprung: sie kehrt dorthin nicht zurück. Reise des Jungen: Rückkehr ins Heimatland (...) Reise des Mädchens: viel weiter, in das noch zu findende Unbekannte.
>
> *Hélène Cixous*

Heimkehr zu mir selbst, über meine Erwartungen sprechen, über meine Enttäuschungen, meine Wünsche: Diese Nacht soll der Begegnung mit meinem Leben als Frau gewidmet sein. Ich werde von mir selbst sprechen. Nur wie? Habe ich denn nicht seit dem Beginn dieser Reise nur das getan? Nein, denn meistens habe ich von »ihm« und von »mir« gesprochen, habe davon berichtet, wie wir mehr oder weniger harmonisch zusammen wanderten, habe unseren Zickzackkurs beschrieben, der uns immer wieder voneinander entfernte, um uns bald danach wieder zusammenzuführen. Ich und meine Wünsche, er und seine Verweigerungen, das waren die ödipalen Schnittpunkte unserer beiden Wege. Bei diesen Begegnungen wurde uns bewußt, welchen Weg wir seit Jokaste zurückgelegt haben und welche Strecke wir noch bewältigen müssen, um sie vergessen zu können.

Ich habe meine Wünsche zu verbergen gelernt, er hat gelernt, seine Verweigerungen zu nuancieren: Ich habe aufgehört, von mir zu verlangen, ihm »in jeder Hinsicht« zu gefallen, und er hat mir nicht gesagt, daß er mit meiner Intelligenz nichts zu schaffen habe, aber er hat es so eingerichtet, daß ich sie für sehr spezifische Aufgaben einsetze, insbesondere häusliche, für die er sich nicht eignet – so stellt er sich zumindest dar. Er hat versucht, mir freundlich einen Klappsitz neben seinem Orchestersessel zu geben. All dies wurde so taktvoll eingefädelt, war gesellschaftlich so anerkannt, daß es schwer war, sich dagegen aufzulehnen. Es war zum Beispiel ausgeschlossen, daß ich den Posten als Erziehungsverantwortliche hätte verlassen können, denn wer hätte sich an meiner Stelle um die Erziehung gekümmert?

Er gab vor, nicht zu sehen, daß das Gewicht der Zukunft der Kinder in der Waagschale meines eigenen Lebens zu schwer zu werden drohte.

Von meiner Verheiratung an hat man mir ein Leben aus zweiter Hand zugemutet. Ich mußte von der Freude anderer leben, mußte über ihren Schlaf wachen, über ihre Gesundheit, über den Appetit bei ihren Mahlzeiten und mußte mich darüber freuen, wenn all dies gut vonstatten ging, mußte aus »ihrem« Leben »mein« Leben machen.

Das ist es, was es bedeutet, Frau zu sein: sich mit den Krümeln der Mahlzeit begnügen; die Bruchstücke einer Unterhaltung genießen, für die die anderen die Muße haben; aufstehen, während die anderen sitzen bleiben und so weiter. Frau zu sein bedeutet, immer ein bißchen im Abseits zu leben, neben dem Geschehen, und das führt schließlich dazu, daß sie eine immer größere Frustration empfindet.

Die Frau ist eine Schnecke, deren Haus sich alle ausleihen, um es warm zu haben, während sie selbst häufig fast erfriert. Die Frau ist eine Reisende ohne Gepäck, die zum Gepäckträger der anderen wird. Was nun die Reise selbst angeht, so führt sie die Frau nie zu sich nach Hause, sondern immer nur zu den anderen.

Die Frau ist die, die sich nicht finden kann, weil sie ihre Zeit damit verbringt, von sich wegzugehen, um zu den anderen zu gelangen; unglaubliche Mama, die ihren Platz von anderen zugewiesen bekommt und die dem Himmel dankt, daß sie endlich überhaupt einen Platz hat, sie, die bis dahin nie einen hatte.

Man hatte ihr eingetrichtert, daß ihre Identität sich nicht im tiefsten Innern ihres Selbst verberge, sondern im Innern des »anderen« zu suchen sei! Immer auf dem Weg, weg von sich selbst, immer auf der Flucht vor sich selbst, so lebt die Frau ihr Leben. Sie hat lange gehofft, daß ihr wirkliches Sein eines Tages dem Traum des Mannes entsprechen würde und daß sie endlich aufhören könnte, zu lügen und Tricks anzuwenden. Weit gefehlt. Der Traum des Mannes von der Frau geht eindeutig nur in eine Richtung: »Gefährtin gesucht, zwanzig bis vierzig Jahre, sanftmütig, treu, zärtlich, bescheiden, möglichst hübsch« – so will er uns, so zeigen wir uns. Nur, so sind wir nicht!

Und der Mann, werden Sie mir nun sagen, ist er denn nicht auch auf die Stereotype des männlichen Mannes verkürzt? Bleibt ihm etwas anderes, als sich tüchtig, angepaßt, stark, mutig und so weiter zu zeigen? Zweifellos, aber nach der Komödie des Tages entspannt er sich, und man gönnt ihm die »Ruhe des Kriegers«. Er kommt nach Hause und findet dort all die Merkmale seiner Kindheit: Er fragt beiläufig, was es zum Abendessen gibt, er sucht die Zeichen, daß er erwartet wird, und er findet sie: Sein Bett ist gemacht (man weiß nicht, will nicht wissen, von wem), seine Wäsche ist sauber, sein Gedeck ist nicht vergessen worden, er kann also meinen, zu seiner Mutter zurückgekehrt zu sein, und er kann um sich schauen: die Landmarken seiner Kinderlandschaft sind immer noch da. Er wird erwartet.

Und ich? Mein armes Ich in dieser Zeit? Wer kümmert sich um mein Heimkommen, mein Wohlbefinden, meine Wäsche, mein Gedeck? Niemand. Ich selbst muß »mich« bemuttern. Welch unbegreiflicher Köder, der mich glauben ließ, wenn ein Mann mich in seine großen Arme nimmt, dann dürfte ich endlich klein sein, dann hätte ich endlich eine liebende *und* begehrende Mama. Aber er ist es, der regrediert; er behält seine Richtung bei, und ich trete auf der Stelle, denn ich habe noch immer keinen wirklichen Zufluchtsort. Nicht einmal in meinem eigenen Haus, da dort niemand ist, der meine »Mutter« spielen könnte. Ich bin die einzige unter diesem Dach, die keine »Mutter« hat. So, wie ich als Kind die einzige war, die kein meinem Geschlecht entsprechendes Sexualobjekt hatte. Diese Geschichte geht immer weiter, denn um meinen Platz muß ich kämpfen, muß ihn immer wieder aufs neue erobern, diesen Platz, der von so vielen »Wenns« abhängt... Es ist immer die gleiche Flucht nach vorn, ich muß mich als gute Mutter, als gute Köchin, als gute Gattin zeigen, wenn ich nicht Gefahr laufen will, zur Strafe für ein Nichts gehalten zu werden. Das ist genau die Fortsetzung meiner Kindheit, in der ich mich als gutes kleines Mädchen zeigen mußte, um nicht riskieren zu müssen, überhaupt kein Mädchen zu sein. Ich versuche erfolglos, ein Bild von mir abzugeben, das nicht mein Bild ist, denn es entspricht mir nicht: ich bin nämlich wie alle, ich habe keine Lust, die »Mutter« zu sein, sondern ich möchte eine »Mutter« haben, und ich finde niemand, der bei mir diese Rolle übernehmen möchte.

Die Frauen müssen sich mit der Zukunft (avenir) der anderen

abgeben, aber wer kümmert sich darum, daß das eigene Kommende (à-venir) nicht kommt (ne vient pas)?[1] Müssen sich die Frauen mit dem Kommenden (à-venir) der Ihrigen zufriedengeben? Was heißt das eigentlich, die Ihrigen, die Meinen? Von meinem Mann, von meinen Kindern gehört mir doch nichts, sie gehören nur dem Leben: Jeder ist in dieses achtzigjährige Abenteuer hineingeworfen, das man, so gut es irgend geht, in dieser komplizierten Welt bestehen muß, deren Sinn und Zweck häufig nicht einzusehen ist.

Für meinen Teil glaube ich, daß mein Zweck in ihren Augen klar bestimmt ist und daß ich »ihnen« gehöre. Ich bin die Mutter, was mich davon abhalten soll, mir die anderen metaphysischen Probleme aufzuladen.

Im Gegensatz zu den anderen Familienmitgliedern habe ich zu keiner Zeit das Recht, das Kind zu spielen, denn wer würde in diesem Falle die Rolle der ›Mutter‹ übernehmen? Es ist die unauswechselbare Rolle, ist das Ding, das auf der Haut klebt, denn niemand übernimmt die Ablösung ... Die Frauen nähren die anderen, wer aber nährt sie? Niemand, sie sind die einzigen, die sich allein nähren müssen, die einzigen, die autark funktionieren müssen, in einer Familie, in der alle anderen das Recht haben, die Rollen auszutauschen. Und das erscheint den Frauen an manchen Tagen so ungerecht, so falsch, daß sie nur einen Wunsch haben: all diese Einkaufstüten aus dem Fenster zu werfen, alle Salate zu zertrampeln, alle Eier an die Wand zu schmeißen und zu heulen, endlos zu heulen ... Weinen wie kleine Mädchen, die das Gefühl haben, nie wirklich dazusein, weinen wie verarmte Wesen, weinen wie Kinder, wie verwaiste Kinder ...

Gewiß, man erlaubt uns theoretisch alle die Zeichen der Kindheit: wir haben das Recht, zu weinen, zerbrechlich und schwach zu sein, nicht fähig, lange über etwas nachzudenken ... In Wirklichkeit aber verweigert man uns das Recht auf wirkliche Schwäche, auf das vollkommene Ausruhen, auf das materielle Abschalten (was der Mann verlangt, wenn er abends nach Hause kommt). Immer abgekämpft, aber nie müßig, so akzeptiert uns die Gesellschaft, die gut ausgerichtet ist auf die Arbeit des Mannes, auf die die Ruhe folgt, und auf die Nicht-Arbeit der Frau, auf die die Nicht-Ruhe folgt, so daß die Frauen nicht

[1] Im französischen Original Wortspiel mit l'avenir (Zukunft) und venir (kommen) (Anm. d. Ü.).

an den gleichen gesellschaftlichen Aufgaben wie die Männer arbeiten, daß sie dafür aber rund um die Uhr im Einsatz sind.

Für die Frauen ist es immer unmöglich, jemanden zu finden, der sie ablöst, unmöglich, ein Eckchen zu finden, um sich zurückzuziehen, ein paar Augenblicke, um sich auszuruhen. Sie finden manchmal nur den Arzt oder den Psychoanalytiker, die bereit sind, ihnen ein Innehalten vorzuschlagen.

Weiß Gott, sie wissen es, jene, die die Sprechzimmer der Ärzte bevölkern und die darauf warten, das lange Klagelied ihrer physischen Leiden anzustimmen, den blassen Widerschein ihrer psychischen Einsamkeit. Kann denn der Arzt eine Frau »innehalten« lassen, die keine klar definierte Arbeit hat? Sie ist erschöpft davon, außerhalb von sich selbst zu leben. Wie kann man sie zu sich selbst zurückführen? Ihre Flucht liegt ja schon lange zurück, stammt aus ihrer Kindheit und ist jetzt Teil der Familienszene. Was ist mit dieser von allem und allen erschöpften Frau zu tun?

Ihr Mann, ihr Gefährte, müßte lernen, ihr mögliche Rückzüge anzubieten, müßte auch Essen kochen, Nächte durchwachen, Krankenpfleger seiner Kinder sein, damit sie sich endlich auf jemanden verlassen könnte, anstatt sich auf den Arzt zu verlassen. Der Mann muß auf seine Seelenruhe verzichten, damit die Frau die ihre entdecken kann, der Mann muß ein wenig seinen Ödipus aufgeben, damit die Frau den ihren finden kann. Der Ehemann muß aufhören, das Kind zu spielen, damit seine Frau aufhören kann, die »Mutter« sein zu müssen.

Bis jetzt hatten die Männer einen vorfabrizierten Einwand: »Wir haben nicht die Zeit, und unsere Frauen haben sie«, aber die arbeitenden Frauen sind dabei, eine andere Antwort zu formulieren, denn sie haben nicht mehr die Zeit, sich von der Familie ausbeuten zu lassen, sich in der Ehe versklaven zu lassen. Sie haben nicht *mehr* Zeit als der Mann. Es wird also jetzt darum gehen, deutlich dieses Recht auf Regression anzusprechen, es wird darum gehen, es nicht mehr nach dem Geschlecht zuzuteilen, sondern nach den Bedürfnissen eines jeden in der Paarbeziehung ...

Das neue Problem, das sich bei der Frauenarbeit stellt, ist ihr Recht auf Regression und ihr Zugang zur »Sublimierung«.

Die Sublimierung ist nämlich der zweite Bereich, der im Leben der Mütter/Frauen fehlt. Nachdem die Regression an ihnen vorbeigegangen ist, fehlt ihnen (wie Freud gesagt hat) die Sublimierung.

Denn sublimieren bedeutet, seine primären Triebe auch »woanders und anders« einzusetzen; zum Beispiel kann man seinen Körper mit Nahrung wie seinen Geist mit interessanter Lektüre ernähren. Der Mann vertieft sich zur Essenszeit in seine Zeitung; seine Frau dagegen wird sich selbst noch nach dem Essen weiter um die Küche kümmern, denn über die Mahlzeit hinaus gibt es das Hinterher: das Abräumen, das Geschirr spülen und so weiter. Wie könnte sie ihre Triebe »woanders und anders« einsetzen? Wenn sie all ihre Aufgaben erledigt haben wird, wird sie müde sein und keine Libido mehr haben, um sie in anderer Form zu nutzen: Die Art, sich zu verausgaben, ist bei der Frau auf das Konkrete ausgerichtet, so sehr, daß für das Abstrakte kein Platz bleibt. Es ist leicht, aber niederträchtig, zu sagen, daß die Frauen zur Sublimierung keinen Zugang hätten, wenn man ihnen die Zeit dazu nicht läßt. Der Beweis dafür ist dieses Buch, das ich nur mit großer Mühe in meine Existenz als arbeitende Frau mit Familie hineinschmuggeln konnte. Wenn es mich zwei Jahre gekostet hat, es zu schreiben, so nicht wegen der Schwierigkeit, es auszuarbeiten, sondern eher, weil ich keine Zeit fand, um es zur Welt zu bringen ... Dieses Buch habe ich in mir getragen wie ein Kind, bei dem die Gesellschaft mich hinderte, es zu gebären, im Gegensatz zu meinen anderen Kindern aus Fleisch und Blut, für die man mir Zeit gab, Ruhe und so manche Erleichterung.

Eines Tages hörte ich auf einem Psychoanalytikerkongreß diese »Herren« über die »Mutter« reden, für die, nach ihrer Auffassung, der Phallus nur das Kind sein konnte, und ich sagte mir, wenn sie das mit unbewegtem Gesicht verkünden, setzen sie die Frau nur deshalb auf diesen Platz, um ihr nicht an »anderer Stelle« zu begegnen und insbesondere nicht beim Sublimieren. Nachdem ich in diesem Sinne das Wort ergriffen hatte, zog mich der Sitzungspräsident beim Hinausgehen freundlich beiseite und sagte: »Wissen Sie, wir wissen sehr wohl, daß wir euch Frauen gegenüber ungerecht sind, aber wir haben es nicht gern, wenn man uns daran erinnert.« Ein Anfall von Ehrlichkeit bei einem alten Fuchs der Psychoanalyse, der die gefährliche Gratwanderung sieht, die mit dem »Penisneid« begann, aus dem dann das »Penis-Kind« wurde, umgewandelt schließlich in »Sublimierungs-Neid«?

»Sie«, die Männer, wollen weder, daß ich denke, noch, daß ich sublimiere; das reservieren sie für sich; für mich gibt es die großartige Rolle der »Mutter«, gibt es das tägliche Auf-der-Stelle-Treten derjenigen, die für die anderen sorgt. In diesem Zusammenhang werden sie sich um mich kümmern, glauben Sie mir!

Sie werden sogar so weit gehen, mich zu definieren, unabhängig von dem, was ich denke, weit entfernt von dem, was ich weiß. Das, was sie wissen, was sie wollen, haben sie ausgiebig unter Beweis gestellt: sich unsere Dienstbarkeit erhalten, indem sie uns glauben machen, daß sie es sind, die für uns »schuften«. Wie oft haben wir nicht diesen berühmten Ausspruch gehört: »Beschwert euch nicht, ihr habt das bessere Los gezogen.« Wie oft haben sie aber etwas von unserer Rolle haben wollen? Von dem Drama derjenigen, die niemand »bemuttert«?

Die Männer kennen uns schlecht, oder, besser gesagt, sie versuchen nicht, uns kennenzulernen. Da sie sich nur mit ihrem persönlichen Wohlergehen beschäftigen, haben sie versucht, uns nach ihrem Begehren zu formen, und haben dabei vergessen, unsere Bedürfnisse zu berücksichtigen, insbesondere die nach »Regression« und nach »Sublimierung«. Weil sie sich an ihre »Mutter« erinnern, die immer für sie tätig war, haben sie uns an diese »Mutter« angeglichen und haben schließlich die beiden Wesen, *Mutter* und *Frau*, endgültig miteinander verschmolzen, und da wir ihre Frauen sind, müssen wir ihnen als »Mutter« dienen. Da ihre »Mutter« groß war, als sie klein waren, werden wir »groß« bleiben müssen, damit sie in ihrem Zuhause wieder »klein« sein können. Wer aber wird für uns »groß« sein, um uns von Zeit zu Zeit unsere Regression zu ermöglichen? Denn das Bedürfnis, nach rückwärts zurückzugehen, den Wunsch, die Kindheit wiederzufinden, haben alle, sowohl Männer wie Frauen. Es ist ungerecht, seine Erfüllung nach Geschlecht zu verteilen: Nach der Heirat scheint der Mann sein ganzes Haus als Regressionsbereich zu haben, die Frau dagegen nur ihr Bett. Und selbst da gibt es das Problem, daß der Mann den lustvollen Genuß seiner Frau verlangt, als ihm gegenüber zu leistende Pflicht, anstatt daß er ihr Lust verschafft, als etwas, worauf sie Anspruch hat. Der Konflikt im Bett ist der Konflikt mit dem, der sich während des Tages als schlechte Mutter erwiesen hat und dann nachts plötzlich eine gute Mutter werden will. Das ist eine Haltung, die von der Frau meistens abgelehnt wird, die meint, daß sie heute genug für ihn getan hat, und die ihn um seine Lust bringt, indem sie sich auch selbst die Lust versagt (S. 123). Es gibt Frauen, die einen Orgasmus nur mit sich selbst kennen, denn sie kennen das Bemuttern nur mit sich selbst, für den Rest ihres Lebens.

Für die meisten Frauen gibt es im täglichen Leben keinen Ort und keinen Moment für eine mögliche Regression, und die Ehemänner, die früher einmal fürsorgliche und einfühlsame Liebhaber waren, die an das Vergnügen ihrer Liebsten dachten, haben sich den zwei oder drei Kindern angeschlossen, die gierig ihren Teil an Zuneigung verlangen, an Nahrung und täglicher Versorgung. Diese Männer denken, wenn sie es für drei macht, kann sie es wohl auch für vier tun. Für sich gesehen, scheint das Argument richtig zu sein, aber für das Unbewußte ist es falsch: der Mann, der da sitzt, wurde nicht als Kind gewählt, sondern als Liebespartner, also als Mutter. Was macht er daraus? Und was weiß er davon?

Mit der Verheiratung hört die Regression auf ... Die Frauen haben nur noch die Zuflucht, sich gegenseitig zu bemuttern (falls ihre Gleichgeschlechtlichkeit es ihnen erlaubt) oder mit Hilfe der Natur zu regredieren, in Bereiche, die vom Mann noch nicht besetzt sind, noch nicht von ihm kontrolliert werden ... Wegen der Kinder gestattet es sich die Frau, und man gewährt ihr das Recht, es sich an einem Strand in der Sonne bequem zu machen, was für sie allein eigentlich undenkbar wäre. Da bleibt sie, inaktiv, aufgewärmt von der Sonne, die mit ihrer Wärme wenigstens nicht geizt. Das ist alles, was dieser Frau an Regression bleibt, die keiner nährt noch wärmt, noch erwartet. Dort endlich findet sie etwas von ihrem Ursprung wieder: den Wellenschlag, der gleichmäßig an ihr Ohr dringt und der sie an den Herzschlag erinnert, als sie noch ein Fötus war. Und dann – welch ein hemmungsloses Jagen seitdem, immer im Namen des andern oder der anderen! Und selbst hier, was tut diese Frau? Sie ist gehalten, braun zu werden und noch begehrenswerter in den Augen des Mannes. Verbergen sich nicht die meisten weiblichen Regressionen hinter dem *Gefallen-Müssen,* das der Mann uns verordnet hat?

Die Ehemänner tun dann so, als ob sie das Verhalten ihrer Angetrauten für ziemlich unberechenbar halten, aber gibt es denn für die Frau nicht nur dieses eine Mittel, um zur Regression Zugang zu finden: sich etwas nehmen, was man braucht, und dabei erklären, man tue es ja nur für die anderen?

Ich verstehe die weiblichen Schwächen, die ich eher charmant finde und die nur den Nachteil der Schuldgefühle haben, die mit ihnen verknüpft sind.

Das fängt mit dem »Spiegel« an (ein für die Frau notwendiges Hilfsmittel seit der Zeit des abwesenden väterlichen Blicks), geht dann über in kleine Verrücktheiten (Geschenke, die die Frau sich macht, weil niemand sonst sie ihr gibt), und hört auf mit den Leckereien (die Süße der gefühlsmäßigen Zuwendung, die ihr zu geben der Gefährte häufig vergißt und die die Frau in Form von Süßigkeiten hinunterschlingt).

Überall, wo es geht, versucht die Frau, sich etwas Gutes zu tun, sich zu hätscheln, sich Mut einzuflößen. Sie bittet um ein Rezept, eine Adresse, den Namen eines Medikaments, sie erbittet irgend etwas von »einer anderen«, die sich darauf einläßt, die das versteht. Seit einiger Zeit nimmt das in den Augen des Mannes beängstigende Formen an. Er begreift nicht, daß Homosexualität den Platz der Heterosexualität einnehmen kann, wegen dieser Sache mit der Zärtlichkeit, wegen dieses Regressionsbedürfnisses, von dem er nichts zu verstehen scheint ... Die Frauen wenden sich in der Tat anderen Frauen zu, um sich ohne Bedingungen liebhaben zu lassen, ohne Versklavung, mit dem Recht auf Regression ...

Wenn doch die Männer die weibliche Sehnsucht anders beurteilen würden, wenn sie doch nur sehen könnten, daß das Bedürfnis, klein zu sein, weder eine Mitgift des Mannes noch eine Besonderheit der Frau ist, sondern daß es die kleine Erholung darstellt, die wir brauchen, einer wie der andere, um unser Leben als Erwachsene in der übrigen Zeit bestehen zu können. Die Regression ist der Grundstein unseres psychischen Lebens, sie ist die Rückkehr zu den Anfängen, wie der Schlaf die unentbehrliche Rückkehr ist zum Auftanken für unser physisches Dasein. Warum nur wird die Frau um die Möglichkeit gebracht, auf psychischer Ebene gesund zu leben? Und warum sollte sie nur auf Umwegen ein Recht auf Regression haben?

Eine Frau geht zum Friseur. Um den Wunsch ihres Mannes zu erfüllen, schön zu sein, oder um das eigene Bedürfnis zu befriedigen, sich ohne andere Sorgen während einiger Stunden verwöhnen und verhätscheln zu lassen? Immer dieser merkwürdige Flirt zwischen dem Begehren des anderen und dem eigenen Begehren, immer diese Zwiespältigkeit der Frau, eingeschlossen zwischen dem, was sie ist, und dem, was man ihr vorschreibt zu sein. Sie kennen wie ich diese Frauen, die nach der Sitzung beim Friseur für einige Stunden wie verwandelt sind: dort haben sie gespürt, daß man ihnen wohlwollte oder daß sie gut zu sich selbst waren. Wer wird das je genau erfahren? Wer schwindelt in dieser Sache? Die Frau? Der Friseur? Der Ehemann?

Lesen Sie ›Chères menteuses‹[2] (Geliebte Lügnerinnen), und Sie werden alles über die fortwährende und unumgängliche Lüge der

[2] Gabriel Rolin: Chères menteuses. Paris 1978.

Frau verstehen. Aber der Mann will unsere Lüge nicht verstehen, will nichts von ihr wissen; er möchte so tun, als ginge ihn das nichts an. Und ganz besonders möchte er durch die weibliche Existenz nicht verunsichert werden, während die Frau ihre Welt auf den Kopf gestellt sieht, verdreht durch die männliche Existenz.

Sind denn nicht alle die heutigen Scheidungen das Ergebnis einer doppelten Lüge? Der Mann hat das Bedürfnis nach Regression bei seiner Frau nicht sehen wollen, die Frau hat so getan, als ob sie sich damit abfindet, aber plötzlich wird ihr klar, daß sie bei diesem großen egoistischen und anspruchsvollen Kind nichts zu gewinnen hat, und sie beschließt, sich davonzumachen (gegenwärtig ist die Scheidung viel häufiger eine weibliche Forderung als eine männliche). Das Paar scheitert wegen dieser zwischen den Partnern schlecht verteilten Regressionsgeschichte. Während *seine* Regression im Haus den ganzen Raum einnimmt, findet sich *ihre* geschrumpft auf einige Augenblicke im Bett (von daher kommt die übertriebene Bedeutung des Bettes, in dem der Mann sich mit der Hälfte zufriedengibt, mit seiner üblichen Angst vor Zärtlichkeit und Worten). Die Frauen betreiben die Scheidung viel öfter als Männer, aber am häufigsten deshalb, weil der Mann ihnen keinen eigenen Regressionsbereich zu schaffen wußte und weil die Einsamkeit innerhalb oder außerhalb der Ehe die gleiche ist.

Gibt es denn überhaupt noch Frauen, die bereit sind, zu akzeptieren, daß in der Ehe Regression und Sublimierung nur für *einen* erlaubt sind? Beweisen sie denn nicht, daß sie ein Leben ohne Trauschein vorziehen, weil dieses Papier sich immer gegen die Freiheit des einen Teils richtet, nämlich gegen die der Frauen?

12. Familie: Modernes Theater für ein antikes Stück

> Wir brauchen keine Väter und Mütter mehr. Wir brauchen nur noch bemuttert und bevatert zu werden.
>
> *David Cooper, Der Tod der Familie*

Erster Akt: Der abwesende Vater

Patriarchalische Gesellschaft, ödipale Struktur, Kleinfamilie. Das ist der Bereich, in dem der Analytiker tätig wird, in dem er sich unvermeidlich die Frage nach dem sozial gelebten Ödipus stellen muß sowie nach der neurotisierenden Wirkung, die von der Gesamtgesellschaft ausgeht.

Da sich die Gesellschaft weiterentwickelt, ohne sich indessen radikal zu verändern, verschieben sich Untersagungen wie auch Symptome: die große hysterische Krise ist nicht mehr aktuell, sondern die diskrete Konversion, die langsame Umsetzung eines psychischen Konflikts in somatische Symptome. Nachdem die Homosexualität als mögliche Form der Sexualität akzeptiert wurde, ist es jetzt die Bisexualität, die in den Vordergrund tritt. Dies bedeutet, daß die Psychoanalyse sich laufend in immer neue Bereiche vorarbeitet, wobei aber das Unbewußte dem Wissenschaftler, der sich Psychoanalytiker nennt, ständig um einiges voraus ist.

Der Familienverband verkleinert sich. Dabei kann man unter anderem feststellen, daß die Rollenverteilung zwischen Mann und Frau immer deutlicher wird, daß der Ödipus sich immer mehr auf die »Mutter« beschränkt und daß gleichzeitig Vergewaltigung und Gewalttätigkeit in den Zeitungen an die erste Stelle rücken. Wird der antike Mythos, der den unglücklichen ödipalen Helden den Tod des Vaters und die verbotene sexuelle Beziehung zur Mutter durchleben läßt, um so deutlicher, je mehr sich die familiäre Szene verengt? Gibt es eine Beziehung zwischen der Verkleinerung der Familie und der Heftigkeit der dort entstehenden Gefühle, angesichts des Vaters und der Mutter, die die einzigen Hauptdarsteller in dem kindlichen Drama sind?

Je mehr ich Zeitungen lese, je mehr ich in der Familie lebe, je mehr ich meinen Patienten zuhöre, desto mehr frage ich mich, ob mein Beruf nicht eher mit einer kranken Gesellschaft zu tun hat als mit Einzelwesen, denen es schlechtgeht. Was sie mit ihren Symptomen in die Behandlung einbringen, ist immer nur das Spiegelbild ihrer persönlichen Geschichte; ihre Symptome entstehen immer aus der Unmöglichkeit, den ödipalen Konflikt zu lösen, der sich aus der Abwesenheit des einen Hauptdarstellers ergibt. In diesem für drei vorgesehenen Drama wird nämlich meistens nur zu zweit gespielt: Der Vater fehlt im allgemeinen auf der Bühne ...

Die Familie in den großen Wohnblöcken ist das Abbild einer ganz kleinen Einheit in einer riesigen Gesellschaft. Je größer der Wohnsilo, um so mehr zieht sich die Familie auf wenige Quadratmeter zurück. In der Mitte dieser kleinen familiären Welt thront die allmächtige Mutter. Die Welt des Kindes ist also auf die Mutter und die mehr oder weniger kleinen Geschwister beschränkt. Mit der Versorgung oder den Schwierigkeiten bei der Beaufsichtigung des Kindes beschäftigt sich für gewöhnlich und nahezu ständig nur die Mutter.

Da sich die Gesellschaft außerhalb der Familie in der Tat keine Einrichtungen geschaffen hat, die sich nach den Schulstunden mit dem Kind befassen könnten (unzureichende Kindergärten und Kindertagesstätten, keine Jugendhäuser für die Heranwachsenden), muß ein Elternteil für das Kind verantwortlich gemacht werden. Das ist zwangsläufig die Mutter, die weniger verdient als ihr Mann und die deshalb ohne Zögern bereit sein wird, ihre Arbeit aufzugeben.

Das Kind wird also meistens mit der »Mutter« leben, da der »Vater« in der Regel auf seiner Arbeitsstelle ist: »mit dem Auto weg«, wie das Kind sehr richtig sagt. Der Vater ist der große Abwesende in dieser neuen bürgerlichen Konsumgesellschaft. Eine merkwürdige Gesellschaft, die vorgibt, mit dem Geld des Vaters den materiellen Wohlstand zu mehren, aber das psychische Elend vergrößert, indem sie die Erziehung ausschließlich der Frau überläßt. Die *Abwesenheit des Vaters* wird durch die *ständige Anwesenheit der Mutter* doppelt wirksam.

Früher konnte das, was im engeren Familienkreis nicht gesagt werden konnte, woanders ausgesprochen werden, bei einem Onkel, bei einem Cousin, einem Nachbarn. Man fand in der großen Gesellschaft immer »Hilfs«-Eltern. In unserer heutigen, sich abschottenden Welt ist die Kleinstfamilie der einzig mögliche Ort für das Miteinander-Reden. Von daher kommt das zunehmende

Gefühl der Beklemmung zwischen Eltern und Kindern: Man verlangt viel zuviel von dieser Mutter, die viel zuviel von ihrem Kind verlangt, was schließlich Qual und Angst erzeugt, weil es kein Entrinnen gibt.

Da der Ödipus (die Anziehung des Kindes für den gegengeschlechtlichen Elternteil) in einer so sehr reduzierten Szene nicht ausgelebt werden kann, wird er um so gewaltsamer in der Liebe und in der kommenden Paarbeziehung zum Ausbruch kommen. Die Verkleinerung der Familie führt zu einer Dramatisierung der normalen Gefühlskonflikte der Kindheit. Die Liebe hat eine übermäßige Bedeutung angenommen, erweist sich aber als ungeeignet, unsere Wunden aus der Kindheit zu heilen; also scheidet man sich, denn ein Kompromiß scheint für diese neue, unduldsame und gewalttätige Generation unmöglich.

Die Erziehung des Kindes füllt das Leben der Frau ganz und gar aus. Da sie sich allein verantwortlich fühlt für ihr Kind, ist sie bereit, ihm alles zu opfern, auch wenn sie ihm gegenüber deshalb später aggressiv wird.

Da die Mutter und das Kind die alleinigen Akteure sind, die sich immer gegenüberstehen, gewinnt der Ödipus hier einen neuen Aspekt, denn er wird in einem nach außen abgeschirmten, geschlossenen Milieu gelebt. Unzertrennlich und fest miteinander verbunden vermengen die Mütter häufig ihre Identitäten und sagen, wenn sie von ihrem Kind sprechen:[1]

»Jetzt hat er *mir* die Masern bekommen.«

»Jetzt hat er *mir* doch noch angefangen, am Daumen zu lutschen.« (An welchem, ihrem oder seinem?)

»Sie hat *mir* eine Zwei im Rechnen nach Hause gebracht.« (Geht sie für sich zur Schule oder für sie?)

»Er hat *mir* endlich seine Suppe gegessen.« (Hat er sie für sie gegessen oder weil er selber Hunger hatte?)

»Er hat *mir* neununddreißig Fieber beschert.« (Ist er gegen sie krank?)

Was hat das Kind ihr noch alles getan? »Es«, das Kind, hat ihr einfach deshalb etwas getan, weil es dauernd da ist, weil es keine Möglichkeiten gibt, einen Augenblick ohne es zu sein, weil es wie aufgenietet auf seine Mutter lebt. Das ist einfach zuviel für alle Beteiligten, für die Mutter, die ihrem geliebten Kind gegen-

[1] Die folgenden Redewendungen mit »... hat *mir* ...« usw. sind im Französischen, »il *m*'a fait la rougeole« etc., eher üblich als im Deutschen, obwohl sich gelegentlich auch eine deutsche Mutter so ausdrückt (Anm. d. Ü.).

über aggressiv wird, wie für das Kind, das keine Freiheit kennt, denn alles, was es tut, das tut es ihr gegenüber.

Mit den Vorteilen, die eine andere, halb entlastende Erziehung durch externe Einrichtungen bietet, würden Mutter und Kind ein Stück Freiheit wiedergewinnen, denn während mehrerer Stunden könnten sie nur aus sich selbst heraus handeln, ohne sich nach den Wünschen des anderen zu richten ...

Was meinen Sie, was der Ursprung dieser unglückseligen Rechtschreibschwäche ist, wegen der der Therapeut so häufig aufgesucht wird? Es ist die Unmöglichkeit für das Kind, das Ich ohne das Sie der Mutter aufzubauen. Dieses Sie hält das Kind besetzt, das nur scheinbar in der Schule allein ist. Das Kind ist nämlich nie allein: Es ist immer mit seiner Mutter verbunden, was zur Verwechslung der Geschlechter (männlich und weiblich werden durcheinandergebracht) und der Zahl führt (eins oder mehrere ist dasselbe, denn es hat ja immer zu zweit mit der Mutter gelebt ...). Es hat weder Sinn für den Singular noch für den Plural; man hält sie nicht für möglich, diese Unlogik, die jedoch im Kopf des Kindes durchaus logisch ist. Es kennt nicht »eins«, sondern »zwei«: es und seine Mutter. Das war immer so, seit seiner Geburt, warum sollte das in der Schule plötzlich aufhören? (Muß hier wiederholt werden, daß es die kleinen Jungen sind, die am häufigsten unter Schulproblemen leiden? Die Geschichte mit »männlich und weiblich« läuft doch in ihrem Kopf deshalb wild durcheinander, weil sie mit ihrer Mutter, die unterschiedlichen Geschlechts ist, wie auf die Haut geklebt leben.)

Können wir als Psychoanalytiker unsere Zeit damit verbringen, die Schäden zu reparieren, die durch die reduzierte Familie verursacht werden, durch die Erziehung in den Händen der Frau, ohne über den gesellschaftlichen Zusammenhang zu sprechen? Wir könnten uns sehr bemühen, diesen Müttern die Schuld zuzuweisen oder sie davon freizusprechen (dies hängt vom Standort des Psychoanalytikers ab), diesen Müttern, die keine andere Alternative haben als den Teufelskreis: Masochismus-Hingabe-Aggressivität, auf den das Kind so reagiert: Ablehnung-Aggressivität-Schuldgefühle.

Wir würden so tun, als sähen wir nicht, daß diese Mütter schon seit langem allein in die Sprechstunde kommen, da sie sich einzig und allein für die Situation verantwortlich fühlen. Weil nur sie sich um das Kind gekümmert haben? Muß man ihnen nicht zuallererst sagen, daß die Erziehung eines Kindes zu schwer ist, zu schwierig, um von einem allein getragen zu werden? Wenn der

Vater heute – wieder einmal – im Sprechzimmer nicht anwesend ist, will das nicht heißen, daß ihn die Geschichte, die über sein Kind erzählt wird, nichts angeht.

Nur, bitte, der Mann hat sich vom Bevatern dispensiert gefühlt, er glaubte, daß das Bemuttern genügen würde. Und im übrigen, wo hätte er die Zeit und die Energie für das Bevatern hernehmen sollen, er, der so erschöpft von seiner Arbeit außer Hause heimkommt? »Wenn man sich auf ihn verlassen müßte ...«, sagen die Frauen triumphierend, glücklich, ihn von einer Funktion ausgeschlossen zu sehen, bei der sie sich endlich einmal dem Mann überlegen fühlen (ein sehr kurzer, sehr teuer bezahlter Triumph!). Dient das Kind als *Bastion* für die Frau in diesem endlosen *Geschlechterkrieg?* Es scheint so, denn in der Tat ist sehr häufig die Hartnäckigkeit, mit der die Frau das Kind für sich beansprucht, ebenso groß wie die Ablehnung des Mannes, sich um das Kind zu kümmern.

Seit einiger Zeit jedoch tritt eine andere Frau auf den Plan, eine, die *mit* ihrem Kind leben will, aber *nicht durch das Kind,* eine Frau, die ihre gesellschaftliche Aktivität beibehalten will, obwohl sie Kinder hat. Dafür braucht sie natürlich Strukturen um sich, die sich des Kindes auch über siebzehn Uhr[2] hinaus annehmen. Diese Frau sieht die Mutterschaft als eine Funktion unter anderen, nicht aber als Ziel an sich. Ein Kind muß nämlich den Weg der Frau ebensowenig verändern wie den des Mannes. Wenn man da aber nicht aufpaßt, verwandelt sich die Mutterschaft, eine normale Station auf dem Weg einer Frau, in einen Halt, in eine »Endstation«.

Wenn ich mich selbst befrage, als Frau, als Mutter, als Psychoanalytikerin, über die Schwierigkeiten, denen ich in meinem eigenen Leben begegnet bin, finde ich sie alle im Bereich »Mutter« und in der psychoanalytischen Theorie über die Frau und über die Struktur ihres Unbewußten. Hier wird die *unhaltbare* Praxis der Mutterschaft von einer noch *unhaltbareren* Theorie gestützt, in der Freud mich als Frau dazu bestimmt, das Kind zu begehren als *Ersatz für den Penis,* der mir fehlt. Also, es tut mir leid, aber dieses berühmte Kind hat mich nie die Tatsache vergessen lassen, daß ich nur die Hälfte des Geschlechts habe und daß ich mich an das andere Geschlecht wenden muß, um das Ganze zu finden.

[2] Siebzehn Uhr, weil die Schulen in Frankreich Ganztagsschulen sind; in anderen Ländern ist die Situation für arbeitende Mütter manchmal noch schwieriger (Anm. d. Ü.).

Ich stelle fest, daß der Mann in der gleichen Situation ist wie ich, daß aber Freud daraus nicht die gleichen Schlüsse gezogen hat, sonst müßte das Kind auch als Ersatz für die fehlenden Brüste und die nicht vorhandene Gebärmutter herhalten ... Das Kind wäre dann nämlich das universale Objekt für das Paar, was das Paar in eine ganz andere Position gebracht hätte, die nichts mit dem von Freud verteidigten klassischen Familienbild gemein hätte, nach dem das Kind zur Mutter gehört.

Ich habe ein Kind gewollt, wie ihr alle auch (Frauen *und* Männer), als Bild, das Mann und Frau vereinigt, als Nachweis für das Zusammentreffen zweier unterschiedlicher Welten. Das unter dem Zeichen der Bisexualität und der Aussöhnung der Geschlechter gewünschte Kind gerät jedoch durch seine Geburt in den Geschlechterkrieg und danach in die monosexistische Erziehung, deren Objekt es ist. Das Kind, Symbol von zweien in einem, Fortdauer des kurzen Einsseins im Koitus, findet sich durch seinen vorgeburtlichen Aufenthalt im weiblichen Körper an den Körper der Frau angehängt. Man sollte meinen, daß diese Gemeinschaftsexistenz auf einige Monate begrenzt sei, aber wegen der Gesellschaft, in der wir leben, wird sie unendlich viel länger dauern! Das Durchschneiden der Nabelschnur unterbricht keineswegs die Verbindung der Mutter zum Kind, da die Gesellschaft das so vorsieht und alles tut, um diese enge Verbindung aufrechtzuerhalten ...

Zwischen der Empfängnis und der Geburt verändert sich der Kinderwunsch beim Mann und bei der Frau: *Sie* scheint durch die Schwangerschaft die »Einheit« zu entdecken, während *er* sich von dem Unternehmen ausgeschlossen fühlt, das er mit geplant hatte. Bei der Geburt des Kindes wagt er nicht, das ihm Zustehende einzufordern, und seine Frau wird nichts tun, um ihm da Zugang zu verschaffen: sie behält es. Da der Mann während der Zeit der Schwangerschaft keine körperliche Beziehung zu seinem Kind entwickeln konnte, wird er diese Beziehung auch bei der Geburt nicht aufnehmen: Das Kind bedeutet für den Vater die Fortsetzung seines Stammes, es wird sein Nachfolger, aber in diese Körpersache mit dem Kind mischt er sich nicht ein, die wird sich *nur mit der Mutter* abspielen.

An der Wiege vollzieht sich die Zweiteilung der Welt des Kindes, und die *Geschlechtswerdung* gestaltet sich als *Sexismus*. Das Kind ist dabei, sich in einer Welt einzurichten, in der alles, was mit dem Körper und mit Gefühlen zu tun hat, über die Mutter läuft. Dies wird also als weiblich eingestuft, während alles, was intellektuelle Wunschvorstellungen und die Fortsetzung der Art angeht, also der soziale Bereich, als männlich angesehen wird. Das Geschlecht prägt seit dem allerfrühesten Lebensalter nicht nur den genitalen Bereich, worauf Freud hingewiesen hat, sondern alles. Das kleine Wesen wird sehr schnell geschlechtlich geprägt: Schon im Frühstadium unseres Lebens werden wir unbemerkt programmiert und auf das vorbereitet, was als Krieg der Geschlechter enden wird.

Wie kam mir das ersehnte Kind doch schwer vor, nachdem es meinen Innenraum verlassen hatte: Dort hatte es mich nicht gestört, mich nicht gehindert zu leben, mich begleitet, während es sich nach der Geburt an mir festklammerte. Es hatte nur mich, ich war seine einzige Zuflucht, seine alleinige und einzige Mutter. Welch ein Abgrund zwischen dem Traum einer gemeinsamen Verwirklichung mit meinem Mann und der enormen Belastung, die plötzlich auf mich zukam! Und auf mich ganz allein! Die Gesellschaft war weder für das Kind noch für mich da; das wurde mir dann erst richtig klar. Sie war es nur für meinen Mann.

Ist dies eine Männergesellschaft, in die ich durch einen Irrtum oder ein Versehen geraten bin? Immer höre ich das gleiche Lied von den Männern und den Psychoanalytikern: *Frau, »ohne Penis«, verlasse dich auf dein phallisches Kind, und betrachte es als das »Objekt«, das dir fehlt. Dort liegt deine einzige Bestimmung, deine einzige Verwirklichung, dein eigentlicher Platz, den einzunehmen man dir helfen wird, das übrige gehört dem Mann.*

Wenn ich mein Leben als Frau betrachte, stelle ich fest, daß mein Berufstätigsein in dieser Gesellschaft mir nicht das Recht gegeben hat, von ihr bei der Erziehung meiner Kinder Hilfe zu bekommen. Im Gegenteil, man hat alles getan, um mich verstehen zu lassen, daß die Versorgung des Kindes vorrangig sei (soziale Absicherung der Familie durch den Mann, ein einziges Gehalt ohne Berücksichtigung der Lebensumstände). Meine Arbeit war fakultativ (es gibt keine Tagegelder, um das Kind irgendwo unterzubringen, außer wenn mein Lebensstandard außergewöhnlich niedrig wäre). Die Erziehung des Kindes durch die Mutter im Haushalt ist in allererster Linie eine politische Entscheidung – das ist eine Tatsache, die nur allzu offensichtlich ist. Daß die Frau ihre Arbeit aufgibt, liegt daran, daß sie häufig nichts anderes machen kann: sie hat keine Wahl.

Seit unserer zartesten Kindheit teilt uns die Gesellschaft unsere Rollen so einseitig nach dem Geschlecht zu, daß wir es manchmal schwer haben, unsere eigenen Wünsche aufzuspüren. Für eine Frau ist es undenkbar, nicht gerne zu streicheln und zu hätscheln, für einen Mann ist es lächerlich, sollte er es wagen, daran auch Vergnügen zu finden.

Da es nun sozusagen von außen her so eingerichtet ist, daß ich streicheln und hätscheln muß, und da ich aber auch arbeiten wollte, habe ich das schreckliche Dilemma erlebt, das so viele Frauen kennen! Niemand kam, um mich während meiner Abwesenheit bei meinem Kind zu vertreten; nichts war außerhalb der Familie vorgesehen, um die Versorgung bis zum Ende meiner Arbeit sicherzustellen. Keiner will wahrhaben, daß Kinderkrippen und Tagesstätten, gemessen am Bedarf, nicht vorhanden sind. Ich wohnte in einer Stadt mit hundertvierzigtausend Einwohnern, und für alle gab es insgesamt zwei Krippen und einen Halbtags-Kindergarten. Also war es an mir, Ersatzlösungen zu finden: kleine Tricks mit der Oma, mit der Nachbarin und so weiter. Ab siebzehn Uhr packte mich immer die lähmende Angst, sie ohne Schule, ohne Versorgung zu wissen, die lieben Kleinen.

Siebzehn Uhr: keine leichte Stunde für die meisten Frauen, die noch eine Stunde Arbeit abzuleisten haben. Eine doppelt schwere für eine von Bangigkeit erfüllte Mutter. »Ob wohl der Plan heute funktioniert hat? Wenn nur nichts schiefgegangen ist! Wenn doch auch das Leben und die Gesundheit nur so gleichmäßig laufen würden wie die Uhrzeiger!« Dies sind die Gedanken der Frauen in Frankreich nach siebzehn Uhr.[3] Wer regiert denn bloß dieses Land, daß nicht gesehen wird, wie die Leistung einer Arbeitnehmerin abfällt, wenn Schuldgefühle und mütterliche Ängste zunehmen!

Männer waren Minister, Frauen wurden es, und ich habe vergeblich darauf gewartet, daß dieses ernste Problem angesprochen würde: die Versorgung des Kindes, die quälende mütterliche Angst, die elterlichen Schuldgefühle, die so schädlich für das Kind sind. Brauchen wir etwa Psychoanalytiker im Gesundheits- oder Erziehungsministerium? Denn die Frauen, fest entschlossen, sich vom Kind nicht mehr ihren Weg versperren zu lassen, entwickeln mehr und mehr unerwartete Verhaltensmuster, pendeln zunehmend zwischen Arbeitsplatz und Wiege.

Nichts ist vorgesehen, um ein aktives Leben und die Reproduktion gleichzeitig zu ermöglichen. Angesichts der sinkenden

[3] In Deutschland wohl eher schon ab dreizehn Uhr dreißig, da hier Ganztagsschulen nicht so üblich sind.

Kinderzahl pro Familie machen die Anhänger hoher Geburtenraten zu Recht verzweifelte Gesichter! Solange aber die Gesellschaft beiden Elternteilen nicht dadurch hilft, daß ihnen ein Teil der Versorgung des kleinen Kindes abgenommen wird, wird es immer weniger Kinder geben.

Das kann man nicht dadurch ändern, daß man die »Mutter« durch ein Gehalt an ihr Kind bindet (eine immer wieder von den Familienförderern propagierte Lösung). So ist das Problem der zur Sklavin ihres Kindes gewordenen Mutter nicht zu lösen. Nur dadurch, daß man sie von der ausschließlichen Last des Kindes befreit, wird sie wieder Geschmack daran finden, sich mit Freude und nicht mit Qual der Fortpflanzung zu widmen. Ja, die Familie wird kleiner, und sie wird noch kleiner werden, wenn die, die in dieser Gesellschaft die Verantwortung tragen, nicht alles daransetzen, Mutterschaft nicht mehr als ein Ziel hinzustellen, sondern als eine Funktion unter anderen, die nicht alle anderen Funktionen verbaut und die den Weg der Frau nicht *mehr* behindert, als die Vaterschaft den Weg des Mannes behindert.

Es ist die *Mutterschaft* und nicht die *Sexualität,* in der die Ungerechtigkeit zwischen den Geschlechtern liegt: Wegen der mit der Schwangerschaft verbundenen unteilbaren weiblichen Lust hat der Mann beschlossen, sich zu rächen und sich vom Kind nicht nur während neun Monaten, sondern sogar während neun Jahren fernzuhalten. Die Frau wird für viele Jahre *allein* die Folgen des Begehrens der beiden Gatten tragen.

Der Mann durchläuft die Vaterschaft nur, die Frau aber bleibt in der Mutterschaft stecken. Sie wird gesellschaftlich in dem eingemauert, was einmal als Wunsch begonnen hatte, während der Mann unbehelligt bleibt. Die Mutterschaft wird so zu einer gesellschaftlichen Entscheidung, die die Frau verschwinden läßt, während gleichzeitig mit ihrem Kind die Mutter geboren wird. Wie kann man sich noch wundern, daß es auf dem Weg dorthin mitunter einen Verzicht gibt, angesichts einer solchen Wahl? Wie kann man sich wundern, daß zwischen dem tiefen und instinktiven Wunsch, zu zweit ein Kind zu haben, und der Geburt dieses Kindes, das sich die Frau allein aufladen muß, die Frau sich zwischen ihrem Traum und der Wirklichkeit mit der Abtreibungskürette zur Wehr setzt?

»Kinderwunsch« und »Mutterschaft« sind zwei sehr unterschiedliche Dinge. Während Männer und Frauen vom ersten gemeinsam träumen, erwacht die Frau vor dem zweiten meistens allein und muß dann in den Augen des Mannes schändliche Entscheidungen treffen, während er fortfährt zu träumen. Zu träumen von einem Kind, das zu behalten er nicht die Macht hatte, da er nicht den Mut hatte, sich mit ihm zu belasten.

Es ist verblüffend, die Hartnäckigkeit des Mannes zu sehen, mit der er versucht, das Leben eines ungeborenen Kindes zu erhalten, dessen Versorgung er nicht auf sich nimmt (ich verweise nur auf den nahezu durchgängigen Widerstand der Ärzte gegen die Abtreibung!).

Zweiter Akt: Das mütterliche Opfer

Die Schwangerschaft, die an sich nur eine Veränderung des physiologischen Zustands darstellt, verändert in gleicher Weise den sozialen Status. Während der Schwangerschaft ist die Entscheidung unausweichlich. Die werdende Mutter kann entweder den Status der Frau aufgeben und den der Mutter annehmen, was den Eindruck einer unmittelbaren Zufriedenheit erwecken kann, einer Zufriedenheit, der viele Enttäuschungen folgen werden, wenn die Frau einige Jahre später wieder ein aktives Leben aufnehmen will. Oder sie kann ihren Status als Frau behalten und zusätzlich Mutter sein. Das vermittelt dann zunächst den Eindruck der Überbelastung und löst mitunter Schuldgefühle aus, hält aber die soziale Stellung der Frau aufrecht, die sich dann nicht nutzlos fühlen wird, wenn ihre Kinder fortgehen.

Durch sein Auf-die-Welt-Kommen berührt das Kind allzusehr das innere Gleichgewicht der Mutter, weshalb ihre Beziehung zueinander gewisse Merkmale haben wird: die Liebe der Mutter wird häufig ambivalent sein, die Liebe des Kindes wird durch Befürchtungen und Schuldgefühle belastet sein und sich durch Widerstand gegen die Aggressivität der Mutter auszeichnen.

Die eine Möglichkeit

Falls die Frau sich dafür entschieden hat, bei ihrem Kind zu bleiben, weil sie diese Lösung finanziell oder psychologisch für vorteilhafter hält, wird das Kind empfangender Teil in der libidinösen Struktur der Mutter werden, es wird der Nachweis ihres Erfolges sein, es wird dasein, um mitzuteilen, daß sie doch eine gute Mutter ist: es ist der *Lohn für die Mutter;* es kann nichts tun oder begehren, ohne daß sich das für oder gegen sie auswirkt. Das Kind empfindet sich als Träger einer Existenz, die nicht die seine ist. Und das ist manchmal so schwer zu ertragen, daß ich einige Mütter gesehen habe, die es vorziehen würden, in die Fabrik zurückzugehen.

Die Mütter, die da sagen: »Du bringst mich um« oder »Du bringst mich noch ins Grab«, enthüllen mit diesen Worten, daß sie nur noch durch das Kind existieren. Wer von uns, Erwachsener oder Kind, will eigentlich den Erfolg oder den Untergang des anderen verantworten?

Gibt es nicht den sakrosankten Muttertag, der die Bedeutung des mütterlichen Opfers zeigt und das Bedürfnis nach Wiedergutmachung gegenüber diesen Frauen, die soviel für ihr Kind getan haben? Müssen sich die Mütter ausgebeutet fühlen, entwertet, erniedrigt, um sich plötzlich an jenem Tag auf das höchste Podest stellen zu lassen? Wenn die Mütter, die bei ihrem Kind bleiben, so viel Lust daraus beziehen, warum muß man ihnen dann danken? Man rehabilitiert nur jemanden, der einen Schaden erlitten hat. Es ist kein Zufall, daß diese Aufwertung zuerst auf die Mutter fiel.

Ich aber wollte Kinder aus Lust am Leben! Um nichts in der Welt wünschte ich, daß sie mir für die Freude zu danken hätten, die ich habe, die wir erlebt haben, sie zu bekommen und aufwachsen zu sehen! Müßte ich nicht viel eher ihnen danken oder mich dafür entschuldigen, daß ich sie in das Lebensregister eingetragen habe, ohne sie zu fragen, einfach nur, weil ich nicht wollte, daß mein Leben eines Tages stehenbliebe?

Die andere Möglichkeit

Angenommen, die Frau hat sich entschlossen, ihren persönlichen Weg weiterzugehen und ihren sozialen Status zu behalten, weil sie meint, daß Mutterschaft nicht ihre einzige Bestimmung sei. Ihr wird schnell klarwerden, daß von der Gesellschaft nichts für ihr Kind vorgesehen ist, und es wird ihr nicht erspart bleiben, sich alsbald in Sorgen und Schuldgefühle verstrickt zu sehen: Die erste Krankheit des Kindes wird ihr Leben in eine Hölle der Angst verwandeln. Ist nicht das häufige Fehlen wegen »Krankheit« die schwerste Kritik an den arbeitenden Frauen? Dabei wird hier doch immer nur die Krankheit eines anderen kaschiert: die Krankheit des Kindes.

Diese Frauen beschreiben sich als kontinuierlich arbeitende Computer: in ihren Köpfen laufen in der Tat mehrere verschiedene Programme gleichzeitig. Doppeltes Leben, doppeltes Gesicht, doppeltes Lächeln, doppelte Sorge, alles ist im Leben einer Frau, die arbeitet und die ein Kind hat, verdoppelt worden. Wie beneidenswert erscheint demgegenüber die Lebensweise des Mannes: jeweils nur ein einziges Programm im Kopf, ein ausschließlich in Geld gemünzter Lohn. Wie einfach ist das!

Die Frauen pendeln von einem Status zum anderen, die meisten haben beide Formeln ausprobiert, eine nach der anderen: immer ist da etwas, was nicht funktioniert in dem System, und es ist immer die Versorgung des Kindes, die die Frau allein übernimmt, wobei sie oft noch verbissen daran festhält, daß das so bleibt. Ihre Konditionierung auf das Kind setzt so frühzeitig ein, daß sich ihr Selbstwert hieraus zu ergeben scheint, und sie kann sich nicht einen Augenblick lang vorstellen, mit dem Mann die einzige Rolle zu teilen, die er ihr ganz überlassen hat ...

Der Mann ist sehr zufrieden, für sein Kind einen so treuen Babysitter gefunden zu haben, und es wäre sehr nachteilig für ihn, eine andere Aufteilung der Lasten vorzuschlagen. Auch wenn die Frau arbeitet, behält sie gleichzeitig und im Gegensatz zum Mann ihre familiäre, für das Kind verantwortliche Rolle.

Solange die Frau aus ihren persönlichen Schuldgefühlen nicht herauskommt, solange sie weiterhin mehr an den Wert des anderen als an ihren eigenen Wert denkt, wird der Mann intelligent genug sein, diese schreckliche Schwäche weiterhin auszubeuten, und dies mit den großartigsten Bezeichnungen schmücken: mütterliche Aufopferung, weiblicher Instinkt, Stimme des Blutes. Hinter all diesen großen Worten wird sich immer so etwas wie eine Rehabilitation finden. In der Form der lobenswerten Mütterlichkeit will man der Frau alles zurückgeben, was man ihr an Freiheit genommen hat. Die Tatsache, daß ihre Freiheit die Freiheit eines anderen geworden ist, nennt man Hingabe.

Diese Hingabe, diese Entsagung, diese Selbstaufgabe muß denn ja wohl auf irgendeine Weise vom Kind bezahlt werden. Ist es nicht sehr schwer, das Kind dieser Frau zu sein, die vor allem Rechtfertigung und Dankbarkeit braucht? Wird dieses von der einen Seite kommende Opfer, das sich im Leben und Fühlen des anderen fest verankern wird, nicht eine untilgbare Schuld zwischen den Generationen entstehen lassen? Wird die Frau nicht später dem heimlichen Groll der Kinder und der Erwachsenen beiderlei Geschlechts begegnen, weil sie über die jungen Wesen geherrscht hat, die noch zu schwach waren, um sich zu wehren? Wir haben gesehen, daß der Mann sich rächen wird, indem er sie von allen Bereichen fernhält, in denen er sich befindet, und das Mädchen wird sie als immerwährende Rivalin ansehen. Ist das nicht ein recht erbärmlicher Dank für die, die für ihr Kind »soviel getan« hat? Ist die Mutterschaft ein Köder, der uns für einige Jahre der Freude, die auch mit Mühen verbunden sind, im Gegenzug für den Rest unserer Tage eine mit Haß vermischte Liebe von denen einbringt, mit denen wir leben?

Sehe ich denn nicht, daß jede Neurose in erster Linie auf die Beziehung zur Mutter zurückgeht, die vom Kind wie vom Erwachsenen im Vordergrund der Szene gesehen wird? Als Frau finde ich dieses Schicksal (wenn man denn sicher sein könnte, daß es so etwas gibt...) sehr schwer zu ertragen. Die Frauen müßten die ersten sein, diesen gefährlichen Platz, diesen heißen Boden zu verlassen. Was sie auch tun, welche Lebensform mit dem Kind sie auch wählen, wenn Frauen die alleinigen Erzieherinnen sind, werden sie allein für das verantwortlich gemacht werden, was aus dem Kind wird. Ist es nicht bedrückend, das zu erfahren?

Ist es nicht schrecklich, so teuer und so lange für diese Freude zu bezahlen, die wir für uns alleine behalten wollten? So, wie der Ödipus in der heutigen Gesellschaft abläuft, macht er aus der Frau die alleinige Zielscheibe für das alte, gegen die Mutter gerichtete Ressentiment. Wenn wir irgend etwas daran ändern wollen, daß die Gesellschaft sich an der Frau rächt, müssen wir es dann nicht zuallererst vermeiden, daß sich das kindliche Ressentiment im Familienverband ausschließlich gegen sie richtet?

Ist diese »Mutterstellung«, die uns als so beneidenswert beschrieben wird, nicht ein im voraus vermintes Gelände? Wäre es nicht besser, Männer und Frauen durchquerten dieses unbekannte Gelände gemeinsam, das uns von dem zur Welt kommenden Kind trennt? Wir würden dann jeder eine Prägung hinterlassen, die sich von der des anderen unterscheidet.

Wenn die *weibliche* Welt doch nur aufhören würde, das einzige Bezugssystem zu sein, auf das sich die Kinder beiderlei Geschlechts einrichten müssen. Wenn doch der Mann teilhätte an der psychischen Erziehung seines Kindes, wie er teilhatte am Moment seiner Zeugung! Sein Sohn könnte von Anfang an eine Beziehung der Gemeinsamkeit entwickeln, anstatt sich verzweifelt an eine *Ungleichheit* gegenüber der Frau zu klammern, die ihm als Erwachsenem in seiner Beziehung zu ihr so sehr schaden wird. Seine Tochter könnte sich vielleicht endlich von Anbeginn an in einem Spiegel sehen, der ihr vom *anderen Geschlecht hingehalten* wird und in dem sie ihren Körper als begehrenswert erkennen kann. Sie wird dann nicht mehr unablässig ihr Bild in den Augen des Mannes befragen müssen. Dieses Mannes, der da kommen soll, der aber unfähig scheint, die Angst seiner Partnerin zu besänftigen. Die als kastrierend empfundene Mutter, der als Erlöser beschriebene abwesende Vater sind unheilvolle Imagines (Bilder) für die beiden Partner; ihnen zu entrinnen erweist sich als schwierig.

Kurz gesagt, man hat alle eingesperrt, weil man die »Frau« einsperren wollte, und nun ist es die ganze Familie, die von *ihrem* Opfer gezeichnet ist. Hat man denn eigentlich den Einfluß einer für weiblich und sanft erklärten Frau ausreichend untersucht? Hat man dabei etwa die Wahrheit übersehen? Gerade jetzt zeigt sich nämlich, daß sie in Wirklichkeit weder das eine noch das andere ist. Kann dieses Wesen denn überhaupt weiblich und sanft sein, das vom Beginn seiner Existenz an in der Weiblichkeit gefangengesetzt und eingesperrt wurde? Wie kann eine solche Gefangene, die nichts anderes getan hat, denn als Frau, also mit weiblichem Geschlecht, geboren zu sein, wie kann sie sanft und glücklich sein angesichts des Schicksals, dem sie sich ausgeliefert sieht?

Wie kann ich, die ich doch mit der individuellen Neurose so vertraut bin, angesichts dieser selben, kollektiv gelebten Neurose unbeteiligt bleiben? Sollte ich verschweigen, daß die *Frauenfeindlichkeit* des Mannes und das *Schuldgefühl* der Frau sich vor allem aus der heutigen Form der Familie herleiten? Ich finde sie wieder im winzigsten Zeitungsartikel, im unscheinbarsten Gesetzesvorschlag zur Familienpolitik.

Dritter Akt: Sozialpolitischer Diskurs statt antiken Chores

Der Mann erläßt das Gesetz, das die Frau einsperrt, und die Frau akzeptiert alles, was dem Mann angenehm ist, so sehr ist sie damit beschäftigt, ihm nur ja nicht zu mißfallen, so sehr ist sie daran gewöhnt, seit ihrer frühesten Jugend, sich dem Bild anzupassen, das man ihr von ihr vorhält, und der Rolle zu entsprechen, die man von ihr erwartet.

Was sieht man denn in der Tat im gesellschaftlichen Bereich? Unter welcher Regierung auch immer, es ist immer die Zukunft der Frau, die mit der des Kindes verbunden wird. Tauchen Schwierigkeiten auf, ist immer sie es, die man einspannt: Was, wenn es zum Beispiel nicht genug Krippen und Kindergärten gibt? Sei's drum, man wird der Frau einen Mutterschaftsurlaub vorschlagen, lang genug, um den Mangel an kollektiven Einrichtungen zu verdecken. Man könnte sogar ein Gehalt ab dem dritten Kind vorschlagen (von Herrn Debré[4] angeregt, um die Geburtenfreudigkeit zu heben); dies würde einerseits Gemeinschaftseinrichtungen für die Kinder erübrigen und andererseits es dem Staat ersparen, hohe Gehälter an Kindererzieher zu zahlen. Für einen unendlich geringeren Betrag würde die Mutter die Erzieherin ihres eigenen Kindes sein, und es gäbe darüber hinaus noch nicht einmal ein Streikrisiko, da Arbeitgeber und Arbeitnehmer zur gleichen Familie gehören.

Dank des sehr ausgeprägten Ödipus unseres lieben Präsidenten V. G. E.[5] haben wir ja nun auch das Recht auf zwei Jahre Mutterschaftsurlaub, um uns – vom gesellschaftlichen Umfeld ausgeschlossen – fest im Ödipus unseres Kindes zu verankern. V. G. E. ist natürlich kein Psychoanalytiker, er weiß überhaupt nichts vom Zustandekommen eines Phallokraten und von der Entstehung der Objekt-Frau. Obgleich er öffentlich die Bedeutung der Beteiligung der Frau an der Politik verteidigt, hat auch er, mit ganz und gar gutem Gewissen, tatsächlich den Weg gefunden, sie noch für einige Jahre von der politischen Szene fernzuhalten. Der Gewerkschaftler wird der Mann sein, der Babysitter wird »sie« sein.

So kommen wir da ganz bestimmt nicht heraus, und solange das Schicksal des Kindes nicht von dem der Mutter durch externe Hilfe für die Familie abgekoppelt wird, werden die Frauen weder zu den Verantwortlichkeiten noch zu den Tätigkeiten des Mannes Zugang haben: die Welt wird stumpfsinnig in zwei Teile geteilt bleiben, die Gesellschaft wird zutiefst sexistisch bleiben, und das Schicksal wird weiterhin an der Wiege zugeteilt werden.

Gleichgültig, ob der Mann dem linken oder rechten politischen Spektrum nahesteht, er scheint nur die eine Idee zu haben: die Frau zu ködern, sei es mit Hilfe der Pflicht oder mit Hilfe des Geldes. Man will ihre Aufopferung kaufen, sie für die Liebe bezahlen, mit der sie ihr Kind hegt und pflegt; aber müssen denn Liebe und Aufopferung gleichgestellt werden? Kann man denn nicht lieben, ohne sich zu opfern, übertrieben und ganz und gar, wie es die Frauen tun?

Es gibt nicht nur Politiker, die Opfer ihres Ödipus sind, es gibt

[4] Französischer Politiker, Premierminister von 1959 bis 1962, später Minister mit verschiedenen Ressorts (Anm. d. Ü.).

[5] In Frankreich populäre Abkürzung für Valérie Giscard d'Estaing, französischer Staatspräsident von 1974 bis 1981.

auch noch all diese anderen männlichen Sachverständigen, Geburtsraten-Spezialisten, wissenschaftlichen Historiker und Direktoren der großen Frauenzeitschriften (fast immer Männer), die sich an der Verbreitung soziologischer Ideen beteiligen. Alle sitzen sie in der großen Runde der von Frauen aufgezogenen Phallokraten, in der sie immer wieder und widerstandslos das gleiche Opfer für die kommende Generation fordern. (Und was hatte man nicht alles gehört, damals im Jahre 1979, das ganz besonders dem »Kind« gewidmet war!)

Was fordert ein Monsieur P. Chaunu, Professor für moderne Geschichte, unter der Überschrift: »Sind wir zu viele, oder sind wir nicht zahlreich genug?« in den Spalten eines in ›Marie-France‹[6] zu jener Zeit veröffentlichten Artikels? Er fängt damit an, sich über die sinkende Geburtenzahl zu erregen, und verlangt von der Gesamtgesellschaft eine allgemeine Anstrengung. Sie werden sehen, wie schnell und geschickt man diese allgemeine Anstrengung zunächst von der Frau verlangen wird, wenn man ihr den keineswegs neuen Vorschlag macht, ihr Kind vom ersten bis zum dritten Lebensjahr selbst zu erziehen. Dadurch, daß man ihr den prachtvollen Titel einer Erzieherin ihres eigenen Kindes verleiht, wird man weder an der Situation der Mutter irgend etwas verändern noch an ihrer Versklavung. Diesmal aber ist das vorgeschlagene System noch perfider, denn es könnte eine Menge Frauen in die vom Mann ausgehobene Fallgrube locken. Monsieur Chaunu verlangt nämlich lautstark:

– *Ein »Mütter«lohn* (warum für die Mutter, hat der Vater irgendeinen fundamentalen Mangel, der ihn von dieser Funktion ausschließt?) *für drei bis fünf Jahre für alle Frauen, die sich dann dafür entscheiden können, Kinderpflegerin und Erzieherin für ihre Kinder zu werden.* (»Sich entscheiden?« Sind Sie sicher, daß in einem Gesellschaftssystem, in dem so manches Paar am Rande der Sozialhilfe lebt, eine zusätzliche Geldquelle nicht eher eine »Verpflichtung« darstellt? Hat man unseren Lebensweg so mühsam vom Zufalls-Kind befreit, um es jetzt als Geld-Kind wiedereinzuführen? Wird denn die Frau niemals in ihrem Kinderwunsch frei sein?) *Nur diese Finanzierung würde die Bedingungen wahrer Gleichheit zwischen den Geschlechtern wiedereinführen.* (Nein, mein Herr, denn dieser Lohn wird nur für die Frau vorgeschlagen, und ich sehe nicht, wieso er die Gleichheit der Geschlechter wiederherstellen würde. Ganz im Gegenteil,

[6] Französische Frauenzeitschrift (Anm. d. Ü.).

ich sehe, wie ein solcher Lohn die Geschlechter in ihrem Verhältnis zum Kind »verungleicht« ... Falls die mütterliche Funktion derjenigen des Mannes gleichzusetzen ist, warum drängen sich die Männer dann offensichtlich nicht danach, sich damit zu beschäftigen?)

– *Ein Pensionsanspruch für Mütter von drei oder mehr Kindern, als einzige Möglichkeit, gegen die Ungerechtigkeit einer Gesellschaft zu kämpfen, in der alle davon profitieren, außer denjenigen, die mit ihren Herzen und in ihren Schößen die Generation ausgetragen haben, die diese Renten finanzieren wird.*

Wollen Sie, Monsieur Chaunu, die Beziehung zu unserer Mutter, die schon so sehr belastet ist, in eine Hölle verwandeln, indem Sie zum früher vom Kind verlangten guten Verhalten jetzt noch die vom Erwachsenen verlangte gute Bezahlung hinzufügen? Wollen Sie, daß von dieser ersten Beziehung nur Geldschulden, Zwänge und Pflichten übrigbleiben? Warum diese enge Verknüpfung von Mutterliebe und Arbeit, die das Kind macht? Das Kind, ein Ergebnis der Liebe und nicht eines Lohns, ist doch für die Mutter kein Fremder, während das der Erzieherin fremde Kind aus dem Bereich des Begehrens herauskäme und in den der Erziehung gelangen würde. Soweit ich weiß, hat man die Erzieher immer entlohnt, aber ich hoffe sehr, daß man niemals die Eltern bezahlen wird. Das wäre der Beginn einer Entwicklung, die ich nicht zu benennen wage: es wäre das Ende der Liebe. Sich ein Kind zu geben ist ein unbezahlbares Geschenk, das die Eltern einander geben und das einmalig ist auf dieser Welt. Erscheint diese Gabe so sehr als Danaergeschenk, daß weder der Mann noch die Frau es spontan haben wollen?

Was keiner will, ist die alleinige Mühe und Verantwortung für dieses Kind, was alle wollen, ist die Liebe dieses Kindes. Es ist also ganz klar, daß es darum geht, die Lasten anders zu verteilen, durch die Einrichtung von Tagesstätten[7], durch die Bezahlung von Erziehern und Erzieherinnen für das Kind, durch eine flexiblere Gestaltung der Arbeitszeit und des Urlaubs, damit beide Eltern einander abwechseln können. Von dem Moment an, in dem man vorschlägt, eine so instinktive Funktion wie die Zeugung eines Kindes zu bezahlen, sehe ich keine Grenze mehr für das, was alles in einem Menschenleben zu bezahlen sein wird.

Viele Freuden sind nur durch eine vorausgehende Anstrengung

[7] Französich »haltes-garderies«, Einrichtungen, die sich des Kindes für einen kürzeren oder längeren Zeitraum, je nach Wunsch, annehmen.

zu erlangen. Das Kind ist in erster Linie die *Freude* der Eltern, erst in zweiter Linie ist es ein *Glied der Gesellschaft,* und man wird nie erreichen, daß die Eltern für das Wohlergehen der Gesellschaft Kinder machen, sondern immer nur für ihr eigenes Wohlbefinden. Wenn die Mühe mit dem Kind das Wohlbefinden beeinträchtigt, insbesondere das der Mutter, dann muß dort angesetzt werden, um die Geburtenziffer zu beeinflussen: das Kind darf nicht mehr der Käfig der Mutter sein, auch nicht, wenn er vergoldet ist.

Glücklicherweise sehen nicht alle die Dinge in derselben Weise wie Monsieur Chaunu. Der Kauf von Staatsbürgern durch die Finanzierung der Eltern scheint denn doch nicht eine so einleuchtende Lösung zu sein, wie dieser Herr es uns glauben machen möchte. In der gleichen Zeitschrift ergreift auch ein anderer Wissenschaftler, Monsieur Leridon, das Wort (dafür gebe ich ›Marie-France‹ einige Punkte): *»Wenn nun offensichtlich niemand ein drittes Kind haben will, dann doch wohl nur deshalb nicht, weil nicht alles zum besten steht mit der Nummer zwei. Diese Schwierigkeiten müßten zuallererst untersucht werden. Wenn die Erklärung für ein Problem gefunden ist, verschwindet es von selbst, wie die Erfahrung lehrt.«*

Ich glaube indessen nicht, daß das Problem mit der sinkenden Geburtenzahl von selbst verschwinden wird, denn es gibt eine deutliche Abneigung, an die Wurzeln des Übels heranzugehen. Der Wunsch, das Kind in den Händen der Mutter zu lassen, ist offensichtlich. Das wahre Problem ist, daß das Kind den Weg der Mutter unterbricht und sie zwingt, auf ihre eigene Weiterentwicklung zugunsten eines anderen zu verzichten. Manche Frauen beginnen, sich über den Preis Gedanken zu machen, den sie zahlen, und begreifen, daß sie in diesem System mitmarschierten (ja, rannten) wegen ihres Schuldgefühls, das sie mehr an den Wert des anderen glauben ließ als an den eigenen.

Indem die Frau die Rolle der sich für ihre Kinder aufopfernden »Mutter« akzeptiert, hofft sie insgeheim immer, zur Norm zurückzukehren, eine echte Frau zu sein (wir wissen, daß das seit dem Beginn ihres Lebens ihr Ziel war), also »genügend« zu sein in den Augen der anderen. In der Mutterschaft läuft die Frau wie üblich weiter hinter ihrem Bild her. Ist dieses günstige Bild von ihr denn nun das einzige, um das sich eine Frau bemühen könnte? In einem patriarchalischen System hält der Mann die Frau mit den Kindern im Hause, um überall sonst herrschen zu können. Nimmt deshalb die Frau womöglich etwas als ihre wahre Berufung hin, was nichts weiter ist als der Wunsch des Mannes?

Im übrigen erkennt Monsieur Leridon das Problem. Einige Zeilen weiter schreibt er: *»Anders zu leben würde voraussetzen, daß jeder seine Chance erhält.«* Ich gehe davon aus, daß die Mutterschaft nicht die einzige Chance für die Frau ist und daß die Frau frei sein müßte, auch eine andere Wahl zu treffen, wenn sie das will. Dies aber würde natürlich voraussetzen, daß ihr Kind entweder von ihrem Mann oder von außerfamiliären Strukturen versorgt wird. Dem Kind seine Chance geben bedeutet nicht notwendigerweise, es zu zwingen, Auge in Auge mit der Mutter zu leben. Wir haben gesehen, wie sehr das Kind darunter leiden kann ...

Es ist so, wie es Monsieur Leridon sieht, um ihn noch einmal zu zitieren: *»Insgesamt ist festzustellen, daß unsere Gesellschaft auf das Kind absolut nicht eingerichtet ist und die besonderen Bedürfnisse des Kindes überhaupt nicht berücksichtigt.«* Es ist nur zu wahr, daß die Gesellschaft sich mehr um ihr Geld kümmert, das heißt um ihren materiellen Komfort, als um das psychische Wohlbefinden der Einzelwesen ... Was die besonderen Bedürfnisse des Kindes angeht, so weiß niemand genau, wo sie liegen: isolierte oder kollektive Erziehung? Zärtliche Pflege durch die Hände des Mannes oder der Frau? Ausschließliche oder erweiterte Beziehung zur Mutter? Es gibt bis heute keine Antwort außer der vaterländischen: Frauen und Kinder gehören ins Haus.

Kann eine Analytikerin überhaupt ruhig eine Frauenzeitschrift lesen, ohne darin nicht auf die Hinweise zu stoßen, die in die ödipalen Sackgassen führen, die das Feld ihrer Tätigkeit bilden? Bedeutet nicht das Aufschlagen eines dieser Journale, sofort die zwei Stereotypen wiederzufinden, die die Frauen irreführen? Die Objekt-Frau, die dem Mann gefallen soll (durch die Mode), und die Frau, die das Kind als Objekt hat (soziologische Artikel, die das Kind unter die Verantwortlichkeit der Frau stellen).

Ist es nicht die Pflicht der Analytiker zu sagen, daß das *Bild der Mutter* im Verlauf einer Analyse im allgemeinen ebenso hypertrophiert ist, wie es ihre Rolle im wirklichen Leben des zu behandelnden Menschen war? Und müssen wir uns nicht vorhalten, daß dieses Einzelwesen, dem wir vorgeben, helfen zu wollen, aus einer Gesellschaft kommt, der gegenüber wir uns meistens in Schweigen hüllen, obgleich wir Analytiker sind?

Das ödipale Gift hat sich überallhin ausgebreitet, und ohne daß wir es wissen, beherrscht uns das ödipale Gedankengut dermaßen, daß wir seine Auswirkungen gar nicht mehr wahrnehmen ... Die »Ödipalisierung« der Gesellschaft ist allgemein. Muß man noch darauf hinweisen, daß sie sich durch das »Gesetz des Vaters« und dank der Erziehung durch die »Mutter« bildet? Daß diese weibliche Erziehung beim Sohn eine antiweibliche Haltung erzeugt, die zwangsläufig die Frauen eingrenzt und quält? Und daß jede patriarchalische Gesellschaft aus sich heraus das antiweibliche Ferment absondert?

Ist es denn nicht offensichtlich, daß das Hauptziel des Mannes nur sein kann, die Frau daran zu hindern, als Gleiche oder Überlegene zu existieren? Wenn die Feministinnen heute um sich schlagen, dann geht es darum, das Existenzrecht wiederzuerlangen. Aber ich wiederhole es, meiner Meinung nach greifen sie nur die oberste Schicht des Sexismus an, seine sekundären Auswirkungen, weil das Phänomen des Sexismus im Herzen des Mannes vom zartesten Kindesalter an verwurzelt ist. Dort kann es aufgespürt werden, und dort ist ihm beizukommen. Nur wenn die Frauen sich aus dem Kinderzimmer zurückziehen und den Mann dort hineinlassen, haben sie eine gewisse Chance, daß der Geschlechterkrieg allmählich abnimmt ...

Und hier ist die Antwort auf meine anfängliche Frage: Wie weit kann eine Analytikerin Feministin sein? Sicher nicht bis dahin, wo die Frauen gegenwärtig kämpfen, denn der Mann, zu dem sie sprechen, den sie überzeugen wollen, hat seine Ohren schon vor langer Zeit vor den von ihnen kommenden Reden verschlossen. Eine Analytikerin kann mit dem Feminismus nur insoweit zu tun haben, als sie über den (gegen die Frau gerichteten) Sexismus berichten muß, der an der Wiege entsteht und seine Wurzeln ins Unbewußte senkt.

Die Psychoanalyse wird ihren Beitrag zum Feminismus leisten, indem sie einen Konflikt zwischen den Geschlechtern bewußt und erklärbar machen wird, der bis dahin unbewußt und unerklärbar geblieben war. *Wo Es war, soll Ich werden.*[8] Dort liegt der Gegenstand der Psychoanalyse seit Freud.

In der heutigen Familienstruktur kann sich das Unbewußte nur durch den Bezug auf die »Mutter« bilden, der einzigen vom Kind

[8] Mit anderen Worten: Wo das Unbewußte herrschte, das Chaos, muß Bewußtheit werden: das Denken. (Das Freud-Zitat ist im französischen Original deutsch; Anm. d. Ü.).

erlebten Erzieherin; und als Folge davon rechnet das Bewußte eines jeden mit der »Frau« ab, die nun von beiden Geschlechtern verfolgt wird.

Hier sollten Männer und Frauen einmal innehalten und begreifen, bis zu welchem Grad sich alle der »Mutter« zugestandenen *Privilegien* in eine gnadenlose, lebenslange *Hexenverfolgung*[9] für die Frau verwandeln. Es ist unerläßlich, daß die Frauen sich darüber klarwerden, daß sie automatisch von jeder anderen Macht ferngehalten werden, solange sie weiterhin die Macht über das Kind beibehalten. Die neuen Frauen sind jene, die Mutterschaft und Besitz, Rolle und Berufung nicht mehr durcheinanderbringen. Sie haben vor, ihren Teil sowohl bei der Produktion wie bei der Reproduktion zu übernehmen, während wir bisher geglaubt hatten, je nach unserem Geschlecht nur Anspruch auf das eine oder das andere zu haben.

Die Existenz der »Frau« kann nur über die Entheiligung der »Mutter« erreicht werden. Ihre Herrschaft hat die Frauenfeindlichkeit des Mannes und die Eifersucht der Frau erzeugt. Es kann eine andere Familie geben, eine andere Erziehung, eine andere Verteilung der elterlichen und der gesellschaftlichen Aufgaben, die es dem Kind erlauben würden, bei seinem Auf-die-Welt-Kommen einen Bezug zum gleichen wie auch eine Ergänzung zum entgegengesetzten Geschlecht zu finden. Der gleichgeschlechtliche Bezug würde die Identifikation fördern, und der gegengeschlechtliche würde den Ödipus und die Identität ermöglichen. Solange aber die Familie der Ort des Unterschiedes zwischen der Rolle des Mannes und der Rolle der Frau bleibt, wird das Kind dort die Saat des Sexismus in sich aufnehmen.

Männer und Frauen müssen sich in der Unterschiedlichkeit der Geschlechter zu einer Rollengleichheit bereit finden, damit das Kind begreifen kann, daß die Unterschiedlichkeit der Körper keinen Machtunterschied erzeugt, denn der ist die Grundlage für den Krieg zwischen Männern und Frauen.

[9] Wortspiel im französischen Original »... *privilèges* .. en *sortilèges*« (im Sinne von frz. *maléfice* = böser Zauber, Fluch, Verfolgung) (Anm. d. Ü.).

Neubeginn ...

Sophokles lesen, Freud lesen, diese erstaunliche Wahrheit entdecken: niemand entgeht dem Orakel, niemand entgeht dem Begehren.

Ebenso wie Jokaste, obgleich sie gewarnt war, es nicht hat vermeiden können, ihren eigenen Sohn zu heiraten, werden die Frauen von heute, obgleich sie belesen sind (insbesondere nach der Lektüre dieses Buches), ihrem eigenen Begehren nach »dem anderen« Geschlecht nicht den Rücken zukehren können.

Bis jetzt ist es der Mann, der versucht zu fliehen, immer ist er es, der sich davonmacht, so, wie Laios in seinem Kampfwagen versucht, dem »Begehren« zu entfliehen, und dem »Tod« begegnet ...

Seit undenklichen Zeiten ist es der Mann, der das Herdfeuer verließ, und die Frau, die daheim blieb, die das ganze Gewicht der Antike auf sich nahm, verstärkt in neuerer Zeit durch das Gefühl der Schuld. Aber die Dinge können sich verändern, und eine »geschichtlich andere Zeit« wird vielleicht beginnen ...

Was werden die Männer tun, wenn auch wir unserem »Begehren« den Rücken kehren? Wer wird Kinder austragen, sie zur Welt bringen, den Fortbestand sichern, wenn wir beschließen, auf die »Mutterschaft« zu verzichten, um nicht die »Schuld« tragen zu müssen?

Wenn der Mann sich weigert, sich dem Ergebnis seines Kinderwunsches zu stellen, warum sollten wir dann seine Erfüllung sichern? Wenn der Mann sich weigert, mit diesem Kind zu sprechen, warum sollten wir dann auf sein Wimmern antworten?

»Laios, gehe nicht fort, lasse mich nicht allein mit ›ihm‹, zusammen mit ›ihr‹. Du weißt doch, was geschieht, er wird nur davon träumen, mich zu heiraten, um mich dann zu töten ... Sie wird nicht aufhören, dich zu rufen, dich zu suchen, um dich einzukerkern, dich zu behalten[1] ... Laios, komm, dies ist der Beginn einer anderen Zeit, *das Anderswo, wo der/die andere nicht mehr zum Tode verurteilt sein wird*[2], ist schon da, und du und ich, wir werden diese Zeit gestalten.«

[1] Jokaste spricht von Ödipus und von Elektra (Anm. d. Ü.).
[2] Hélène Cixous: La jeune née. Paris 1975, S. 180.

Belotti, Elena Gianini: Was geschieht mit kleinen Mädchen? München 1975
Chasseguet-Smirgel, Jeannine, in: Revue française de psychanalyse Nr. 1–2, 1975
Cixous, Hélène: La jeune née. Paris 1975
Cixous, Hélène: Le nom d'Oedipe. Avignon 1978
Cooper, David: Der Tod der Familie. Reinbek 1976
Freud, Sigmund: Briefe 1873–1939. Frankfurt am Main 1960
Freud, Sigmund: Gesammelte Werke (18 Bände), London 1940–1952, die ganze Edition seit 1960 in Frankfurt am Main
–: Drei Abhandlungen zur Sexualtheorie. In: G. W. V
–: Der Untergang des Ödipuskomplexes: In: G. W. XIII
–: Einige psychologische Folgen des anatomischen Geschlechtsunterschieds. In: G. W. XIV
–: Selbstdarstellung. In: G. W. XIV
–: Die Frage der Laienanalyse. In: G. W. XIV
–: Über die weibliche Sexualität. In: G. W. XIV
–: Neue Folge der Vorlesungen zur Einführung in die Psychoanalyse. In: G. W. XV
García Lorca, Federico: Die dramatischen Dichtungen. Wiesbaden 1954.
Granoff, Wladimir: La pensée et le féminin. Paris 1976
Greer, Germaine: Der weibliche Eunuch. Frankfurt am Main 1971
Grunberger, Béla: La Sexualité féminine. Paris 1972
Groult, Benoîte: Ainsi soit-elle. Paris 1975
Irigaray, Luce: Das Geschlecht, das nicht eins ist. Berlin 1979
Irigaray, Luce: Speculum – Spiegel des anderen Geschlechts. Frankfurt am Main 1980
Jones, Ernest: Sigmund Freud. Leben und Werk. Band 1–3, München 1984.
Lacan, Jacques: Encore. In: Le Séminaire Nr. XX, Paris 1975
Laurent, Alain: Féminin-Masculin: Le nouvel équilibre. Paris 1975
Leclerc, Annie: Parole de femme. Paris 1974
Mack Brunswick, Ruth: La Sexualité féminine. Paris 1972
Mead, Margret: Mann und Weib. Reinbek 1985

Millet, Kate: Sexus und Herrschaft. Reinbek 1985
Montherlant, Henry de: Die tote Königin. Hamburg 1947
Prévert, Jacques: Gedichte und Chansons. Reinbek 1985
Pujol, Robert: La Mère au féminin. In: Nouvelle Revue française de psychanalyse Nr. 16, 1977
Rolin, Gabriel: Chères menteuses. Paris 1978
Roustang, François: Un destin si funeste. Paris 1976
Saphouan, Mustapha: La Sexualité féminine. Paris 1976
Shakespeare: Hamlet, Prinz von Dänemark. Hamburg 1957
Sophokles: König Ödipus. Stuttgart 1962
Sophokles: Ödipus auf Kolonos. München 1954
Stoller, Robert, in: Nouvelle Revue de psychanalyse Nr. 17, Paris 1973
Verlaine, Paul: Mein steter Traum. In: Gedichte. Wuppertal 1947
Vian, Boris: Der Herzausreißer. Frankfurt a. M. 1985
Yaguello, Marina: Les Mots et les Femmes. Paris 1978

Arbeitsauskunft des Übersetzers

Die Psychoanalyse in Frankreich arbeitet sehr viel mehr mit der Sprache, als dies in anderen Ländern der Fall ist. Sprache ist dort für die Psychoanalytiker nicht nur ein Medium, in dem sich unser Unbewußtes ausdrückt, was ja auch von Freud gesehen wurde, sondern der Umgang mit ihr ist offenbar zu einer »Schule« geworden. Eine Abrechnung mit dieser Denkrichtung, mit ihrem Protagonisten Lacan und seinen Schülern ist gewiß nicht das Anliegen der Autorin, obwohl dies bei dem erschreckenden Bild, das sich die Lacanianer von der Hälfte der Menschheit machen, nicht verwunderlich wäre. Es geht ihr um die Sicherung der späten Erkenntnisse Freuds, um deren Rettung vor seinen erzkonservativen Adepten und natürlich um die Entwicklung einer neuen Theorie. Aber auch Christiane Oliviers Material kommt aus der Sprache, in der sich das Denken und Fühlen des Individuums wie der Gesamtgesellschaft ausdrückt. Ein Gedankenaustausch mit der Autorin bestätigt diese Sicht.

Das vorliegende Buch ist daher reich an Metaphern und Wortspielen, die möglichst wortgetreu ins Deutsche übertragen wurden. Wenn dies erforderlich schien, wurde versucht, den Sinn durch Anmerkungen zu verdeutlichen. Ob alle diese Stellen in ihren Feinheiten erkannt wurden, bleibt offen.

Im Einvernehmen mit der Autorin wurde bei der Übertragung einiger Passagen vom französischen Original abgewichen, um den Text für den deutschen Leser verständlicher zu machen. Die im Buch verwendete Literatur wurde in einer Bibliographie zusammengefaßt.

An dieser Stelle möchte ich der Biologin Frauke Eickhoff für kritisches Lesen bei der Übersetzung und der Psychologin Helge Fester-Waltzing für Hilfe und Ermutigung bei der Arbeit an diesem Buch und vor allem für die Beratung in psychologischen Fachfragen herzlich danken.

Siegfried Reinke

Christa Moog

Aus tausend grünen Spiegeln
Roman, 320 Seiten, gebunden, Schutzumschlag

Eine junge Frau in Paris, London, Italien, Neuseeland. Sie sieht Blumen und Bäume, die sie vorher nicht kannte, nimmt Gerüche wahr, die ihr fremd sind, ißt Speisen, von denen sie bisher nur gehört oder gelesen hatte. Sie sieht in Schaufenster, die anderes, Grelleres, Verlockenderes ausstellen, als sie es gewohnt war, spricht mit Menschen, die ihre Sprache nicht sprechen und ihr doch vertraut sind. Sie läuft durch Straßen, sieht Häuser, in denen sie wohnen könnte und in denen SIE gewohnt hat. Jetzt sucht sie SIE, von der sie vor langer Zeit Geschichten las, die sie auswendig kennt, SIE, deren Foto noch immer an ihrem Spiegel steckt: Katherine Mansfield.

In Wellington, London, Paris, Südfrankreich, der Schweiz begegnet sie einer Künstlerin, die ihre Zeit in immer wieder neuen Wohnungen, Pensionen, Hotelzimmern verbrachte. Mit einer grenzenlosen Sehnsucht nach Leben und Kraft, etwas davon gestalten zu können. Und die dafür den höchsten Preis zahlte, der verlangt werden kann. Das Abenteuer dieses Lebens wird zum Abenteuer der jungen Frau. Fremdes wird vertraut, Fernes nah. Mit Neugier und Wachheit entdeckt Christa Moog Menschen, Länder, die Gegenwart, sich selbst. Wie für Katherine Mansfield wird auch für sie die Suche nach dem Neuen Anlaß, sich an Vergangenes zu erinnern, zurückzublicken ...

dialog und praxis

Kinder Eltern Familie

BRUNO BETTELHEIM
Kinder brauchen Märchen · dtv 15010

Kinder brauchen Bücher
Lesen lernen durch Faszination · dtv 15000

So können sie nicht leben. Die Rehabilitation emotional gestörter Kinder
dtv/Klett-Cotta 15007

Der Weg aus dem Labyrinth
Leben lernen als Therapie · dtv 15051

Freud und die Seele des Menschen · dtv 15026

ERNEST BORNEMANN
Das Geschlechtsleben des Kindes
Beiträge zur Kinderanalyse und Sexualpädologie · dtv 15041

CARY L. COOPER
Streßbewältigung
Person, Familie, Beruf
dtv 15027

RUDOLF DREIKURS
mit Erik Blumenthal:
Eltern und Kinder – Freunde oder Feinde?
dtv/Klett-Cotta 15022

mit Shirley Gould und Raymond Corsini:
Familienrat
Für ein glückliches Zusammenleben von Eltern und Kindern
dtv/Klett-Cotta 15004

ELISE FREINET
Erziehung ohne Zwang
Der Weg Célestin Freinets
dtv/Klett-Cotta 15005

WASSILIOS E. FTHENAKIS
Väter
Band 1: Zur Psychologie der Vater-Kind-Beziehung
Band 2: Zur Vater-Kind-Beziehung in verschiedenen Familienstrukturen
dtv 15046/2 Bände